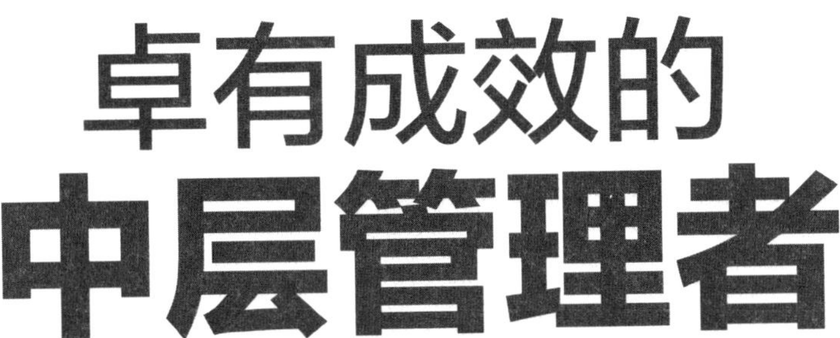

卓有成效的中层管理者

张维之◎著

九州出版社
JIUZHOUPRESS

图书在版编目（CIP）数据

卓有成效的中层管理者 / 张维之著. -- 北京 : 九州出版社, 2018.1

ISBN 978-7-5108-5951-9

Ⅰ. ①卓… Ⅱ. ①张… Ⅲ. ①企业领导学 Ⅳ. ①F272.91

中国版本图书馆CIP数据核字(2018)第006666号

卓有成效的中层管理者

作　　者　张维之 著
出版发行　九州出版社
地　　址　北京市西城区阜外大街甲35号（100037）
发行电话　（010）68992190/3/5/6
网　　址　www.jiuzhoupress.com
电子信箱　jiuzhou@jiuzhoupress.com
印　　刷　三河市九州财鑫印刷有限公司
开　　本　710毫米×1000毫米　16开
印　　张　17.5
字　　数　280千字
版　　次　2018年4月第1版
印　　次　2018年4月第1次印刷
书　　号　978-7-5108-5951-9
定　　价　48.00元

PREFACE 前言

中层管理者在企业中也叫中层领导、中层干部、中层管理人员，或者部门主管、部门经理、项目经理等等，从级别上说，中层管理者属于企业、单位的中层干部；从权限上说，中层管理者从管二三人到几十人，甚至上百人、上千人不等。中层管理者，如能顺利发展，能成为企业或者单位的副总，直至CEO。

中层管理者在团队的运转中起着承上启下的作用，既是领导者又是被领导者，既是决策者，又是执行者，正是这种角色，使得中层管理者既要对上负责，又要对下负责，在“上挤下压”的工作环境中发挥着让上下都满意的领导才干。

很显然，作为中层管理者，既要会做人也要会做事；既要会领导也要会做下属；既要会处理业务，也要会处理关系，可以说，中层管理者是组织大厦的“四梁八柱”，起着稳固根基、立顶大梁和分解压力的重要作用。

正是因为有了中层管理者这一角色的坚强支撑，企业才得以顺利运作、健康发展，可见其重要性不言而喻。可是能够真正适应现代企业管理，具有市场意识、竞争意识和责任意识的卓有成效的中层管理者却很缺乏。

要想切实发挥中层管理者的作用，就要认真研究中层管理者的工作特性，针对这类人群的个性特点，制订相应的管理制度和激励政策，使他们真正发挥其作用和影响。

本书从中层管理者起源谈起，对中层管理者在组织层级中的角色定位、工作职责、领导方法、能力历练等诸多方面进行了全面系统的阐述，并配合中层管理者的领导活动实际案例进行剖析，在工作实务方面具有较强的指导作用。

本书内容全面科学，结构严谨有序，阐述有理有据，案例生动具体，所提供的方法实用有效，是现代中层管理者必备读本。

2017 年 12 月于清华大学

CONTENTS 目录

第五章 中层管理者用人管人的艺术

第六章 中层管理者打造高效能团队的方法

第七章　中层管理者如何处理管理中出现的各种矛盾

第一节 | 理智地对待“夹板气”

第二节 | 灵活运用处理各类矛盾的方法

第三节 | 在管理中不断强化自己的威信

第八章　中层管理者的职场戒则

第一节 | 与上级领导相处的戒则

第二节 | 开展管理工作的戒则

第一章

中层管理者概述

中层管理者处于组织序列的中间层次，是支撑整个组织肌体得以有效运转的中坚力量，在决策层与执行层之间具有桥梁作用，兼有管理者和下属的双重身份。一方面，作为下属，在有效完成上级领导交付的各项任务的同时，也在做着管理下属和领导下属的工作；另一方面，作为管理者，在组织、带动和帮助下属完成本部门工作任务的同时，也在接受着上级领导的管理。

| 第一节 |
中层管理者溯源

在组织序列中，中层管理者是整个组织管理工作的“输送带”，更是上下级关系的“二传手”。置身于这一职位，你首先应了解你在组织工作中该扮演的角色、必须完成的任务和必须实现的组织目标。为此，你必须为自己设定具体可行的规划，即在个人形象、管理技能和上下级关系上，都应该有一套完整的路数，完全明白你是谁，你该做什么，你将怎样做，做到什么程度，等等，这样你才会成为上级与下级之间的联络塔和中转站，在组织管理中起到上传下达的运动协调中枢作用，可以凝聚组织的士气，完成组织的整体目标。

中层管理者是在组织经营机构的不断扩展中形成和发展的，了解这一点将有助于中层管理者对自身角色的认定并充分发挥其应有的作用。

广义来讲，中层管理者是一个社会阶层，它包括企业、社团、政党乃至政府在内的各种组织中的中层管理人员。

企业创业之初，只有少数人参与公司的经营，创业经营者对企业内的大小事务了如指掌，他有能力及时间管理公司的一切。但等到业务扩充，员工人数增加后，经营者将会分身乏术，无暇亲躬所有的事务，毕竟一个人的能力及时间是有限的。于是创业经营者会选择一些理解自己经营想法的人，由他们代替自己管理一些特定的事务，比如生产制造的工作交由 A 负责，招募训练的工作交由 B 负责，客户开拓的工作交由 C 负责，计算成本的工作交由 D 负责……A、B、C、D 也会带领另一些人员完成自己负责的工作，这样，A、B、C、D 就成为部门主管——中层管理者。

创业经营者将自己部分的权力及责任委任给部门主管，由部门主管代替他执行自己想要做的工作，因此，部门主管可以说是创业经营者的“替身”。既然是“替身”，部门主管就必须站在和创业经营者同样的立场上，判断、处理部门的事务。

现代意义上的企业中层管理者——国际上称为职业经理人或者企业中级主管，是在美国产生的。1841 年 10 月 15 日，美国马萨诸塞州的铁路上发生了一起两列客车迎头相撞的事故，公众反响强烈，认为铁路企业的业主没有能力管理好这种现代企业。在州议会的推动下，铁路企业对管理制度进行了改革，选择有管理才能的人来担任企业的管理者，世界上第一个经理人就这样诞生了。后来受企业所有者委托，企业中级主管对企业进行管理的公司制企业也宣告诞生。美国作为企业中级主管的发源地，经过 160 多年发展直至今天，已经形成了十分成熟的企业中级主管阶层。

美国企业中级主管阶层的产生与发展大体经历了三个阶段。

第一阶段：从 1841 年世界上第一位企业中级主管诞生到 1925 年美国管理协会成立。这个阶段标志着美国的企业基本完成了业主式（或世袭式）经营企业到聘用经理人来经营企业的转换，也可以看作企业中层管理者的成长期，而美国的企业制度也基本形成了以近代公司制度占主导地位的格局。

第二阶段：从 1925 年到 20 世纪 60 年代末。在这一阶段，随着美国哈佛大学企业管理研究院的成立，到 20 世纪 60 年代末，80%以上的企业聘请了专业管理人员，标志着美国企业中级领导阶层的成熟，企业制度也完成了近代公司制度向现代企业制度的过渡。

第三阶段：从 20 世纪 70 年代到现在。美国现代企业制度不断走向完善，并且出现了许多所谓的“后现代企业制度”方面的制度创新，而企业中级领导阶层也不断走向完善，并成为在美国社会中发挥越来越重要作用的一个阶层。有关企业中层管理者方面的研究理论也已经成熟并系统化，企业中层管理者的培养和培训机制也非常健全。

企业中级领导阶层之所以起源于美国，并向职业化方向发展，主要借助于两大推动力。

首先，随着美国经济的发展，企业规模越来越大，企业经营过程中的产品开发、营销、生产、采购、财务、人力资源管理等各个环节越来越细，要求企业的管理者必须是具备全面经营管理知识和相关技能的管理专家，这一点很难集于管理者一身，委托中层主管来运营就是顺理成章的事情。

其次，美国的国内市场规模不断扩大，形成了门类齐全的行业，专业化分工越来越细，要求企业的管理者不仅要有全面的经营管理知识和技能，还要对某个行业十分熟悉，特别是要掌握这个行业内层出不穷的新技术、新成果、新产品。由具备以上素质的企业中层管理者群体来经营企业，才能保证企业的不断发展壮大。目前世界上的发达国家大都具备了各具特色的企业中级领导阶层。

我国企业中级领导阶层的诞生比较晚，一般认为是随着改革开放的逐步深入，在 20 世纪 80 年代才诞生。由于先天不足，自产生之日起，我国企业中级领导阶层在专业性、管理能力等方面与西方发达国家还有差距，但令人欣喜的是，随着中国现代化的逐步推进，这个特殊阶层也正在逐步发展和完善。

第二节
中层管理者的角色定位

中层管理者作为企业的中坚和“脊梁”，其重要性是不容置疑的。与以往任何时代相比，现代企业对中层管理者的观念、素质、能力、作风、知识结构要求有很大的不同，能够真正适应现代企业管理要求，具有市场意识、竞争意识和责任意识的精干、高效、优质的中层管理者非常缺乏。

中层管理者的角色特征有以下几点：

一、部门活动的计划者

中层管理者要明确部门的整体工作目标，明确成员的行动方向和方式，并以此作为协调组织各方面行动的有力根据。计划工作的开展迫使各部门中层管理者花时间和精力去思考未来的各种情况，进而促进各种思考、判断、预测和沟通等行为。

计划工作的好坏，决定部门运行的基本效率以及整个组织链条的生产、经营、销售等运营效率和管理水平，同时还为中层管理者的日常考核和控制工作提供最基本的依据。

在制定行动计划之前，如果我们有明确的目标、任务、方法、策略，安排好进度和时间，准备充足的资源，充分考虑相关环境、形势、条件等因素的制约，我们就可以制定出切实可行的行动计划。

在执行过程中，当我们遇到困难时，面对各种阻力，我们是否还能坚持我们的初衷，还能坚持计划不放弃，这是最能考验中层管理者个人意志力的时候，意志坚强者，一定能执行计划，意志薄弱者，就很可能半途而废，无果而终。

中层管理者不但要切实了解计划的执行情况，还需要把整个组织或企业的战略计划与自己部门的实际情况结合起来，所以他是部门组织活动、生产经营活动的计划者。

二、日常工作的管理者

作为部门的领导，中层管理者还要对日常工作进行管理，使企业能够有条不紊地正常运行。

一个部门看似很小，但“麻雀虽小，五脏俱全”，中层管理者的日常管理工作也可谓包罗万象，虽说不同的部门具有不同的工作侧重点，但一般都包括诸如人员管理、设备管理、安全管理、生产管理、质量管理、销售管理、绩效管理、环境管理、秩序管理、事务管理、制度管理、时间管理以及思想管理或情绪管理等方方面面的工作，涉及面广，业务量大，甚至有些部门的工作还有很强的政策性，群众关注度高，工作难度大，而且不管哪方面的工作和事务，作为一个部门的中层管理者都要做到心中有数，始终能够掌控全局，并与整个组织或整个企业的大目标相衔接、相呼应，以保证组织序列的各个链条始终处于良性运转状态。

日常管理贯穿于每一天。所有的管理都处在特定的时间保障之中。一个团队能否取得成功，关键还在于搞好时间管理。美国的托马斯·爱迪生说过，世界上最重要的东西是“时间”。美国著名的管理大师杜拉克说道：“不能管理时间，便什么也不能管理”；“时间是世界上最短缺的资源，除非严加管理，否则就会一事无成”。

三、员工能力的培养者

中层管理者需要不断地为企业发现和培养后备人才，使企业能够持续地发展。“员工的素质就是领导的素质”，这句话精辟地指出了管理人员应该具备的统领全局的高度。只有员工的素质提高了，才能体现我们的管理水平。

我们正处于知识经济时代，积极打造学习型企业，学习型组织，为员工创造主动学习和终身学习的环境氛围，为工作提供源源不断的智力支持，是提升部门核心竞争力的根本途径。

要重视员工知识的积累与更新，鼓励与支持员工从日常工作与具体事务中不断地进行总结，积累成功经验，不断为自己“充电”；同时还要重视员工学习能力与实践能力的互动与提升，制定良好、科学的培训规划，加大员工继续教育和持续培训的投入力度，使培训成为人力资源管理的常规内容；另外还应该通过企业内部平台的建设，为员工之间的经验交流与资源共享提供良好的机制与平台，让员工在交流与互动中得到进步与提高，进而在部门内部形成具有特定凝聚力和竞争力的团队文化或企业文化。除此之外，作为部门领导还要以身作则，做好表率，身体力行，带头学习，在全体员工中起到模范示范作用。

不论企业规模大于小，都是一个浓缩的小社会，不同的岗位对员工的能力素质的要求自然不同。企业要选拔、招纳、培养人才，首先要考虑对不同的岗位建立标准化的岗位能力素质模型。能力素质是一个组织为了实现其战略目标、获得成功，对组织内个体所需具备的品格、能力和知识的综合要求。

员工的能力素质模型包括三个维度：知识、能力和品格。知识包括行业知识、专业知识；能力有基础能力和专业能力；品格包括工作态度、职业道德、个人品德等。

不同的岗位，对这三个维度的能力要求各不相同；同样，延伸出的能力模型级别也不相同。级别越高，三个维度的要求点也就越高。如普通的销售人员在能力要求上就低于销售经理。基层销售员只要掌握基本的产品和行业知识，客户的沟通能力，谈判能力和执行力等；而销售经理除了以上能力以外，还需要具备公关能力，市场的规划能力，客户的管控能力，团队的管理能力等。

能力素质模型是将不同岗位的能力素质要求按内容、角色或岗位特点有机地组合在一起。每项品格、能力和知识都会有相关的行为描述，通过这些行为描述来体现对于某项品格、能力和知识的掌握程度。有了各岗位员工的能力素质模型，企业或部门就能清晰知道不同的岗位上需要什么样的才人；现行的员工与企业或部门的标准是否匹配？如不匹配，在哪些方面有所欠缺？又该如何去培养？等等。

四、作业方案的执行者

企业的成功取决于正确的决策与有效的执行，二者缺一不可。中层管理者作为企业计划和决策的执行者，必须遵循一定的业务流程，按照一定的步骤，有条不紊地推动部门工作快速向前发展，这是决定企业能否顺利抵达终极目标的关键因素和重要环节。

如果把一个组织或一个企业比作一个人，高层就是大脑，有思想、善观察，要思考组织或企业的发展方向和战略部署；而中层就是躯干、是支持大脑的脊梁，要协助大脑传达和执行命令到四肢（基层），支配四肢付诸具体行动。

这就是说，所谓执行力就是把目标、计划、方案变成现实操作或落到实处的能力，它不是单一的素质，而是多项素质、能力和意志力充分结合的表现。一个组织或企业的各项决策和规章制度，需要各个部门严格执行和组织实施，中层管理者只有具备高效能的执行力，才能有效保证整个组织或企业各项工作任务的圆满完成和整体企业目标的顺利达成。

提到执行力，更多的人把责任推到了员工的身上，其实问题并不这么简单，员工的执行力虽然也很重要，但更为重要的是中层管理者的执行力，因为中层管理者在企业或组织中起着承上启下的中枢纽带作用，是员工与高层之间实现有效互动的桥梁。

当今时代，市场竞争环境日趋严酷，一个组织或一个企业要想成为市场的领航者，要想做到效率高、业绩好、发展快，一个必不可少的条件就是要在执行能力上优于别人。任何企业的成功都是 5% 的正确战略决策加上 95% 的高效执行。中层管理者作为组织的中坚、企业的柱梁，高层决策者的左膀右臂，其执行力的高低强弱，在某种意义上讲，决定着组织的成败和企业的兴衰。

五、战略决策的制定者

随着企业经营规模的扩大，生产技术的迅速发展，生产过程的高度复杂化以及市场竞争的不断加剧，对企业中层管理者来说，不仅要组织落实企业高层的决策方案，还要发挥其作为部门领导人的影响力，通过有效的战略决策，提高方案的实施效率和效果，以快速实现企业的目标。

企业或组织的战略决策是战略管理中极为重要的前瞻性环节，起着承前启后的枢纽作用。战略决策依据战略分析阶段所提供的决策信息，包括行业机会、竞争格局、企业能力等方面做出统筹资源、整体布局、科学规划和统一推进。战略决策要综合各项信息确定企业战略或组织战略及相关方案。战略实施则是更详细地分解展开各项战略部署，分流程、分步骤、分环节地实现战略决策意图和目标。

战略决策关系到企业的生存和发展。正确的决策可以使企业或组织沿着正确的方向前进，提高市场竞争力和适应客观环境的能力，取得良好的经济效益。反之决策失误，就会给企业带来巨大损失，甚至导致企业破产和倒闭。

战略决策，是解决全局性、长远性、战略性的重大决策。虽然大多都由高层决策者做出，但中层管理者却是最可靠的信息提供者、意见参与者、目标设计者和战略策划者，甚至是决策的直接制定者。

战略决策制定过程中涉及三个关键因素，即战略背景、战略内容、战略过程。具体步骤包括三个方面，一是战略定位决策，解决的是做什么的问题；二是战略指标决策，解决的是各项数量指标的利弊权衡问题和资源匹配问题；三是业务战略决策，解决的是战略分解与整合的问题，此时各项业务内容已经进入了具体实施阶段和执行阶段。

六、企业变革的创新者

研究表明，许多生机勃勃的企业之所以在变革方面表现杰出，就在于它拥有一批新型的中层管理者和专业人才，他们是企业变革的倡导者、实施者、领导者。美国麦肯锡公司最近出版的《改革领导人》一书中指出：企业成败的决定因素并非高级管理层，而是一批中层的新型管理者，他们被称为“真正的改革领导人”。

在计划和实施变革时，中层管理者比高层管理者更熟悉公司的日常营运和实战操作，与市场、与客户及一线员工更为接近，因此他们更明白问题出在哪里。同时，他们还能从一线工作中游离出来，以特殊观察者的视角审视问题，可以站得更高、看得更远，因此他们更容易发现解决问题和促进增长的新机会。从整体来看，中层管理者在职责范围、工作经验、地域、性别以及民族背景等方面，比高层管理者的眼光和看法往往具有更多的视角变换能力和洞幽烛微能力，因此，就如何发展和变革公司而言，中层管理者能提出创造性的想法，这些想法常常比他们上司的想法来得更多、更好和更切实可行。

企业变革的核心是创新，而创新的成功来自于变革管理。

试问，那些执掌风云的商业领袖为什么能够做到市场第一？那些成功的企业到底有什么独特的运营管理之道？作为部门管理者或领导者，你又如何能够做到审时度势，用你的智慧突破企业发展瓶颈？从而让它走得更远、更久？ 这些问题或许会成为促使你立刻发生改变的原因和动力。

有这样一句话一直在企业界流行：变革可能失败，但不变肯定失败。

企业变革的产生源自于市场竞争的环境，源自于企业领导自身变革思维模型的影响。

企业组织成长缓慢，内部问题层出不穷，外部经营环境发生变化，企业面临生存困境等等问题的出现，无不要求企业与周围环境相适应，无不要求企业做出与时俱进的改变。 但一切“变”都离不开创新，而创新也离不开变革。包括管理模式变革、生产技术变革、营销策略变革等各个方面的变革。变革又会反过来促进企业各领域的创新，最终两者会给企业的发展形成一个不断进化的良性循环。

中层管理者身在工作前沿，承上启下，既居高望远，又足履实地，只有真正理解变革管理的重要性与紧迫性后，才会掀起一场影响深远的“革命”。

七、组织内外的沟通者

中层管理者因为处在组织序列上传下达的中间层次，特别适合担当沟通者角色。很多中层管理者是从一线工人或技术专家干起来的，随着时间的推移和工作岗位的轮换，他们建立了广泛的人际关系网，他们知识面广、信息灵通，知道谁擅长什么，怎样才能把事情做好。

管理沟通是社会组织或企业管理者为了实现组织目标和管理目标，在履行管理职责、实现管理职能过程中进行有计划、有目的、有程序的职务沟通活动和过程。换言之，管理沟通是管理者履行管理职责和实现管理职能的基本活动方式，它是以组织目标为导向，以管理职责、管理职能为平台，以计划性、目标性、规范性为基本特征的职务沟通活动。

没有不会沟通的员工，只有不会沟通的领导。管理沟通是一种具有特定人际对接性质的职务行为。其沟通内容有别于任何随意的、私人的、无计划的、非规范的沟通。在内容上不限于信息沟通、意见沟通、观点沟通、情感沟通、思想沟通，也不限于操作性业务沟通、决策性业务沟通、企业战略沟通、企业制度沟通、企业文化沟通、对外业务沟通，更包括责任、权利、利益沟通，这些沟通都与组织目标、任务和要求等密切相关。管理沟通的任何内容的实施和展开都是受组织目标引导的一种有计划的、自觉的、规范性的活动和过程。在形式上不限于组织沟通、会议沟通、文件沟通、网络沟通，抑或正式沟通、非正式沟通，也不限于群组讨论或个别谈话，更包括现代组织信息交流与互动的管理方式在内。

这就意味着管理沟通不仅是一种特殊的管理活动，同时也是一种人际沟通制度、信息交流机制和保持正常人事互动的组织管理模式。

管理沟通是管理活动的本质要求。管理的根本意义就是组织大家共同完成某项任务，实现某个目标的联动性活动过程。这个过程必须以持续的、复杂的、大量的沟通活动为基础。据统计，沟通占据了管理者的大部分时间和精力。所以，管理沟通是管理者的基本职责之一。是管理行为的基本构成要素。不仅如此，管理沟通作为一种现代管理理念，在企业文化管理、建设学习型组织以及树立忠诚敬业、合作共赢的管理理念的支撑下，已经凸显为整个管理的核心内容，并成为中层管理者建设优秀团队的重要工作手段之一。

八、各类矛盾的协调者

在管理活动中，不可避免地会遇到各式各样的矛盾和冲突，这就需要协调。协调是组织的管理者运用组织内外资源和条件，引导组织之间、人员之间建立相互协作和主动配合的良好关系，平衡和处理组织成员之间或内外关系之间的权利和责任，避免潜在冲突，化解现有冲突和矛盾，以达到组织预期目标的全过程。

中层管理者的协调工作是部门管理工作的重要部分，也是体现其领导艺术的关键环节，更是管理工作的难点。

管理活动离不开协调，协调与管理密不可分。没有协调的组织是没有秩序的，当然也就没有效率。中层管理者通过协调可以有效达到“人尽其才，物尽其用，地尽其利，货畅其流”的管理目标。

协调可分为组织内部协调与组织内外协调。这两种协调的主要内容都涉及物物关系、物人关系、人际关系三个方面。这就使协调工作成为管理活动中一项经常性的、艺术性的、公关性的行为。通过协调可以高效建立制度契约、道德契约，以达到各种关系特别是人际关系的和谐共赢。

组织中的每个人都有不同的生活背景、性格禀赋、工作能力、兴趣爱好、知识结构、价值观念等，这一切未必与组织目标相一致，这就需要部门领导进行有目的、有针对性的协调，以便达到求同存异的和谐效果。在管理实践中，我们要通过有效的协调方式，采取多种多样的协调方法，创造和谐的协调艺术，去实现和提高组织的整体效能。

协调的方式有很多种。一是通过情感沟通，消除误会和矛盾。这就要求中层管理者在协调过程中，一定要公正公平、坚持原则、秉公办事、以诚待人。

二是通过互利互让，达成妥协让步。这就要求中层管理者摒除偏见、不偏不倚，掌握尺度，在各方利益的胶着状态中找好平衡点，力求促成各方本着互利互让的态度处理矛盾纠纷。

三是通过合理分工，实现各就其位。这就要求中层管理者分工要合理，用人要适当，要根据各人的业务能力、性格禀赋、爱好特长、经验水平，按照部门工作目标做出合理安排，使他们乐于接受任务并充分开展工作，同时还要做到让他们创造性地开展工作。简单地说，就是岗位要明确，责任要落实，执行不打折，监督要到位。

四是通过统筹兼顾，达到步调一致。这就要求中层管理者要高屋建瓴，统一规划、顾全大局。不论什么时候都不能以偏概全、顾此失彼，同时要抓住重点和难点，分清矛盾主次，抓好关键环节和细节，让整个团队统一认识，步调一致，协调运转，顺利抵达企业和组织的终极目标。

| 第三节 |
中层管理者的基本作用

中层管理者是组织序列中的“夹心饼干”，表面上是间隔，实质上是一种联通，在上压下挤的环境中起到了桥梁和纽带的作用。

一、上下级间的“二传手”

中层管理者是组织的中间结构，在上情下达的过程中起着“二传手”的作用。

一方面是对上负责，吃透上级方针政策及其指示精神，服从上级组织安排，认真完成和落实上级领导部署与下达的工作任务，及时请示汇报工作进展情况，切实抓好执行工作的全过程，在管理上直接呼应企业的整体战略目标。

一方面是对下负责，以命令方式向下级传达上级组织的各项决定、各项政策、计划、规定等，以沟通方式促使基层人员正确理解和执行，做到始终坚持从实际出发，脚踏实地，调查研究，摸透情况，对基层工作进行指导和监督，以便统一意志、统一行动，高效率地实现组织的目标。

中层管理者传达上级指令要保证准确无误，不能歪曲篡改，以保证领导意图得到准确传达和准确落实。

要用最短的时间将上级指令传达给指令对象，保证上级决策及时发挥作用，避免贻误良机，做到执行不打折，工作不拖延。

这就是说，中层管理者既要保证上级命令传达及时、准确、有效，也要尽量避免不良反应的发生，减少对上级领导的干扰和对组织工作的影响；同时对于基层工作和具体执行情况也要及时、准确、有效地向上级组织汇报，不隐瞒，不欺骗，不搞假数据，不做假文章，不搞形式主义，不能只肯“报喜”而不肯“报忧”，对于基层各项工作出现的漏洞、失误、失利、跑偏等不利情况隐瞒不报，必然导致上级领导掌握信息不准，造成判断失误，甚至使上级领导在一片假繁荣中做出错误决策。

中层管理者对上负责与对下负责的最终归宿和落脚点都是对整个企业或组织目标负责，都是为了保证企业和组织目标顺利实现，两者的最终目的是一致的，所承担的责任也是一致的、不矛盾的。二者经由中层管理者的“二传手”作用而实现整个组织链条的有效互动和对接。

二、组织管理的“缓冲器”

组织之中存在各种各样的冲突，如上下级之间的冲突、同级之间的冲突等。在组织中，由于中层管理者处于上下级、同级之间的枢纽地带上，从而能在上级和下级之间、同级之间制造一个隔离带，使得各方面所受到的压力得到缓解，相当于一个缓冲器，对组织内的各种冲突起到缓解、消除的作用，减少冲突对组织整体的损害。

1. 领导决策的缓冲器

在一个组织中，领导难免有考虑不周全的地方，做出的决策如果得到执行，有可能对组织造成伤害。所以中层管理者的缓冲器作用，最明显的一个表现就是对上级领导决策的缓冲作用。这个缓冲作用不是指中层管理者对上级领导的指示、命令故意拖延敷衍，而是指中层管理者对决策中的不合理之处，向上级领导提出自己的意见，在决策还没有付诸实施的时候，争取能够修改、完善它，弥补上级领导思考过程中的一些欠缺，从而避免决策实施可能对组织造成的损失。

2. 矛盾冲突的缓冲器

组织内存在各种各样的冲突，既有领导与下属的冲突，也有领导之间、下属之间的冲突。中层管理者担当冲突的缓冲器，就是要隔离冲突的双方，避免矛盾双方的直接碰撞。通过中层管理者的介入，矛盾双方可以较为冷静地思考问题，做出符合理性的判断。这时候，中层管理者起的是“冷却剂”和“灭火剂”的作用。

3. 意见建议的缓冲器

中层管理者要做上下的“桥”，而不要做中间的“墙”。要保证联系畅通、信息畅通、沟通畅通。要客观、理智地分析问题。中层管理者在充当组织的缓冲器时，要对上级领导的不合理决策进行劝谏，对基层提出的合理化意见或建议要及时向上汇报。

勇于劝谏是中层管理者对企业和组织目标高度负责精神的重要体现。而事实上，并不是所有的中层管理者都有勇气指出上级领导决策上存在的问题。但是，中层管理者由于身在基层，掌握一线信息和一手信息，对实际情况的了解往往比上级领导更全面和更准确，对于上级组织或上级领导做出的不合理决策更有发言权和建议权。这就要求中层管理者要有强烈的责任感，将组织整体的利益放在首位，不计较个人得失，在上级领导决策失误的时候挺身而出，据理力争，让上级领导及时做出调整和修正，避免造成决策失误，产生不利后果。

当然，劝谏也要讲究方法与技巧。要根据上级领导的不同特点，在不同的时机、不同的环境下，采取不同的方法和策略进行劝谏。

同时，中层管理者既是部门工作的领导者，又是部门工作的执行者，容易与其他组织成员展开交流。组织成员心里有了疙瘩，一般也都愿意对中层管理者倾诉，对于组织内的领导与下属、下属与下属之间产生的不同意见和矛盾冲突，要尽量避免公开批评，避免伤及面子和自尊，要采取当面开脱、背后教育的方法，给彼此留下缓冲余地。中层管理者在双方开始发生“碰撞”之前，就对他们做思想工作，使他们消除错误想法和不良情绪，使不同的观点和意见在与组织目标相对接的平台上实现完好沟通并达成共识，从而维护组织的团结与和睦，增强团队的凝聚力和竞争力。

三、员工心理的“平衡木”

从哲学的意义上来讲，平衡就是一个“度”的把握，是从量变到质变的“临界点”，就是一种介于无形与有形之间的用权之道。老子说：“天之道，损有余而补不足。”其背后揭示了一个深刻的宇宙法则，平衡才是最完美的。一切事物总是在追求平衡之中呈现出蓬勃发展的气象。领导活动也有一个“道”的遵循，一个“度”的考量，这就是领导工作的适度原则。

中层管理者要根据工作的实际情况，拿捏好用权的分寸和尺度，以防止“过”与“不及”的两种倾向，力争创造出最佳的决策效益。掌握平衡的领导艺术有利于团队和谐、减少内耗和提高组织整体效能。而且所有的平衡都必须落实到心理平衡上来。特别是在组织内部，员工心理是否平衡，是考验组织和谐程度的天平。作为中层管理者需要注意哪些平衡关系呢？具体来说，主要有以下几点：

1. 责任平衡，也就是做多与做少的平衡。任何部门中的任何岗位，不但责任区大小不同，责任担当大小不同，业务量、工作量大小也不同。虽然说什么能力干什么活，什么素质做什么工作，但在实际用人安排上，基于各种各样的原因，未必恰得其用，这就难免会产生一些抱怨，有的觉得工作很辛苦，有的工作很清闲；有的干得越多，反而受累不讨好，被指责、被批评的地方越多，这就需要中层管理者做好协调和平衡工作，力求让闲的人忙起来，让忙的人也能获得适度的轻松，而且非止于此，干得多的要让他们得到更多的好处，干得少的要给他们少分得一些好处。

2. 利益平衡，也就是给多与给少的平衡。利益平衡可分为集体利益与个体利益的平衡，眼前利益和长远利益的平衡，物质激励与精神激励之间的平衡，以及不同岗位、不同业务之间的利益平衡。但不管是哪一种平衡，都需要把握适度原则，适度不等于平均，这个“度”不在表面上，而是在大家的心理，有道是“人人心里都有一杆秤”，说的就是心理平衡问题。由于人们的价值观念不一样，思想境界不一样，在处理各种平衡问题上，表现的方式和状态也不一样，其间的分寸把握就在于中层管理者“看人下菜碟”的工作艺术了。

3. 组织平衡，也就是多数与少数的平衡。在一个特定的组织结构中，总是存在着很多事关多数与少数的问题，比如员工男女比例中的多数与少数，技术人员与普通员工的多数与少数，大龄员工与青壮员工比例的多数与少数，民主决策、民主测评中的多数与少数，等等，这些多与少的关系，也同样会影响到员工的心理活动，因为这些多与少的问题，不但关系到组织决策问题、劳动分工问题，而且也直接关系到每一个员工的责权利问题，因为任何决策都要力求照顾到每一个群体的利益，甚至按照多数与少数原则带有一定的倾向性，这就可能会在组织内部给员工造成一些心理不平衡反应。作为中层管理者，要充分注意到这方面的反应，在试图把一碗水端平的前提下，尽量做好方方面面的工作，以获得大家的充分理解和支持，保证组织的和谐进步和健康发展。

4. 关系平衡，也就是亲近与疏远的平衡。任何一个组织都是由人组成的，这就离不开人际关系。而任何人际关系都有远近亲疏、高下优劣、善恶好歹之分。在员工之间也会表现出谁跟谁近一些，谁跟谁远一些，谁帮过谁的忙，谁拆过谁的台，甚至有的为了个人利益和不良目的搞私下勾结，拉帮结派，搞团团伙伙，这对中层管理者来说不啻为一种严峻的考验。而且不止于此，在中层管理者自身方面也可能存在着处理关系不当的问题，对员工可能不是一视同仁，私下里培养亲信，搞“特务监视”，存在不正派、不正当的管理方式，使员工心怀不满，如此等等，都是中层管理者需要特别加以检点和加以改进的。这就要求中层管理者，必须起到核心带头作用，用正确的方法和手段，积极做好沟通协调工作，找好有效平衡员工关系的支点，让大家携起手来，团结一致，心往一处使，劲往一处用，把一切关系都理顺到组织目标上来，设法建立一个健康和谐并富有凝聚力和竞争力的团队。

5. 决策平衡，也就是整体与局部的平衡。决策决定组织的命运和发展，也因此决定员工的命运和发展。如何决策，如何正确决策，如何从众多决策方案中选出最优决策，如何快速做出决策，如何让组织内部员工接受并支持领导做出的决策，什么情况下采用个人决策以提高决策效率，什么情况采用民主决策以避免决策偏见和决策失误，这就涉及决策平衡问题。

决策平衡，是指在决策实践中，一般很难像古典决策理论所主张的那样求得绝对最优解，决策者只能在各种因素之间做出权衡，寻求一个在折中协调基础上大致平衡的结果，并且这个“平衡点”随着决策对象和决策环境的动态变化而不断调整和变动。

这就要中层管理者要考虑不同目标与准则之间的平衡，局部操作与整体造作之间的平衡，不同时间区段和时间序列的平衡，预期效益与风险代价之间的平衡，等等。从而为正确做出决策做好各方面的准备。

决策平衡可以是未来环境各种可能性因素中“看不见的手”的杰作，更要成为中层管理者“看得见手”的操作理念，要坚持决策适度、有序、联系、补弱等原则，更要在决策过程中充分理解平衡的意义以及使决策达到平衡的砝码和要求。

决策正确，组织就有了正确的前进方向，员工就有了明确的工作目标和对于未来的良好期望。

6. 方法平衡，也就是原则性与灵活性的平衡。在一个组织内部，当某位领导在处理各方利益关系时，偶尔会听到有个别人做出这种调侃：“瞧瞧，又在搞平衡了！”听起来好像“平衡”是个贬义词，其实，问题并不这么简单，让谁来当这个领导，都必须懂点平衡艺术，都要考虑到方方面面的利益关系，前后左右，孰高孰低，谁多谁少，都要权衡得失，分清利弊，所做出的任何决策都要力求让大家达到最基本的心理平衡。

平衡就是公道，平衡就正当，平衡就是和谐。当然，平衡不等于平均，不等于平分，而要考虑实际情况，根据责权利、绩效能的大小决定平衡的标准和实现平衡的方法。

领导的平衡艺术，最关键的一点是要掌握原则性与灵活性的平衡。那么，我们究竟应当怎样掌握“搞平衡”这门艺术呢？要知道，事物发展的不平衡性，决定了我们在分配工作、处理问题、表彰先进、选拔典型等项工作时，不能在主观上人为地搞平衡。比如不顾实际情况，评先选优人人有份，不看能力大小，贡献大小，成绩好坏。实在不行，名额有限，就轮流坐庄，先来后到，如此等等，都不是真正的搞平衡，而是真正的搞平均。这样的领导，不需要什么才能，只要会做加减乘除运算，就能胜任领导职务。

所以，中层管理者的平衡艺术不是简单的平均主义，而是在组织内部员工能力大小不一、贡献大小不一、绩效水平不一的情况下，坚持原则性与灵活性相结合，合理使用权利，合理分配资源，力求让大家在心理上达到相对平衡的管理协调艺术。实现管理平衡的方法有很多，其中包括系统方法、反馈方法、结构方法、控制方法和过程方法等。

一个有能力有智慧的领导者，能够很好地驾驭各种斗争力量，平衡各种利益，维持好整个组织处于良好的平衡运转状态，这是领导者智慧和能力的一种考验。

在一个组织里，领导如果太强势，也未必是一件好事，因为他的光芒遮蔽了手下的智慧，领导者听惯了赞美和服从的声音，往往听不进反对者的意见，一旦局面失控，就会导致组织涣散，甚至众叛亲离。相反，一些领导者做人谦逊，博纳雅言，善于听取反对声音，平衡各方意见，这样，他所带领的团队，就会具有很强的组织凝聚力和向心力。

一个组织的领导者同时还需要刚柔平衡，既需要魄力和权力，又需要胸怀和宽容。刚柔并济，才是最好的拿捏。我们经常耳闻目睹，有不少单位上演着领导层内部或正副职之间从“蜜月”到“分手”的“闹剧”，除了有些领导确实平庸无能外，许多时候是一把手没有掌握好“平衡”的艺术，只想到了自己的权力，未照顾到别人的想法和利益诉求。有的一把手过于强势，生恐大权旁落，瞧不起其他人的想法，看不惯其他人的做法，结果弄得领导层成员各怀心事，互相挤兑，钩心斗角，以致最终不欢而散。也有的一把手虽然放权，但是又不放心，以致分工不明，事事插手，不但束缚了他人的手脚，调动不起他人的积极性，而且还搞得自己身心疲惫，整天忙得不可开交却又业绩甚微。

一个运转良好的团队，同样需要结构平衡。需要在个性互补、性别互补、能力互补、知识互补、年龄互补上进行合理搭建，使整个团队中的每个成员恰得其位，各显神通，有运筹帷幄型的、有冲锋陷阵型的、有默默耕耘型的，有顽强坚守型的，老中青三结合，高中低互动好，要经验有经验，要热情有热情，要干劲有干劲，这样的团队才是结构趋优的团队，才是更富有战斗力的团队。

中层管理者处于上级、同级和下级的交汇之处，是连接上下左右的纽带。组织成员的士气高低正是中层管理者驾驭能力和领导艺术的充分体现。

协调员工心理平衡是维持团队凝聚力的重要工作内容。然而心理平衡是一种动态的平衡，随着团队中许多因素的不断变化，如工作的调整、福利待遇的改变等，都可能打破原来的平衡。这就需要中层管理者在这种动态的变化中踩好员工心理的“平衡木”，从而增强组织的凝聚力。一般来说，踩好员工心理的“平衡木”还需要三种特殊的力量，即示范的力量、感染的力量和暗示的力量。

（1）示范。正所谓“榜样的力量是无穷的”，示范就是中层管理者以自己的思想、感情和行为，对团队成员施加影响，目的是使团队成员产生同中层管理者相同的思想、感情和行为。

（2）感染。感染是指参加共同行动的人在直接接触的条件下，在相互增强情感所取得的效果的基础上，进行相互影响的过程。受到感染实际上是群体对某种心理状态的无意识的、不由自主的遵从。它的影响力的发挥是一个渐进的过程。

（3）暗示。暗示是暗示者对他人的一种心理作用，主要是在不发生对抗的前提下，用含蓄、间接的方式对人们的心理状态产生迅速影响的过程。这种影响主要表现为使他人按照一定的方式行动或接受一定的态度、意见和信念，是对他人提供的信息无批判地接受，并引起迅速反响的过程。暗示可以由人施受，也可以由情境施受。

中层管理者跟同级和下级的位置接近，有更多相同的利益，这就使得同级和下级更容易对中层管理者产生亲切感，能够较快地得到他们的认同和共鸣，因而善于踩好员工心理的“平衡木”，就能够更有效地激发和凝聚起组织群体的士气，齐心协力完成任务，促进组织目标的顺利实现。

｜第四节｜
中层管理者必备的基本素质

假如你从普通员工走上了中层管理者岗位，在同事们的祝贺和几番自我暗喜之后，你会意识到费神的事情接踵而至，担子越来越重，你每天挑着这副担子上上下下，跑来跑去，你会感到在上司手下不容易，当别人的上司也并非一件简单轻松的事，肩负的责任比以前更沉重了。

一、做一个什么样的人

中层管理者走上工作岗位之初，大多很难一下子就进入角色，上司、下属这时都在旁边冷眼看着你，上司想了解你的能力，同僚想看你的姿态，下属想看你的威信，如何尽快了解和融入新的组织中，并准确地站好自己的位置，是中层管理者新上任时的当务之急。

作为一位新上任的中层管理者，你要做的第一件事就是对组织的了解和与组织的融合，然后是对自己的定位，这直接关系到你在组织中工作的开展和你是否可以建立一个有效的组织机构。在这里要注意两个方面的问题。

1. 塑造自己的个人魅力

在一个组织中，一个人的性格、习惯、工作态度、处世原则等综合起来就是这个人的品牌形象。比如待人，就要有包容、有涵养、有承载、有超越。如果不论亲疏远近，喜厌好恶，都能一视同仁、平等对待，不仅能包容人，还能感化人，不仅能引导人，还能成就人，具有如此个人魅力的领导者，无疑会团结起所有下属，进而达到组织目标。

2. 锻造领导者成熟的心态

要成为一位优秀的中层管理者，必须能够爱人、容人、助人，能够与人共处。还应该保持一种平和、稳重、老成的心态，不管对人对事，既不能冷若冰霜，也不能过于严酷苛刻。你的平和心态会给部门带来平和的工作氛围。

二、当一个什么样的中层管理者

作为中层管理者，也许你是部门中年资最高的，也许是你的能力最强、业绩最高，也许是你与上司的关系好……但不管你是被下级推举，还是被上级提拔，你都应该珍惜和善待这个“机会”，真正地负起责任，挑起担子，把部门的事情做好，不辜负上下对你的厚望和要求。也许你的权力不大，但要行好权、控好权、用好权，却不是一件简单的事情。你要设法树立一个“好官”的形象，力争做一名合格的、负责的和有水平的中层管理者。这不但关系到组织的发展，也关系到你日后的前景。

布列克和莫顿出版了一本书，叫作《领导风格架构》，他们将中层管理者的领导风格依据重视人际关系以及重视业绩的程度，分成五种类型：

放任型——放任型的中层管理者不关心与下属的人际关系，也不关心组织的业绩，他们将一切都交由下属处理。

温情型——温情型的中层管理者一味地注重与下属的人际关系，为了维持良好的人际关系，他们对下属往往不会严格要求，决定事情大都会征得下属的同意。

专制型——专制型的中层管理者一切以目标达成为导向，他们严格地管制下属的一举一动，所有的事情都要由自己亲自下达行动指示，唯恐出现任何错误。

中庸型——中庸型的中层管理者对人际关系和生产力同样重视，但是他们为了取得两者的平衡，往往采取妥协折中的办法，从而未能发挥部门最大的力量。

整合型——整合型的中层管理者通过管理技巧以及领导能力的充分发挥，他能兼顾人际关系与绩效，使两者相辅相成，彼此都发挥了最大的效用。

作为中层管理者，你属于哪个类型？你对此应该进行一下思考，从领导学的意义上看，你最好应该向整合型迈进。

三、做领导者还是管理者

每一种矛盾都包含两个方面的问题。一方面是管理问题，另一方面是领导问题。管理，是正确地做事；领导，是做正确的事。

做管理者还是做领导者？这是每一位新上任领导应该反复思索的问题。现代领导学认为，上任伊始最好是努力做一个合格的、被大家喜欢的领导者。因为管理追求的是组织的有效性，领导者从根本上讲是因为具有一定的影响力，与被管理者保持了一种被追随关系，这种关系的存在，有效地保证了组织的凝聚力。

被员工追随的结果是管理的信息可以快速有效地传播，并在确保质量的前提下有效地执行。这不仅降低了管理成本，还提高了管理效率。但要获得员工的追随需要三个方面的努力：

1. 要求管理者具有强有力的管理能力和非凡的个人魅力。

2. 要求管理者坚持公正、公平、公开的管理原则。

3. 要在正式组织中营造非正式的领导沟通团体，以确保组织的团队精神。

管理过程中如何对待手中的权力是每一个管理者都应该重视的问题，管理者都希望成为受人敬重的领导，但并不是每一个管理者都如愿以偿。通常，管理者需要从下面两点提高自己的领导素质。

（1）正确评价手中的权力

对职务的追求其实是对权力的追求，利用权力的张力对组织施加影响，以达到驾驭组织的目的。成功的中层管理者必须是一个有远见卓识、深谙获取权力之道的人。

管理过程中影响组织的基础就是权力，但并不是滥用权力。新官上任时对权力的利用尤其重要，主要要做好以下几点：

①要公正地使用权力，让员工知道任何情况下你都始终坚持这一原则。

②要牢记使用权力的目的是为了不使用权力。权力只是领导过程中组织赋予的，而不是管理者随心所欲地发号施令。

（2）用个人工作魅力吸引下属

新官上任，你不妨问问自己，你最不喜欢的下属是哪一位；找出来后你不妨再问问自己，你为什么不喜欢他。

两个问题的答案都找到了，你就会发现是你的性格决定你采取了任务导向型的管理风格。

你过分地关注员工的工作而不关注员工本人，你喜欢严密的制度而放弃与员工单独沟通的机会，这一切都证明你并不被员工追随，你和员工之间的关系有可能就是纯粹的工作关系，这些都不利于你高效地完成工作，也不利于组织或部门的创新。直到有一天你发现你讨厌的员工有无数的优点时，则表明你的管理正在向关系导向型发展，你也会逐渐被员工认可和拥戴。

新官上任后，面临着种种危机和陷阱，作为新任中层管理者，如何着手工作？上级领导盯着，下属们也在把你同以前的领导比较着。一个合格的领导者已不仅仅是烧几把火就万事大吉了，更重要的是要结合本部门的实际情况，具体问题具体分析，采取最有效的管理理念和领导方法。

四、主动适应角色的转变

中层管理者上任之初，角色发生了明显的变化。权力增大了，职位升高了，责任加重了，如果不及时调整自己的思维方式和行事方式，将很难适应角色的变化。那么，新任中层管理者在思维方式和行事风格上应注意哪些方面呢？

1. 制定思路要新

走上中层管理者岗位前，一般只要求你根据上级或领导的指示和精神，结合本岗位的实际情况，制定具体的工作计划，所以思考问题时常集中在本岗位的要求上，制定目标时常局限于局部的利益上，工作标准停留在直接领导的意愿上。

走上中层管理者岗位后，不能让自己的目光仍停留在原来的狭小天地里，而是要跳出原来的思维定式，要从“会当凌绝顶，一览众山小”的更高层次、更新境界来构筑未来，以“不畏浮云遮望眼，任尔东西南北风”

的气魄来规划长远。这样，不但能使自己保持高昂的工作热情，而且能使所确定的发展思路具有宏观的指导性和持续性。

2. 用信任拴住下属

现实生活中总有这样一些中层管理者，他们工作非常认真，每次给部下分派工作都事无巨细，批示得非常具体详细，连布置会议室放多少把椅子，买多少茶叶、水果都一一叮咛，唯恐部下有不周之处。开始时部下尚能接受，时间一长，大家就不太情愿了，感觉他像个喋喋不休的老太婆，管得太细、太死，别人一点主动权都没有，工作起来也别扭。中层管理者倒不如把这些琐事交给下属，下属自然会全力以赴的。

在走上领导岗位前，大多数人考虑的是如何按领导的意见把自己的本职工作做好，把领导交办的任务完成好。走上领导岗位后，工作重心要转移到出主意、抓落实上来。在部署工作时，只需向部下交代要达到什么效果、完成哪些指标就行了。至于具体如何去操办，那是部下的事。新任领导者实现由跟踪过程向注重结果的转变，既有利于充分调动部下的工作积极性和创造性，也有利于提高部下的工作能力，还有利于把自己从日常烦琐的事务工作中解脱出来，有更多的时间和精力研究新情况、提出新思路。

当然，在工作任务布置后，要随时关注部下的动态和工作的进程，对懒惰拖沓、马虎行事的，要督促；对信心不足的，要鼓励；对工作能力不强或遇到了无法解决的难题的，要巧加指点或亲自出面解决。人力不足时，要注意补充人力；进度明显落后时，要“鞭打慢牛”。在工作任务完成后，要认真检查工作质量，对部下的工作成绩做实事求是的评价，对存在的问题或没有完成的“尾巴”及时补救。

3. 用工作激励下属

平时说的“干事”，就是指按领导者的意图把事干好的那一类人，属于“劳力者”一族。走上领导岗位后，由“战斗员”变成了“指挥员”，由“运动员”变成了“教练员”，工作性质从一定意义上讲由“劳力”转变为“劳心”。

领导者的工作任务主要是“两谋”，一是“谋事”即出主意，二是“谋人”即用干部。一方面，新任中层管理者要善于“谋事”，包括明确工作指导思想，把握重点难点，安排实施步骤，把握最佳时机，采用最优办法。另一方面，新任中层管理者还要在“谋人”上下功夫，这主要包括如下内容：

（1）要认真了解各个部下的特点，特别是优点长处，对其适合从事哪些工作要有深入细致的考虑，努力做到“好钢用在刀刃上”，用人所长。用干部，要从事业出发而不能凭个人的亲疏好恶，力求把人用好、用活。

（2）要找到部下之间性格的最佳组合，做好部下之间的协调工作，做到在工作中步调一致、团结一心、同舟共济。

（3）要关心激励部下，在分配工作任务时，要清楚地说明任务的每个细节，不要模棱两可，或者说一半留一半，弄得部下不好操作。

同时，要及时向他们询问任务执行的可行性以及他们的难处，不要分配完任务后便不闻不问。避免部下感到你对他们不尊重和不关心。

另外，中层管理者还要善于运用激励手段。在传达完工作任务之后，在强调工作的重要性的同时，向他们说明出色完成任务意味着什么，在制度允许的范围内，可负责任地许诺能给予的物质或精神方面的奖励。

第五节
了解自己的职权范围

作为中层管理者，在对自身角色有了一个初步认识之后，下面要做的就是对本部门的基本情况有个大概了解，只有这样，才能对部门工作进行有效的指导和管理。

一、你的部门受谁领导

首先要了解自己上级领导的工作风格。不同的上级领导做事风格不同，有的喜欢直接切入主题，谈基本的、大体框架上的问题而不去关注细节；有的则喜欢深入了解事情的来龙去脉，对问题进行全面细致的把握。所以，要想顺利开展部门管理工作并获得成功，就必须了解上级领导的行事风格，并按上级领导的行事风格工作。

要对本部门的一些信息或问题进行筛选，确定哪些需要向上级汇报。其中，下面几种信息必须让你的直接领导者有全面的了解：

1. 与公司市场竞争相关的重要经营信息。

2. 已经得到的可能会让上级领导措手不及的信息。

3. 你所预见到的可能发生的重大问题。

4. 你所得到的你认为可能对公司有用的、无法从其他渠道获得的信息。

二、你的部门在公司里的地位

每个部门都有其存在的理由，有其不可替代的地位和作用。一个成功的部门领导不仅要对此问题有清醒的认识，还要让部门的每一个成员也认识到这一点。“我要让所有的人都知道，他们是在最棒的组织中工作，我相信自豪感与自信会创造辉煌。”这话出自工商业传奇人物——克莱斯勒汽车公司的总裁艾柯卡之口。在经历了一连串的事业波折之后，他还是领导着他的公司在全美的汽车业中与其他两大霸主成鼎足之势。他相信，员工对自己所从事的事业的热爱是他们工作的原动力。当每个员工能自豪地说出自己是克莱斯勒的一员时，也是他们真正爆发出冲天干劲的时候。

三、部门的目标是什么

由于是管理层的一员，就要站在战略高度上看问题，要去了解新的同事。要准确地把握部门的目标，包括要取得的结果、成功的标准、成功的尺度、激励的手段等，这样才有可能调动员工的积极性并朝同一个方向努力。

了解部门目标，才有可能因地制宜，选用最合适的人才。实现近期目标一般选用脚踏实地、埋头苦干、精明果断、干练、有创新意识的员工；实现中期目标一般选用具有一定战略眼光，既能透彻了解本地区、本公司的情况，又能看见周围地区的发展形势，有胆有识、敢想敢干的员工；实现远期目标一般选用立志高远、目光远大、具有较强宏观思维能力，能够预测客观事物的发展趋势，同时又有坚韧不拔、百折不挠的气质，能够广泛团结群众的中青年员工。

最后，要把你的部门目标告诉下属。当员工们确切地知道他们个人或集体的工作会产生何种效果时，他们的工作热情会更高涨，他们会产生主人翁的自豪感。作为部门领导，你的一个重要职责就是把上级领导的要求传达给员工，把员工的需求反映给上级领导，成为高级管理层和员工之间的一个缓冲器。

| 第六节 |
善于做好开局工作

俗话说："头三脚难踢。"一个人初到一个新地方，初上一个新岗位，都希望有一个好的开端，树立一个好的形象，但是好开端和好形象大都始于这"头三脚"。所谓"头三脚"指的是上任时开启部门工作局面、树立个人形象的几个套路，是露脸、扬威和立信的机会，是表现才干、树立口碑和打造形象的宣言。"头三脚"之所以重要和"难踢"，是因为很多人都在冷眼看着你的出场和亮相，你的表现直接关系到大家对你的评价和认可度，所以"踢好头三脚"，对每一位初次走上中层管理者岗位的人来说都是一个不小的考验。

一、抓事：尽快熟悉新业务

这是新中层管理者尽快适应新环境的首要任务。只有对新岗位上的工作熟悉了，把事做好了，才能赢得下属的信赖与支持。作为新任中层管理者，应首先熟悉以下四个方面的工作内容。

1. 从资料、文件和下属的工作汇报中，了解新岗位的性质、内容和工作重点。

2. 加强调查研究，在学习的基础上，进一步了解新岗位的工作状况、成绩以及存在的问题和产生问题的原因。

3. 找准工作重点，通过抓事顺藤摸瓜，从事情和问题的解决中更进一步地了解部门的工作现状。

4. 慎提新思路，尤其是在情况还没有十分明确的情况下，要延续前任的思路，结合自己的想法抓事，切忌另搞一套，标新立异。

二、抓人：迅速理顺人际关系

这是新任中层管理者能不能尽快适应新环境的关键。抓住了“人头”就等于抓住了“牛鼻子”。一切问题都是因“人”而起，理顺了“人”的关系，就理顺了“事”的关系。新任领导初到一地都可能会遇到以下三种情况。

1. 烦事、难事不断

其实这些烦事、难事的背后是“人”，绝大多数都是由人操纵的。操纵者的目的有可能是给新任领导出难题，甚至“一题”未解又生“一题”。新任领导一定要有这个心理准备，不然就可能落入操纵者的陷阱中。

2. 被孤立、无信息

下属有事不汇报或找前任领导汇报，这就需要新任中层管理者主动与下属沟通，拉近距离，以了解下属，同时也让下属了解自己。

3. 下属出工不出力

新任领导交代的工作，下属虽然接受，却无结果；虽有结果，却不能令人满意。

作为新任中层管理者，面对以上这几种情况，必须做到四点：

1. 理顺关系，即弄清人的关系。

2. 认真解答难题，用自己的实际行动去证明自己的能力。

3. 宽以待人，对操纵者要用心、用情去感化，赢得其信任。

4. 树正气、压邪气，采取组织手段解决少数人的问题，让其反思悔过。

此外，还要注意协调下属之间的关系，使大家都明白“人和”是一个单位、一个部门乃至一个地区兴旺的关键。

三、抓新：建立工作新格局

这是新任中层管理者进入工作角色、适应新环境的核心所在。只有建立了新格局，实现了自己的主张，才能被下属接受。也只有“出新”，才能“推陈”。在这个问题上，新任中层管理者也必须处理好四个关系：

1. 继承与发展的关系。不要轻易否定前任，要在前任的基础上健全新制度，尽快完善新程序，出台新政策。

2. 个人与集体的关系。个人主张要通过会议变成集体的决定。

3. 大事与小事的关系。在执行的过程中要抓大放小，力求使新制度、新程序、新政策执行下去，切忌虎头蛇尾。

4. 强力推进与及时纠偏的关系。要随时发现问题，及时纠正偏差，完善新制度、新程序、新政策。

| 第七节 |
保证自己的工作在组织中游刃有余

人们常说：“万事开头难。”不管是哪个级别的领导，上任伊始都要前思后想、左观右察，谨其言而慎其行，绝不能“一朝权在手，便把令来行”。常有人说“新官上任三把火”，但这“火”可不是乱烧的，弄不好可能会惹火烧身，难以自救，反招一身烦恼。所以，新任中层管理者一定要稳住阵脚，稳住心态，把事情搞明白，把关系理清楚之后再行权使令。只有这样，才能在中层管理者岗位上站得住、挺得直和行得开。

一、了解你的上司

中层管理者的工作只有得到上司的肯定才能产生有意义的工作绩效，否则，你不论怎么做，都不会得到好的结果。上司对你满意不满意，一方面在于你做事能力和做人能力的发挥；另一方面也在于你是否了解上司的性格、心态和意图。所以，你若想赢得上司的支持，了解上司做人和做事的风格是十分必要的。

1. 了解上司的性格

性格决定一个人的行事风格。上司是什么性格的人对你开展部门工作有很大的影响。有的人性子急，有的人性子慢；有的人事必躬亲，有的人顺其自然；有的人严己宽人，有的人严人宽己；有的人心胸开阔，平易近人，有的人气量狭窄，严酷冷漠……不管是哪一种性格的上司，你都应该顺着他的脾气来，绝不可逆着他的性情行事，这是你与上司搞好关系的大前提，也是你赢得上司支持的最起码条件。

2. 了解上司的能力

你的上司不一定处处都比你强，你绝不能用你的长处去比上司的短处。在你的心态中绝不该有心不甘情不愿的成分。要知道，甘居人下有时也是一种忠诚和尊重。所以，千万别瞧不起平庸的上司，也许因其平庸他反而更加器重和欣赏你。你应该加倍工作，你的能力是对他重用你的最好回报。如果你的上司水平高、能力强，你更应该虚心向他请教，以之为师，有令则行，同时也要积极发挥自己的能动性。一般而言，能力强的上司对部门的工作要求也高，管理也严，也会更实际。你只有做出成绩来，才会得到他的肯定。

3. 把握上司的意图

一切工作都是从接受上司指示和命令开始的。上司心里在想什么？他对某人、某事的态度到底如何？作为他的得力部下，你应做到胸中有数。

准确了解上司意图是你与上司搞好关系的前提条件。每位上司由于各自的背景不同，其工作方法和思维方式也各有不同。因此与不同上司相处时应根据其性格、思维方式，因人而异地选择工作方法和处理方式。

二、了解你的下属

如果对下属缺乏足够的了解，是很难实现有效领导的。在现实生活中，经常会出现这种情况：即使是在同一公司相处多年的同事或下属，有时也会突然发现竟然不清楚他的个性。对下属个性了解不足必然会导致你领导工作的失败。另外，你的下属对工作有怎样的想法，或者他究竟想做什么工作，这些你都要了解。“士为知己者死”，如果你能够做到“知人”这个层次，那么，无论是在工作或人际关系上，你都可以被列入第一流的领导行列了。不过，要做到这种“知”的程度，可不是那么容易的。你只有了解下属的个性，才能有效地驾驭他；你只有了解下属的需求，才能知道从哪些方面去满足和激励他。如果你不了解下属们的心思，就常常摸不透他们在开什么小会，打着什么算盘，这算盘对你、对公司到底是有益还是无益。不了解这些，你这个领导就是盲人骑瞎马，对下属不可能实现有效的领导。

三、了解部门工作规程

每一个部门都有其特定的工作规程，这个规程系统地指导着整个部门工作或业务的正常运转以及部门内外专业分工与统筹合作的操作模式，中层管理者必须是这个操作模式的行家里手。任何工作都是环环相扣的，每一个环节如何衔接和协调，每一个环节要达到何种标准，中层管理者都必须清楚，否则，由于外行或不称职，不但会使部门工作脱节甚至造成失误，影响整个部门的绩效，而且还会使同事或下属看领导的笑话，使领导形象和威信大打折扣。

四、变革不可操之过急

“新官上任三把火”，且慢！看准了，把握好了时机再点火也不迟。否则，乱点火是容易烧着自己的。切记，在你不完全了解工作环境之前，不要试图改变原先的运作流程。即使你原来就是这个部门的员工，但担任部门领导毕竟不同以往，凡事需三思而后行。变革必须考虑其必要性，尽量稳妥，把握适当的时机。变革前，应对本部门的业绩状态、团队状况以及自己异于前任领导的风格作一番周密的分析，对变革的利弊作一番必要的权衡。如果本部门业绩状态良好、团队状况正常，即使你的能力与管理风格可能会带来新的突破，但仍应以少动为妙。来日方长，等你站稳了脚、扎下了根再变不迟。当然，如果本部门的业绩状况不佳，前任领导又不得人心，一盘散沙且危机四伏，你就必须大刀阔斧地迅速变革，这也是你展雄风、创业绩的最佳时机。

第二章

中层管理者能力修炼

现代领导学认为，能力是检测领导水平的有效杠杆。若想衡量一名中层管理者管理水平的高低，就看他能否独当一面，完成本部门的工作，并出色地实现其职能。一名合格的中层管理者，应当是多种能力的合成者，一方面使自己成为解决问题的专家，另一方面使所属部门的管理工作优质化。中层管理者若抛开能力，一味地依靠权力，指手画脚，梦想把工作做好，绝对是行不通的。

第一节 决策能力

决策是决策者主观意志的体现，但是，正确的决策必须符合客观实际，必须在实践中行得通，特别是当今时代伴随着生产的社会化、经济的市场化和全球化，信息瞬息万变，情况纷繁复杂，中层管理者能否使自己的主观意志与所处的客观实际相统一，及时做出正确的决策，对于事业的成败与兴衰至关重要。

一、细致的调研与准确的判断相统一

领导决策是在领导者对组织群体未来行动的目标、途径、对策所做的选择和决定，它要付诸实施，并在实践中加以修正完善。领导决策在整个领导活动过程中处于核心和关键地位。要认识领导决策的基本规律，首先必须分析领导决策的特点。

领导决策具有战略性、不确定性、复杂性、随机性、可操作性等特点。决策环境的不确定性、决策的复杂性、决策的随机性、决策的可操作性是一般决策的普遍性，而决策的战略性是领导决策的特殊性。分析领导决策的普遍性和特殊性可以得出这样的结论：第一，领导决策是领导者主观意志的体现；第二，领导的主观意愿必须建立在对来源于客观实际的大量信息的科学分析和判断之上，使之反映事物发展的客观规律；第三，领导决策是用来指导未来实践的，它必须与未来的客观实际相符合。总之，主观与客观相统一是领导决策的客观要求。

二、注重决策的科学性与超常性

中层管理者在决策时，应把握好两个角度：

一是强化民主意识，注重科学论证，防止独断专行。这就要求中层管理者对重大问题必须充分发扬民主，广泛征求意见，尤其要善于听取不同意见，及时进行反馈。而对上层领导班子形成的决定，中层管理者就必须把它落实到位、实施到所分管的部门。此外，对决定的事项绝不朝令夕改，保证集体决策的权威性。

二是中层管理者作为分管部门的责任人，应善于超前研究并发现问题，充分发挥领导的导向作用，创造性地提出别人尚未意识到的决策思路，保证决策不受惯性的影响，不受思维定式的束缚，在客观需求与现实可能的契合中，进行通常情况下做不出的决策，以此开创新局面。要做出独创性和超常性决策，必须具备见微知著的洞察力、开拓创新的想象力、大胆灵活的决断力。

作为中层管理者，决策上的一般化、工作实践中的平淡无奇很容易被视为平庸之辈，也会逐渐失去其应有的凝聚力和号召力。尤其在当前市场经济条件下，摆在中层管理者面前需要综合协调的往往是一些纷繁复杂的新问题，对中层管理者来说，把握这类重大问题一般都无章可循，这就要求中层管理者能够从客观需要中把握发展趋势，从现实可能中捕捉成功的机遇。这种决策思路要求中层管理者能以超群的胆识勇于突破那些不合时宜的“惯例”，敢于冲破种种陈规旧习，善于开拓进取，科学创新。

三、决策的分类

可以把决策分为两类：程序化决策与非程序化决策。

1. 程序化决策

餐厅里的一位女服务员不小心将饮料溅到了一位顾客的衣服上，在这种情况下，经理该怎么做呢？这时，经理就要从餐厅的开支中拿出一笔钱来给顾客洗净衣服，这就是一个程序化决策，它是能够运用例行方法处理的重复性决策。

所谓程序化决策，是指决策可以程序化到呈现出重复和例行的状态，可以程序化到制定出一套处理这些决策的固定程序，以致每当它出现时，不需要再重复处理它们。程序化决策是相对简单的，并且在很大程度上依赖以前的解决方法，故决策过程的“制定方案”阶段不存在或不起作用。在许多情况下，程序化决策变成了依据先例的决策，管理者仅需按别人在相同情况下所做的那样做。饮料溅到顾客的衣服上，并不需要餐厅经理确定决策标准、权衡轻重，也不需要列出一系列可能的解决方案，经理只需求助于一个系统化的程序、规则或政策就可以了。

程序是管理者能用于解决问题的一系列相互关联的步骤，唯一的困难在于确定问题。一旦问题明确了，程序也就定了。在本例中，决策过程仅仅是执行一系列简单的步骤。例如，一位采购经理收到会计的一份需求单，需要五台桌面打印计算器，这种计算器能实现多种功能，采购经理知道处理这一决定的规定程序。需求单已经填好并得到批准了吗？如果没有填好，则把需求单退回并注明还缺什么。如果所需物品齐备，就可以估计出大约的开支。假若总额超过 40 万元，那么必须获取三种投标价格；假若总额为 40 万元或不足，那么只需确定一家供货商和发出订货单。

规则是一种清晰的陈述，它告诉管理者应该做什么，不应该做什么，它易于遵循并保证了一致性。在上述例子中，40 万元以下的规则，简化了采购经理何时采用多个投标的决策。同样，关于旷工的规则使得监督员可以迅速做出相当公平的处罚决定。与规则相比较，政策为决策者设立了参数，而不是具体说明应做什么，不应做什么。政策一般包含一些模糊的术语，留待决策者解释。例如，以下的每句话都是一项政策陈述：“应始终使顾客感到满意”；“只要可能的话，我们从内部提升员工”；“雇员的工资应在我们工厂所处的社区中具有竞争力”；“满意”；“只要可能的话”和“竞争力”……这些都是需要解释的术语。付给竞争性工资这一政策，并没有告诉一个特定工厂的人事经理他应支付多少工资，但确实为他的决策指明了方向。如果同一社区的其他公司每小时付给不熟练工人 6 ~ 7 元的话，那么 5 元或 9 元的小时工资标准显然不会在公司政策设立的指导范围内。

2. 非程序化的决策

工作中有些事情都是有章可循、有制度、有职责范围的。这类活动是经常反复进行的，可以根据一定的规定、一定的程序去处理，不需要每次活动都做出新的决策。所以，这一类问题实际上并不是不需要决策，而是早已有过决策，并且天天按照已决策的程序进行着。这类决策问题就是“程序化决策问题”。我们在这里重点说明的是另一类决策问题，即中层管理者针对那些不常发生或例外的非结构化问题而进行的决策。它既非例行活动，也不是经常重复出现的，而是一次性的非例行的决策活动，如新产品开发的决策问题、多样化经营的决策问题、市场供需重大变化的应变措施的决策问题、引进先进设备和先进技术的决策问题、厂房扩建工程的决策以及职工重大技术革新的推广应用、企业经营目标和经营方针的制定等，这类决策问题不仅是企业经营和管理中比较重要的事情，而且是不能程序化的、新出现的，因而需要做出新的决策的问题，称为“非程序化决策问题”。在实际工作中中层管理者面对的决策大多属于非程序化决策。

在现实社会中，极少数的管理决策是完全程序化的或完全非程序化的，这是两个极端，而绝大多数决策介于两者之间。中层管理者最好将决策看作是以程序化为主的或非程序化为主的决策，而不是绝对地将这两类决策看作非此即彼。

程序化决策使中层管理者斟酌决定的范围减至最小的程度，这是有利的，因为扩大中层管理者斟酌决定的范围会增加支出，而中层管理者要做的非程序化决策越多，所需的判断就越多，由于合理的判断不是人人具备的，所以它要求中层管理者不断提高对事物利弊的分析和判断水平，从而增强非程序化决策能力。

四、决策的程序要科学

什么样的决策程序才是科学的呢？科学的决策有七个环节，这七个环节是依次衔接，互相联系，不可或缺的。简化和忽略其中任何一个环节，决策都将受到影响。

1. 发现问题：决策的依据

发现问题是决策活动的起点，也是中层管理者的职责。所谓问题，就是应有现象和实际现象之间存在的差距。通过调查、收集和整理情报，发现差距，确认问题，找出问题的关键所在，从而构成了决策的起点。决策是为了解决现实情况所提出的需要解决的问题。没有问题，则不需要决策；问题不明，也难以做出正确的决策。应该看到，问题的存在和问题的发现有时并不一致，由于客观事物的复杂性和主观认识上的差异，发现问题并不容易。即使看到了问题，想要确认它是需要解决的问题，也是一件十分严肃的事情。同一事物，有的人认为是问题，有的人则认为不是问题。有的事物，利弊参半，也为我们确认问题增加了难度。

2. 确定目标：决策的意图

发现问题以后，就要确定目标。所谓目标，是指在一定的环境和条件下，在预测的基础上所期望的结果。目标是决策的基础，没有目标，就无所谓决策；而目标选择的正确与否，则直接关系到决策的成败。

但是，目标的确立不能是随心所欲的。一般来讲，目标有四个特征：

（1）单一性。目标是单一的，只能做一种理解。

（2）定量性。目标的成果或程度是可以计量的。

（3）明确性。设立目标必须具体明确，目标应当是可以计量成果、规定时间、确立责任的。

（4）目标必须区分层次。当决策目标不止一个，而是多个的时候，中层管理者就要权衡轻重，列出先后次序，分为“必须达成的目标”和“希望达成的目标”。

3. 拟订方案：决策的预案

拟订方案就是寻找达到决策目标的有效途径。途径有效与否，要经过比较才能鉴别，因此必须拟订多种可供选择的方案，而且多个方案之间必须有原则上的区别，而不只是细节上的差异。在拟订方案的过程中，应广泛采用各种方法，例如“头脑风暴法”“哥顿法”“对演法”等。这些方法尽管各有不同特点，总的要求是尽可能开发创造性思维的方法，鼓励和推动新观念和创造性见解的涌现。

4. 分析评估：决策的论证

制定出各种可行的方案之后，接下来就是分析评估，选择一个最有利的方案。对所拟订的各个方案，都应从定性和定量两个方面加以分析评估。定性分析主要是直接利用人们的知识、经验和能力，根据已知情况和现有资料，对决策方案做出相应的评价。对一些受社会经济因素影响较大、所含因素复杂而多变、综合性较强的战略决策，定性分析有极为重要的作用。但这类方法往往主观成分较强，论证不很严密，需要用定量分析方法做补充，两种方法结合起来应用。在分析评估的基础上，权衡各方案的利弊得失，并将各种方案按优先顺序排列，提出取舍意见，送交最高决策机构。

5. 方案选优：决策的决心

选择方案是决策过程中有决定作用的一环。这个工作应当由决策者来完成。在这里，决策者通常依据经验和分析去做最后选择。在对各种备选方案的权衡中，并不一定各个指标都是最好的，往往是主要指标较好并能兼顾其他指标的方案是领导者所要选择的方案。此外，在选择方案的过程中，领导者要认真听取各方面不同的意见，包括一些尖锐的反对意见，因为不少好的方案是根据对立的观点提出的。高明的领导者往往不是在众多方案中选取一个方案，舍弃其余方案，而是善于选取各种方案的优点和长处，综合出一个最佳的方案。

6. 实施方案：决策的落实

制定决策方案的最终目的是为了贯彻实施，实现预定目标。当方案选定以后，必须进行局部性试验，以验证其可行性与可靠性。如果试验成功，就可以普遍实施。在普遍实施的过程中，要做好四项工作：

（1）编制具体的实施计划，把决策方案具体化。

（2）组织动员群众力量，调动群众的积极性、主动性和创造性。

（3）落实责任，建立严格的责任制。

（4）建立检查监督制度。

7. 决策追踪：决策的反馈

在决策的实施阶段，由于外部情况的急剧变化，或者由于决策本身的严重错误，原有决策方案在实施中已表明脱离实际，甚至危及决策目标的实现，这时，就必须对原有方案进行校正或进行根本性的修正，我们称之为追踪决策。因为决策是人做的，人的错误总是难免的，即使是再高明的决策者，也有失误的可能。因此，在进行追踪决策时，中层管理者要有一定的勇气，敢于承认现实，正视现实，尽可能地减少损失，弥补失误。

按照上述程序进行决策，是现代科学决策的重要方面。实践证明，违反了科学决策的程序，就容易犯错误，走弯路，因此，中层管理者应重视对科学决策程序的学习和研究。

五、决策的条件要充分

做出正确的决策是中层管理者的第一要务，是中层管理者艺术和领导水平的集中体现。由于中层管理者居于“中坚”位置，具有最后执行的权力，因此，中层管理者决策水平的高低，对于保证决策的先进、科学、可行、高效，起着关键性的作用。

1. 深入调研：掌握第一手材料

深入实际调查研究，掌握第一手材料，不仅是中层管理者必须坚持的工作作风和工作方法，而且是科学决策的重要基础和必须坚持的重要原则。决策的科学性与中层管理者掌握第一手材料的数量、准确性、全面性是成正比的，掌握的实际情况和信息量越多、质量越高，情况越真实可靠，决策的基础就越坚实，做出的决策就越稳妥、科学。

2. 双向思维：先谋后事者成

工作决策与指挥战争一样，先谋后事者成，先事后谋者败。可见，有无可行性论证及其论证的质量如何，直接关系到是否可以达到预定的目标，关系到决策的成败。因此，中层管理者必须把可行性论证作为决策过程中不可缺少的重要环节，不能因为决策方案来自调查研究，就贴上“真理”的封条，就轻易拍板，一锤定音，而应该多一点双向思维、逆向思维，对决策方案用挑剔的眼光、苛刻的态度进行审定，及时准确地发现决策方案中存在的弊端和风险，使决策尽可能完善可行。

3. 发扬民主：变“自决”为“议决”

领导的高明之处就在于他善于充分发扬民主，集思广益，从谏如流，兼收并蓄，博采众长，注意发挥群体的作用。“议决”而不“自决”，其重要意义可以从以下四个方面来看：

（1）在民主讨论中各人发表不同的意见和建议，就等于提出了更多的可供选择的决策方案。

（2）民主讨论必然使决策方案进一步优化。不同意见的人互击其短，各扬其长，就使方案的利弊得以充分显现，还可以互相启示，开阔思路，取长补短，从而形成最佳的决策方案。

（3）民主讨论的过程实际上也就是统一决策认识的过程。一旦决策方案确定以后，就可同心同德，上下一致地去实施，有利于发挥各方面的积极性、创造性和主动性。

（4）通过民主讨论形成的决策更具有可靠性。当实践证明决策有失误时，原来的反对意见往往就是一个现成的补救方案，不致临渴掘井，束手无策。因此，中层管理者不可把决策的民主讨论当作可有可无的形式，而应该以此作为决策过程中必不可少的重要环节。

4. 真抓实干：已拍板的事绝不能泡汤

中层管理者抓决策的落实要在以下几个方面下功夫：

（1）要以“亲手抓”带动“大家抓”。中层管理者亲自抓决策的落实，会起到无声的号召和示范作用。

（2）要狠抓“老大难”，牵住“牛鼻子”。中层管理者由于时间和精力所限，在抓决策的落实时，不可能事必躬亲，应该善于发现和紧紧抓住决策落实中存在的主要矛盾和主要问题。

（3）要以“抓老大”带动“老大抓”，抓住执行人员中的“头儿”，事情就可事半功倍。

六、决策中的几种习惯做法

决策是一种艺术。没有任何简单的模式能使人不费力气地做出正确的决策，提高决策的熟练程度只有一条路可走，那就是学会各种决策方法。

在各种可行的方法中，适合大多数单位状况的可能有下列几种。

1. 围绕一个中心问题，从不同的角度去认识它

一个人在着手处理某一问题时，通常会想到自己的经历。如果他当过售货员，他往往以一个售货员的角度来看待这个问题；同样，如果他当过会计师，或房产代理人、国际问题专家、产品经理、金融家、学术研究员，他就会用自己在某种具体经历中所形成的传统眼光来认识问题。因此，解决问题的一个成功方法，就是戴上上述所有这些头衔，而且尽可能多戴一些，从各个不同的角度去观察问题。这种从各个不同角度来观察问题的方法，是哈佛大学商学院以实例为媒介的一种教学方法。有着各种不同经历的 100 名学生，在经验丰富的老师指导下讨论复杂的问题时，都是从自身实际情况出发的。

2. 对所有可供选择的解决问题的方案，要认真研究、权衡利弊，从中筛选出最佳方案来

许多人都犯有这样的错误：将解决问题的答案简化为“行”或“不行”。他们应该做的是：通过寻找一切可能的解决方法，选择一个解决问题的最佳答案。这种方案是经过人脑反复思考、删改后才精选出来的，极少有简单的现存答案。

3. 对于要解决的问题，在时间和空间上加以调整

例如，可以用逆时针顺序来研究一个解决方法，以代替通常那种按顺时针顺序来研究问题的解决方法。在用 PERT（计划评审技术）安排一种产品进度计划时，工程师们是从最终结论着手，然后逆结论的顺序而上，逐一分析、逐一安排其中的各项活动的。

解决问题的另一个有用的方式，就是将问题的组成部分进行图解，在空间上给予调整。例如，可以画一个表格或坐标，先纵向列出公司的目标，然后横向列出可供选择的方案。这样，就可以预先检查供选用的每一方案：它可完成公司的多少目标？能完成到什么程度？

4. 在评价可供选择的方案之前，要进行无拘束的衡量比较

有创造性的人都有这种经验：深陷于对一个问题的争论和解决，会使人的头脑发胀，并使结论产生混乱。当一个人着手研究一个问题的具体解决方案时，他往往会不考虑其他可能的方案及其优越性。所以，对寻求解决问题的可行性方案来说，不受约束地衡量、比较和发表意见，是一种很好的途径。

习惯用数学方法思考问题的人，常常在解决企业问题时一筹莫展，因为他们喜欢将问题数量化，认为这样才能产生一个恰当的答案。

"人"是生活中最难预测的因素，能离开"人"而存在的问题是极少的。所以，企业里的严重问题能用固定模式来解答的不多。每个问题的处理，都不能离开人的主观因素。

幸运的是，有许多方法可以拨开环绕在思维上的迷雾。除了上面讨论的几个有关决策的基本方法之外，下面还有一些已被经验证明是行之有效的习惯做法。

1. 背向紧迫的问题

在自动化时代，我们有时会犯这样的错误：用看待机器的方式来看待人。一按电钮，一台清洗机就开始灌水和搅拌……无疑，机器会按你的指令行事，而大脑则不会。没有谁真正了解大脑是怎样思考的，但大多数人有这样的经验：人的大脑在松弛的情况下能更好地解决问题，而在被强制的条件下则相反。因此，许多企业家对待伤脑筋的问题时，不采用给大脑施加压力的方法去求得解决，而是将问题的信息输入大脑，然后便去做别的事情，于是，大脑即对这个问题进行潜意识活动，有时一夜过后便能提出一个可靠的答案来。

2. 多方面征求意见

当人们面临一个棘手的问题时，都会十分明智地向有经验者求教，而极少考虑去询问一个没有经验的人。其实，上述两种人的见解都应该听取。一个没有经验的人，往往会提出创造性的解决方法，因为他是用新的眼光来观察问题的。

3. 毫不吝惜地抛弃枝节问题

有些企业家之所以挖掘不到问题的核心，就是因为他们被过多的细节所干扰。他们就像推销员一样，将产品的介绍写得很长，生怕忽略了任何一个细节，他们不知道哪些描述有助于产品的推销，哪些则是多余的。在解决问题时必须坚决删掉易于引起误解的细节。

4. 充分掌握情况

在许多为决策教育而设计的模拟方法和通用方法中，存在着一个常见的错误：试图迫使参与者迅速做出决策。这不是一个好的领导解决问题的正确途径。优秀的领导为解决一个问题而思考时，他会从每一个角度审视它，翻来覆去地谈论它，直到挖出问题的核心，找到真正的实质。他对任何解决方法都要进行检验，当然，他最终会找到一个可行的答案，因为这毕竟是整个过程的目的。

5. 对解决问题要有热情

有些企业家常藐视那些对企业显得热心的职员。这显然是一种目光短浅的表现，令人遗憾。从心理学角度来说，作为学习的附属条件，热心比天赋更为重要。在一切导致人们成功的品质中，热心所起的作用是最大的。这一点谁也无须怀疑。

七、常见的决策陷阱

中层管理者决策失误的原因是多方面的，但其根本原因是良好的主观愿望与客观实际相脱离。决策失误常常见于以下几种情形。

1. 唯上造成的决策失误

决策层大体上可以分为高层、中层、基层三个层次。中层决策者处于高层决策者与基层决策者之间，这种承上启下的位置和作用，决定了中层决策者要以较高一层的决策为前提和依据，确保高层决策的落实。同时，也要使自己的决策符合本地区、本单位、本部门的客观实际。如果盲目地照搬照抄上级的指示，对本地区、本部门、本单位的具体情况不加考察，必然使决策缺乏创造性，使本级的决策既脱离了上级的精神实质，又脱离了下面的具体实际，造成决策的失误。

2. 独断专行造成的决策失误

现代领导决策是一项十分复杂的系统工程，必须依靠充分发扬民主，依靠科学技术和决策者的阅历、经验、直觉和判断力，才能做出科学的决策。可是，一些领导认为决策就是领导个人“拍板定案”，不重视发扬民主、调查研究、科学论证，单凭个人主观想象，武断决策，结果由于个人素质和掌握情况等方面的局限性，主观愿望严重地脱离客观实际，造成决策失误。

3. 情绪造成的决策失误

情绪是人情感的表现，它带有很大的主观随意性。人的情绪稳定是相对的，波动是绝对的。稳定而健康的情绪对决策会产生良好的影响，躁动和偏激的情绪对决策影响很大，容易造成失误。领导者凭着情绪进行决策，往往造成决策失误。通常，一些决策者一拍胸脯，“这样定我负责”，就是情绪化决策的典型表现。

4. 经验造成的决策失误

经验决策是传统的决策方式，它一般具有直观感知性、认识表面性、分析情况的非定量性等特点。在生产还不发达、科技比较落后、事物发展变化的速度还比较缓慢的条件下，领导者凭借个人的经验进行决策，有它的合理性。但是，进入社会化大生产和经济全球化、信息化的时代之后，仅靠“经验决策”就远远不够了。如果仍然抱着老框框、老经验，搞“眉头一皱，计上心来”的“拍脑袋”决策，十有八九要造成失误。

5. 晕圈效应

晕圈效应是指判断者常从或好或坏的局部印象出发、扩散而得出或全部好或全部坏的整体印象，就像晕圈或月晕一样，是从一个中心点逐渐向外扩散成越来越大的圆圈。

过去发生的重大事件或头脑中留有的深刻记忆会使人的思维离开正道偏向另一个方向。例如，有两份名单，每一份名单上都有相同数量的男女姓名，第一份名单里的女性和第二份名单里的男性大都是一些名人。实验证明，大多数人都会认为第一份名单中的女性比第二份名单中的男性多。

如何避开晕圈效应呢?

（1）仔细审查你的各种预想，确信它们没有被你的记忆影响。

（2）决策时要跳出你的记忆，尽量减少特定事物或重大事件给你的思维所带来的影响。

（3）把每一个决策都看成独立的事情。

我们的大脑在不停地思考，但有时它不但不会帮我们，反而会阻碍我们。在决策的每一时刻、每一个环节，错觉、偏见和心理上的种种小把戏都在影响着我们。

决策失误是最难以原谅的失误，聪明的决策者要有所提防。

八、决策失误的补救

一般来讲，立志成就大业的领导者，都十分重视决策活动，注重提高决策水平。从我国古代政治家招养门客、幕僚和师爷为自己出谋划策，到西方政客利用智囊团和专门机构进行决策咨询，都充分说明决策对领导工作至关重要。但是，人的智慧和精力毕竟有限，而社会实践活动既丰富多彩又变数极大，所以，即使决策者智商再高，决策手段再先进，决策程序再完备，也很难避免决策失误。决策是中层管理者的基本职责，是领导整个单位或部门的中心环节，其正确与否关系到领导活动的成败。智谋大师诸葛亮错用马谡而痛失街亭；斯大林漠视希特勒将要进攻苏联的重要情报而险遭灭国之祸；陈独秀“右”倾机会主义和李立三、王明“左”倾冒险主义路线的盲目推行几乎葬送红军。由此看来，决策失误不仅难免，而且危害严重。因此，失误之后的应对措施就显得尤为重要。那么，决策失误后应该怎样补救呢?

1. 采取有效措施，及时消除错误决策带来的影响

决策在执行过程中显示其不足和错误时，必然会给正在推进的事业带来不可忽视的损害。这些缺点和错误如果发现得早，影响也许不会太大，倘若发现太迟，后果必定十分严重。因此，在这种情况下，首先要解决的问题不是争论对错、区分责任，而是立即停止执行决策，迅速采取得力措施稳定局势，消除由此产生的负面影响，将损失降到最低。因为此时此刻，

决策的当事人也并不好受，毕竟是好心没办成好事，何况在这种情况下再严厉的批评和处分，也并不能从根本上解决问题。因此，面对这种局面，领导班子内部必须以大局为重，精诚团结，同心协力，互相补台，积极出主意，想办法，绝不能冷眼旁观，更不宜互相指责；要安慰当事人莫因一时之失而气馁，放下包袱，重整旗鼓。这既是执政者应有之德，更是领导职责所需。主要责任人应该振作精神，鼓起勇气，敢于面对困难和挫折，努力做到在哪儿摔倒，就从哪儿爬起来。

由于中层管理者决策失误而造成的矛盾和问题一般都比较复杂，而且处理起来也比较被动，所以，处置此类事件时一定要认清形势，善于抓住主要矛盾，集中力量加以解决，切不可纠缠于一些细枝末节，以免沉陷其中不能自拔而错失平息事态的良机。

2. 吸取经验教训，修正并改进存在问题的方案

亡羊补牢，犹未为晚也。决策失误后，中层管理者要在深入分析原因，认真吸取教训，广泛听取各方面意见的基础上，根据新的实际、新的要求修正和完善原定的决策方案。要重新研究决策目标，严格遵循决策程序，深入审视新的决策方案。绝不能因为是二次决策，就随便应付，麻痹大意，更不能抱有厌烦和埋怨的情绪，要以对事业、对组织、对自己负责的态度，将其视作将功补过的机会，认真对待，好好把握。

新的决策方案的形成，要视原决策失误程度而定。原决策只有部分缺陷的，可在此基础上进行局部修正和完善，保留对的改正错的，补充未考虑到的；原决策完全不对的，则应该推倒重来，另起炉灶，要彻底排除原有决策的干扰，端正思想，严格程序，精心研究，反复斟酌，使之既符合客观实际，又能体现组织意图。仅仅做到这些，还不能保证新的决策完全正确，还必须延伸决策过程，进行试验，要将其放到实际中去检验，并在实践检验中进一步完善提高。这样形成的决策方案，才是最科学的，才具有最广泛的实践意义。

| 第二节 |
执行能力

企业经营要想成功，策略与执行力缺一不可。许多企业虽有好的策略，却因缺乏执行力，最终导致失败。企业很难靠策略取胜，因为策略是易于复制的，差别恰恰就在执行能否到位。如果执行不力，就会被市场彻底抛弃，或被甩在后面。市场竞争日益激烈，在大多数情况下，企业与竞争对手的差别就在于双方的执行能力。如果对手在执行方面比你做得更好，那么他就会在各方面领先。有关调查表明：成功的企业，20％靠策略，60％靠企业各层管理者的执行力，其余是一些运气等偶然因素。培养企业执行力的关键就是培养管理者的执行力。因此管理者亟待重新审视角色定位，改变过去“策略上的巨人，执行上的矮子”的状况。

执行力就是企业中层管理者组织实施上级决策的能力。相对于决策层定位于“做正确的事”来说，作为执行层的中层管理者的定位应该是“正确地做事”。

企业高层决策层对企划方案的认可，需要得到中层管理者的严格执行和认真落实。好的执行部门能够弥补决策方案的不足，而再完美的决策方案，也会死在没有执行力的管理者手中。

执行的核心在于三个核心流程：人员流程、战略流程和营运流程。所有的企业和公司都在以某种特有的方式利用这三个流程。企业执行的核心就在于人员、战略和营运这三个环节之间的相互配合。所以中层管理者需要在了解这三个环节的同时能够将其作为一个整体把握。事实上，对这三个环节的把握水平的高低正是成功者和失败者的差别所在。

一、执行力应依据科学的程序进行

如何利用执行力这把双刃剑击败对手？如何摆脱执行怪圈，远离黑洞，不做执行的奴隶？以下几个环节应该是执行的必要保障。

1. 目标本身一定要清晰、可量化，就是可度量、可考核、可检查，不能模棱两可，因为目标是关键技术指标。

2. 要有明确的时间表。这有两层含义：一是要有开始的时间，一件事决定做了，执行者一定要知道什么时候开始做，更重要的是执行者一定要知道什么时候结束。

3. 要有顺序的概念，事情要分轻重缓急。用80%的时间解决重要的事情，20%的时间处理琐事。

4. 指令一定要简明。指令有歧义或上级想当然地认为下级已理解自己的指令，其后果是严重的。上级要确认下级对指令的理解是不是这么回事；下级也要确认领导是不是这个意思，得到确认之后再去执行，会减少很多偏差。

5. 要下级作承诺。“第一目标清楚吗？能不能完成？授权够不够？资金有没有问题？”对这些问题要下级做出肯定的回答，要下级既要看相应的资源条件具不具备，又要看能力怎么样。

6. 要跟进。定了制度不能就认为万事大吉，管理的问题，不能唯制度论，过程还是要关注，必要的时候要去督促，去指导，对可能发生的事情进行预先判断。跟进对中层管理者来说也是一项重要的工作。

7. 执行要有反馈机制，形成工作闭环。要强调正强化和负强化，链子断的地方就是反馈的环节。对员工，为公司赢得荣誉，拿到订单，开发了重要客户，都要有所评价，及时反馈；做得不好，要分析是什么原因做得不好，是有不可抗拒的原因还是能力不够，是授权不充分还是资源欠缺，这些都要及时反馈。

另外，执行终究靠的是人，团队如何吸引执行力强的人？就是给这些执行力强的人放权，使他们有权有责，能够清晰地认识到个人的未来有更大的发展空间。人才难留，执行力强的人更难留，关键是企业自身也要发展，不断有新的市场、新的业务，让人才有用武之地。

二、执行力需要多种素质的相互结合

对一个组织来说，良好的执行力必须以相适应的结构、流程、企业文化和员工素质能力为基础。对管理者而言，执行力主要体现为一种总揽全局、深谋远虑的业务洞察力，一种不拘一格的突破性思维方式，一种“设定目标，然后坚定不移地完成”的态度和行为，一种雷厉风行、快速行动的管理风格，一种勇挑重担、敢于承担风险的工作作风等。

因此，中层管理者的执行力是多种素质的结合和表现，而绝不是某项单一素质的体现。“领导说啥就是啥”的盲目服从，不计后果、不顾大局的冲动鲁莽，说一不二、大搞一言堂，简单粗暴地对待下属等，都不是我们需要的执行力。否则，我们将陷入非左即右，矫枉过正的泥潭。

中层管理者要表现出有效的执行力，至少要具备三方面的素质：思维能力、团队精神和坚强意志。

1. 思维能力

思维能力包括演绎思维和归纳思维两方面。演绎思维是指在理解问题时将其分拆成更小的部分，通过一步一步符合逻辑的演绎，排除不相关的资料，找出事物发生的前因后果；归纳思维就是运用已有的概念和理论作归纳性的分析和总结。

执行要求快速行动、简洁明快。一位通信技术专家曾说：刚工作时，点子多，出方案很快，但慢慢胆子越来越小，搞一个方案，思前想后，迟迟不敢出手，但对一个领域大彻大悟了，出手又快了。快速执行并不是要求我们为了完成任务而不计后果，或仓促地抢在规定时间之前马虎地交差了事，或允许任何人为了抢速度而降低质量标准，而是要求在保证质量的前提下快速行动。

2. 团队精神

团队精神不仅仅是对员工的要求，更是对管理者的要求。团队合作对管理者的最终成功起着举足轻重的作用。据统计，管理失败最主要的原因之一是管理者和同事处不好关系。某公司有两位刚从技术岗位提升到技术管理职位的年轻管理者：A 经理和 B 经理。A 经理觉得技术进步日新月异，部门中又有许多技术问题没有解决，很有紧迫感，每天刻苦学习相关知识，钻研技术文件，加班加点解决技术问题。他认为，问题的关键在于他是否能向下属证明自己在技术方面如何出色。

B 经理也认识到了技术的重要性和自己部门的不足，因此他花很多的时间向下属介绍自己的经验和知识。当下属遇到问题，他也帮忙一起解决，并积极地和相关部门联系和协调。

3 个月后，A 经理和 B 经理都非常好地解决了部门的技术问题，而且 A 经理似乎更突出。但半年后，A 经理发现问题越来越多，自己也越来越忙，但下属对自己似乎并不满意，觉得很委屈。B 经理却得到了下属的拥戴，部门士气高昂，以前的问题都解决了，还搞了一些新的发明。

对管理者而言，真正意义上的成功是团队的成功。脱离团队去追求个人的成功，这样的成功即使得到了，往往也是变味的和苦涩的，长期下去对公司是有害的。因此，管理者执行力的强弱绝不是体现在个人的勇猛直前、孤军深入上，而是体现在带领下属共同前进上。

管理者的团队精神不仅指个人的态度，还必须对整个组织的团队精神负责。团队精神还应超越企业内部，还应包括自己的合作伙伴——供应商、分销商、业务外包商、广告代理商、增值业务开发商、咨询培训机构等所有的合作者。

3. 坚强意志

坚强意志指具备挫折耐受力、压力忍受力、自我控制力和意志力等。能够在艰苦或不利的情况下，克服外部和自身的困难，坚持完成所从事的任务，或在比较大的压力下坚持目标和自己的观点。

坚强的意志首先是一种对目标的执着和坚持。“不以物喜，不以己悲”，“不达目的，誓不罢休”，认准的事，无论遇到多大的困难，仍千方百计完成。克劳塞维茨在《战争论》中有一段很著名的话：要在茫茫的黑暗中，发出生命的微光，带领队伍走向胜利。战争打到一塌糊涂的时候，将领的作用是什么？就是要在看不清的茫茫黑暗中，用自己发出的微光，带着你的队伍前进。谁挺住了最后一口气，胜利就属于谁。

其次是在工作中能够保持良好的体能和稳定的情绪状态。例如，有较强的耐受力，能够经得起高强度的体能消耗；面对别人的批评时，与同事和客户发生冲突时，能够克服烦躁的情绪，保持冷静。

最后，当自己处于巨大的压力下或产生可能会影响工作的消极情绪时，能够运用某些方法消除压力或消极情绪，避免自己的不好情绪影响他人。

三、中层管理者要重视培养下属的执行力

中层管理者是决策执行中最重要的主体。优秀的中层管理者不仅自己具有很强的执行力，而且能培养出一批一流的执行人才。执行力的提升应该是整个企业的事情，领导者如何培养下属的执行力，是企业总体执行力提升的关键。此时，领导者就像一个火车头，他把自己与下属的每一次会面看成是一次指导的好机会，把每一件托付给下属的事当作锻炼下属的机会，把下属的每一次进步当作自己的进步。请记住，下属就是你的“替身”，他的能力越强，表明你的能力越强，表明你的执行力也越强！

作为中层执行者，一旦周围同仁和领导从你身上感受到了坚定的力量，他们必然会信任你，你的态度必然会影响到他人的态度；反之，如果你被畏难情绪所左右，连正常的能力都发挥不出来，那么在执行过程中“腰”就软了。中层管理者必须是团队成员的教练，能够激励别人，是团队成员的充电器。

四、中层管理者应善于营造执行的文化

执行的本质，在于能够把上级的战略性意图与现有的资源整合，实现上级的战略。

执行力的关键在于透过企业文化影响员工的行为，因此中层管理者一个很重要的角色定位就是营造企业执行力文化。如果员工每天能多花十分钟想想如何改善工作流程、如何将工作做得更好，那么，领导者的决策自然能够彻底地执行。

企业要有执行的文化，但很多企业对决策的执行不是打折扣，就是找理由说做不到，或者随便交差了事。拥有好的执行力文化的企业，员工一

定会用心去做事，讲究速度、质量、细节和纪律。

中层管理者要营造企业“执行”的文化。企业是由不同的员工组成，不同的个体在思考、行动时难免会产生差异，如何尽可能使不同的“分力”最终成为推动企业前进的“合力”，只有依靠企业文化，“执行”也不例外。我们发现优秀的企业，其内部都有一种强烈的“执行文化”，它们注重承诺、责任心，强调结果导向，这一切都是“执行文化”的具体表现。

中层管理者应该明白，决策原本就是为执行而拟定出来的，在执行的过程中，一切都会变得明确起来。企业执行力文化比任何管理措施或经营哲学都管用。面对激烈的市场竞争，领导者的角色定位需要变革，从只注重制定决策，转变为兼顾决策与执行，同时努力营造企业执行力文化！以执行为导向的企业，对决策的实施能力会优于同业，因此它们也会更优秀、更出色。

五、注意解决执行力差的问题

企业的发展速度要加快，规模要扩大，管理水平要提升，除了要有好的决策班子、好的发展战略、好的管理体系外，更重要的是要有企业中层管理者的执行力。

企业中层管理者执行力不强的表现包括：在决策层面前说的话拥有相当的分量，使已有决策方案发生“自我取舍”现象；虽然具有足够的工作经验和热情，有令人佩服的企业利益立场，但是在执行方案时缺乏对应变操控原则的认知和把握；尽管尽心尽力，但由于缺乏实施方案中人与事之间清晰的操作界面，时有大失水准之处。执行力不强的原因是多方面的，以下六个方面是在企业发展过程中经常有的，也是企业要提高执行力必须首先解决的问题。

1. 领导者没有常抓不懈

大的方面是企业制定的一些政策在执行过程中，力度越来越小，许多工作做得虎头蛇尾，没有成效；小的方面是有布置没检查，检查工作时前紧后松，工作中宽以待己，严于律人，领导者没有做好表率等。所以企业要想强化执行力，必须在每个方案出台时引起领导者的高度重视，凡是牵扯到领导者的，领导者一定要率先示范，做出表率才行。

2. 领导者出台管理制度时不严谨

领导者出台管理制度时没有经过认真的论证就仓促出台，经常性的朝令夕改，让员工无所适从，最后导致了真有好的制度、规定出台时也得不到有效的执行。这与狼来了喊多了，等狼真的来了也没人去做好人了，其实是一个道理。解决这种问题可以从正反两个方面入手：一是选择反面典型，找一个能够引起他人警觉的人，严肃处理；二是树立正面的典型，通过范例告诉大家制定这个管理制度的意图，通常的做法是大力鼓励表彰先进等，以期改变执行者的意识。

3. 制度本身不合理

我们经常遇到一些企业试图通过各种报表来约束员工的行为，或通过各种考核制度达到改善企业执行力的目的，但往往是事与愿违。有些制度的出台是给执行者头上戴了一个紧箍咒，会增强执行者内心的逆反心理，最后导致员工敷衍了事，使企业的规定流于形式，甚至连有些本来很好的规定也受到了影响。所以企业在制定相关的制度和规定时一定要本着这样一个原则，就是所有的制度和规定都是为了帮助员工更好地工作，是为员工提供方便而不是为了约束员工，是为了规范员工行为而不是给员工一种负担。制定制度时一定要实用，有针对性。

4. 执行流程过于烦琐，不科学

有研究显示，处理一个文件只需要 7 分钟，但耽搁在中间环节的时间却可能多达 4 天。有时一件事需要各个部门进行审批，导致具体执行人员失去耐心而影响了执行的最终效果。不要妄想顾客会理解我们内部程序的烦琐，他们只关心从打电话投诉到具体解决问题花了多长时间。缩短非必要部门的中间审批环节，提高工作效率，进行科学的流程再造是制度得以有效贯彻执行的必要措施。

5. 在作业的过程中缺少好的方法

以咨询公司为例，通常公司在作业的时候会组建一个项目小组，然后把工作进行分解，每人负责一摊活儿，然后进行汇总。这种作业方式没有把作业人员的能力形成合力，而是分散了作业的实力。再就是作业的时候每次都是从头去做，没有形成自己的作业工具模板。为了提高效率，较好的作业方法是：一是充分发挥团队的作用，利用大家的智慧先确定思路上的原则性的问题，保证大家努力的方向不会错。方向比距离和速度更重要。二是在作业的过程中注意积累，建立自己的作业工具模板。比如企业在某地要招商，如果有标准的招商手册和程序文件，不用兴师动众就可以把事情办了。反之，如果每次都从头开始就麻烦了，无形中会大大降低作业的效率和质量。同样是爬山，如果先坐索道到半山腰，然后再往上爬，肯定比从山脚下开始爬的人早到山顶。

6. 工作中缺少科学的监督考核机制

这里面有两种情况：一是没人监督；二是监督的方法不对。前者是只要做了，做得好与坏没人管；或者是有些事没有明确规定该由哪些部门去做，职责不明确，所以无法考核。常见的如企业中的管理真空或者管理重叠问题，导致有事情的时候没人负责。后者是监督或考核的机制不合理。1997年，美国安然公司为了保证员工不断进步，采用了一套绩效评估程序：对同层次的员工进行横向比较，按绩效将员工分为五个等级，这些级别将决定员工的奖金和命运。但是，事与愿违，这套系统实际上形成了个体重于团队的现象。有位老员工说："如果我和某人是竞争对手的话，我为什么要去帮他呢？"到后来，这种压力拉动型的绩效评估机制也就逐步转化为一种拉帮结派的官僚系统，有些领导开始捏造问题，篡改记录，赶走那些自己看不顺眼的员工，最后公司的衰败也就不可避免了。

第三节 创新能力

做事有两种方法：一是创新；二是模仿。善于创新的人，总能在别人看不到机会的地方发现新的出路，找到起死回生的办法；模仿别人的人，即使机会从天上掉下来，也常常是两手空空。领导者要想管好单位或部门，把单位或部门一步步带到更高的目标，就必须让创新思维注入自己的大脑并运用于管理中，时时刻刻在组织观念上、技术管理上和制度上创新，做到人无我有，人有我新。领导者只要开动脑筋，运用逆向思维和发散思维，就能够及时做到创新，巧妙地完成工作，使工作业绩卓越显著，领导能力卓尔不群。

一、创新能力是中层管理者的核心素质

“素质”是人从事一定活动必备的基本能力，包括生理素质、心理素质、知识素质、能力素质和思想政治素质等。在正常人身上，由于社会阅历和个人修养不同，各方面素质又有高低之别。

因为中层管理者活动具有综合性、复杂性、多变性的特点，所以，中层管理者工作是一种创造性的活动。这种创造性的活动就需要中层管理者具有不断进取、开拓创新的能力。尤其是在现代科学技术日新月异、信息瞬息万变的时代，工作的多变性和动态性更加显著，形势复杂多变，机会转瞬即逝，中层管理者如果不善于顺应形势，解决新问题，开拓新领域，就无法跟上形势的变化，只能使自己的工作处于被动。

因此，在新时期中层管理者的整体素质中，创新能力成为最重要的核

心素质。单纯的“有知识”“会管理”“能力强”等，已经不能适应现代经济和社会发展的需要，已经无法做到有效管理。还要会创新，才能实现有效的管理。

二、中层管理者创新能力的培养

中层管理者具有创新能力，有助于推动基层工作的改进，有助于激活员工的潜能。

中层管理者应该从以下五个方面培养创新能力。

1. 培养科学的探索精神与批判精神

创新在某种程度上是对传统的一种扬弃。如果把传统的东西视为绝对完善和神圣不可违反的东西，不敢越雷池半步，那就永远不会有创新。在现实中，传统往往是与权威、上级、书本、经验等联系在一起的。要创新，就要解放思想，实事求是，就要有怀疑精神和批判精神，做到不迷信权威，不固守经验，不拘泥于条条框框——不唯书，不唯上，只唯实。这里的“怀疑”，不是怀疑一切，而是指遇事问个为什么，不盲目相信和崇拜；这里的“批判”，也不是否定一切，而是指对事物采取分析的态度。有创新精神和创新能力的中层管理者，尊重知识，尊重人才，尊重上级，珍视经验，依靠专家，但又不迷信他们。当这些与实践发生矛盾时，他们又会从实际出发，尝试用新思想和新方法来解决问题。

2. 加强知识积累和提高学习能力

知识与创新密切相关，不存在离开知识的创新能力。知识是能力的基础，一个人没有某方面的知识，就不可能有这方面的能力。创新是建立在既有认识成果（知识）基础上的。知识越多，经验（经验广义上也是知识）越丰富，产生创新的可能性就越大。缺乏最基本的知识，不可能有创新。

在知识经济社会，人类的知识朝着两个方向发展，一方面在爆炸性地积累和增长；另一方面又在急剧地更新和老化。在工业经济时代，一个人在大学里所学到的知识可以受用终身，只有很少一部分会过时和老化。知识经济时代则不然，如果以现在公认的知识半衰期六年计算，一个大学生毕业时，其四年所学知识可能有30%已经老化。一个知识渊博的人如果停止学习，很快就会变成一个知识贫乏、孤陋寡闻的人。知识经济社会是一个学习型社会。中层管理者只有站在时代前列，善于学习和不断学习，掌握所需要的知识，才能跟上时代步伐，不断进行观念创新和实践创新，否则，就会被不断变化的时代所淘汰。

3. 培养强烈的创新意识和多维的创新思维

创新意识是一种敢为人先、不断进取、求新求异的心理状态和思想意识，是创新活动的前提。有了创新意识，才能主动研究新情况，解决新问题，开拓创新；才能及时抓住机遇，审时度势推动创新；才能自觉克服思维定式的消极影响，运用新思路去思考问题；不断创新，才会自觉地把国家政策和上级指示与本地区、本部门的实际情况相结合，在“结合”中创新。

有的人学富五车、满腹经纶，却没有丝毫创见，一个很重要的原因就是缺乏创新精神和创新意识。当然，有了创新精神和创新意识并不一定就能创新，要创新，还必须借助创新思维。创新思维是在一定知识、经验和智力的基础上，灵活运用各种思维方法、创造新的思维成果的思维活动。创新思维是求异性思维，它不满足于常规的思维方式和方法，不乐于跟在别人后面亦步亦趋，而是在求异求新中发现改变现状的契机和机遇。创新思维又是整合性思维，它运用新的思路和方法，对已有知识和经验进行新的组合、转移和应用，从而创造出前所未有的新成果；创新思维还是联想性思维，通过横向联想、纵向联想、逆向联想、超时空联想等多种形式，找到解决问题的新方法。中层管理者要不断进行观念创新和推动实践创新，就要自觉地培养多维的创新思维。

4. 培养健康的个性和独立性

个性是个人比较稳定的心理和行为特征的总和。由于生理素质和生活经历的个体差异，每个人都有自己不同于他人的个性特征。独立性是指主体具有自主性，在思考和行动时能够自由做出决定，不受他人的干扰和支配。创新与个性和独立性密切相关，因为创新虽然是社会和认识发展到一定阶段的必然产物，但最初的创新总是由个别人做出的，需要个人的独立思考和创新思维。没有独立思考，就没有创新。

5. 培养高瞻远瞩的战略思维能力

就范围和社会影响而言，创新分为局部性创新和全局性创新、战术性创新和战略性创新。全局性和战略性创新是根本性创新，离不开对全局的观察、了解和把握。只有站在全局的高度，把握事物的本质、规律和发展趋势，才能进行全局性战略创新。

中层管理者的创新主要是战略性创新。战略思维能力是一种综合能力，包括洞察全局、透过现象抓住本质和规律的能力，运筹帷幄、驾驭全局的宏观指导能力，审时度势、当机立断的决策能力，高瞻远瞩的预见能力，发现、把握、利用机遇的能力等。中层管理者不同于一般科技人员和普通员工，他们是管全局的，其主要职责是对全局的运转和发展进行战略谋划，提出发展的大思路，制定相应的政策、策略和措施，因而尤其需要培养训练驾驭全局、高瞻远瞩的战略思维能力。

三、创新的内涵与三个重要环节

创新具有广泛的内容，下面我们针对企业经营决策，介绍与创造性思维有关的概念。

建议，这是一种有针对性、目标性的点子，是一种可以“干什么”的主意。

策略，这是一种方法性的点子，是“怎么干”的主意，也称为计谋、谋略。典型的策略如“借鸡下蛋”“拾遗补阙”“小材大用”“木马计”“美人计”“苦肉计”等。策略也不一定非得是典型的、完整的计谋，只要是实用的方法、创新的点子便都可称为策略。例如，食品商场把价格相近的糖果品种以同一个价格集中开架陈列，让顾客自由组配什锦糖果的比例，这一简单的点子就是一个促销的策略，并可以总结出“散装商品均价自选销售法”，能扩大推广到相似的销售场合去促销。

创意，是由建议与策略相结合而产生的有价值的创造性思路。是一种“干什么”“怎么干”的全新的战术性思路。例如，“借用某学院的科技力量、某公司的资金、某工厂的加工能力，通过股份制的形式，一起来合作开发一种机电一体化的电脑控制功能最先进的电冰箱”，这就是一个由“开发升级换代的新型电冰箱”的建议，与“机电一体化的技术方法”“借用外力优势互补的方法”“用股份制实行规范化合作的方法”等策略构成的有价值的创意。

策划，顾名思义就是策略加上谋划。策划是针对明确而具体的目标，通过各种信息的启发，对由一定的建议与策略构成的创意，做出具体的构思和设计，并形成系统而完整的方案的整个运筹工作。策划不是建议，不是策略，也不是决策，而是实现建议的创新谋划，是策略的具体创新运用，是为决策服务的准备方案。简言之，策划即是对未来的行动谋划“干什么”“怎么干”以及“何时干”“何地干”“何人干”“如何具体地干”的方案设计。

决策，顾名思义就是决定对策，是个人或群体决策者为实现某个确定的目标，对所准备的一些策划方案的选择或综合。简言之，就是“拍板决定”。

从发生的顺序看，是先有建议、策略，后有创意，再有策划，最后才有决策。建议、策略、创意与策划是为决策服务的，它们都是创造性思维活动的产物。

作为一种具体的实践性活动，在创新过程中要注意把握好以下三个重要环节。

1. 善谋大事、善干实事

在新的发展时期，中层管理者要把创新的着力点放在谋大事上。实践证明，中层管理者一定要在充分把握全局发展方向的前提下，根据本地区、本部门的实际情况，大力发扬求真务实精神，力戒形式主义，集中时间精力，看准一件事做一件事，做一件事成一件事，在大事、实事上闯出路子干出成效来，真正做到善谋大事，善干实事。

2. 善攻难点、善破难题

中层管理者在创新活动中就是要勇于挑重担，着力攻难点，破难题，以多向思维，想别人所未想，谋他人所未谋。中层管理者也要率先垂范，深入基层，抓好难点、热点问题，以此推动全局工作，提高整体效应。

3. 善抓落实、力求实效

中层管理者在创新活动中，要善于为下属创造好的工作环境和氛围，营造催人奋进的激励机制，让每一位下属的工作潜能最大限度地释放出来，这样才能把创新思路落到实处。

首先，要善于为下属搭建干事的平台，给下属以足够的信任，让他们在自己的领域内尽量施展才干，各显神通。当他们取得成就时，要充分地肯定并予以推广，同时引导他们上升到更高的高度。当他们遇有困难或挫折时，要为他们充当“靠山”，主动替他们承担责任，以保护其旺盛的工作斗志。

其次，要营造良好的干事氛围。从一定意义上讲，选拔任用是一种重要的激励方式。在选拔任用中要善于引用竞争机制，一方面通过公开选拔、优化组合、交流换岗、民主测评等途径和方法，把一批有作为的好下属选拔到领导岗位上来；另一方面，应该通过试用制、末位淘汰制、聘任制等形式，建立健全中层管理者“能上能下，能进能出”的考核机制，实现优胜劣汰。与此同时，还要抓住思想政治建设这个根本，进一步强化中层管理者的服务意识、创业意识、发展意识和危机意识，这样才能不断优化环境，确保整个团队成员保持良好的精神状态。

四、中层管理者必须具备的创新能力

中层管理者必须具备五种创新能力，才能全面提高工作效率。

1. 观念创新

中层管理者的观念决定其开展工作的指导思想。组织要持续发展，关键在于观念创新与思想革命。观念创新是中层管理者工作创新的关键。

人的思维模式有相对稳定性，而观念的创新要求改变原有的思维模式，从根本上对其进行大刀阔斧的变革。在此基础上开展工作，才能创造出前所未有的佳绩。

要做到观念创新就必须不断地学习，学习是转变思维模式的基本手段。

2. 技术创新

技术创新是决定一国经济竞争力的重要因素，目前在我国，对技术创新的需要比以往任何时候都更加迫切，作为中层管理者，要充分认识技术创新的重要意义，努力激发员工的技术创新意识，针对各种技术难题，积极组织攻关活动，并为技术创新创造氛围，提供条件，设立奖励制度。这样，组织参与市场竞争的核心竞争力才能提高。

3. 组织创新

对中层管理者来说，组织是领导开展工作的依托，组织创新尤为重要。

组织结构反映组织内任务分配、上下级的关系以及授权形式。组织结构直接决定了组织中正式的指挥系统和沟通网络，不但影响信息流通和利用的效率，而且影响组织的功能。

组织与任何生命体一样，有其生命周期，有产生、成长、成熟和衰亡的过程。为延长组织的生命周期，增强其生命力，就要不断地对其进行调整、变革和创新。

组织变革和创新的根本目的是为了自身的生存和发展。为了这一根本目的，就可以通过改革组织适应环境变化的方法，改革组织成员的态度、作风、行为方式，以提高组织的适应能力。在组织发展的不同阶段，其结构也必然要随之改变，从而使组织适应自身发展的需要。

组织变革、创新的目标就是要建立起有机和弹性的组织机构。这种机构是指企业未来的组织机构应以有机和弹性为基本特征，以适应变化的环境。有机就是说明有生命力，即该组织机构是学习型组织机构；有弹性说明有伸缩力，即该组织可以自我发展与变化。

4. 制度创新

中层管理者最重要的使命就是改变先前以强制和约束力为主的管理

制度，代之以民主、信任和激励为主的新型管理制度，以促进组织的健康成长。

对于我们国家来说，规范合理的管理制度是指融“情、理、法”为一体的中国式管理制度，既有规范性，又应有合理性，还得带有人情味，因为对组织的管理归根到底是对人的管理。

卓越的中层管理者的最大优点就是能充分认识到人的作用，最大限度地调动与发挥员工的积极性与创造力，这一切都必须靠合理的管理制度。

5. 管理创新

管理创新本身是由解决经济发展、技术进步导致组织生存与发展问题而产生的。管理创新在领导工作中有着极为重要的位置。

可以看出，任何的创新活动都离不开管理创新，管理创新在组织的发展中的具体作用主要表现在：提高效率，降低成本，形成有效的管理。

第四节 协调能力

沟通协调是中层管理者的一项最基本、最重要的工作。中层管理者必须具备善于与人沟通协调的能力。沟通协调包括四个方面：一是与外部关系的沟通；二是与上级领导的沟通；三是与同级的沟通；四是与下属的沟通。前三点一般比较容易理解，而“与下属的沟通”则是许多中层管理者经常忽略的，但这一点却是非常重要的。调查表明，95%以上的员工都希望自己的上司能主动与自己沟通，这样会产生一种被重视、被信任的感觉，而且对激发他们的工作热情、创造性和责任感都会产生积极的影响。

实践证明，中层管理者能否与他人友好相处、互相配合、协调一致，使上下级相互沟通，同级相互信任，直接关系到领导工作的成败。现实的领导活动中，中层管理者都需要花很多的时间和精力来处理各种复杂的人际关系。

一、要掌握组织内协调与沟通的原则

一切有效的沟通都是采用正确的方法而进行的沟通，而正确的方法总是运筹于正确的原则之下。

1. 了解他人的感觉

与人沟通时，要密切注意他人的感受，不断调整自己的沟通方式、内容等，以免沟通僵化，适得其反。如当你呵斥下属时，他表情如何，是愤怒、反抗、委屈、受辱，还是十分惭愧地接受你的批评？

2. 不强迫，不放弃

不强迫进行沟通，也不放弃任何沟通的机会，以达到水到渠成的效果。

这是顺其自然达到有效协调沟通需要掌握的原则。

3. 尽量各抒己见

在沟通时应做到各抒己见、求同存异，既要民主，又要集中，提倡“百家争鸣、百花齐放”的沟通原则。部门或组织只有积极参与沟通，敢于讲真话，才能找出隐含在事物背后的问题。

4. 不要粉饰自己

在出现问题，引起争论时，往往有人将问题向着有利于自己的一面去夸大（或缩小），粉饰自己，转移大家的注意力，减轻自己应负的责任，这种方式扭曲了事实真相，使沟通管道堵塞，为未来的沟通留下了隐患。要做到有效协调沟通，就需要掌握不粉饰自己这一原则。

5. 不要争论对错

在沟通过程中，能让双方把自己的想法如实地表达出来，这就达到了沟通效果。不要对事物的对错进行争论，这样会使沟通遭遇到障碍。

6. 认真聆听

尊重他人，不要轻易打断他人的话，认真聆听，并加以分析，准确把握沟通的有效性。

7. 感情与理性并重

在沟通的过程中，要有感情，更要有高度的理性。不要因为一时激动，伤了对方的感情。这时，尤其不能使用敌对的态度，包括眼神和肢体语言都要特别注意。请记住，要达到有效的沟通协调效果，任何时候理智都是第一位的。

二、要注重组织内协调与沟通的环节

中层管理者在处理与上级、同级和下级之间的人际关系时，应该把握好以下四个环节。

1. 尊重

每个人都有被别人尊重的欲望，尊重是对一个人的品格、行为、能力的一种肯定和信任。尊重别人也是一个人优良品质的表现，包括尊重别人的人格、言论、举止、习惯等。尊重是相互的，只有尊重别人，别人才会尊重你。相互尊重是疏通、协调各种人际关系最重要的一环。只有相互尊重，才能打消对方的疑虑，博得对方的信任。工作中，无论是和上级、同级还是下级接触，都必须尽力尊重对方，这是取得对方信任、帮助和支持的前提。

2. 了解

所谓了解，是指应该尽可能周详地了解上级、同级和下级的长处和短处，并在工作中扬其所长，避其所短。这是使对方避免感到“为难”，并能使对方更加有效地给予自己帮助和支持的重要一环。

了解上级，就是要了解上级在宏观上和整体上的指导思想和战略意图以及与自己在微观和局部上的指导思想和意图上的差异；了解上级的工作方式和生活习惯，扬长避短。

了解同级，表现在工作上要相互沟通信息，协调一致。

了解下级，便是要了解下级的工作，需要得到什么帮助和支持，了解下级的心理特征和情绪变化，以利于调动其积极性。

3. 给予

在工作中，按对方最希望的方式，给予对方希望获得的支持、帮助、信任是很重要的。上级最希望下级圆满完成自己交办的工作任务；同级最希望互相之间建立起一种携手并进的融洽关系，在亲密无间的友好气氛中进行良性竞争；下级最希望获得的是上级的“信任”、在困难时刻的有力支持、受到挫折时的热情鼓励以及取得成绩后的及时奖励。

4. 合作

任何领导都不可能单枪匹马地开展工作，必须尽可能取得上级、同级和下级的支持、帮助和合作，组织的力量就是合作的力量，而沟通的目的就是为了更好地合作。

三、要明确组织内协调与沟通的问题

沟通的目的是让对方清楚你的想法，发现问题、解决问题。总体来说，有效沟通需要明确以下四个方面的内容。

1. 你的思想

也就是说，你的意思是什么？你想表达什么？你沟通的内容有哪几项？你说这些话的主要目的是什么？等等。你要清楚自己需要表达的内容。

2. 传达的方式

针对要表达的内容，通过什么方式把信息传递给对方？这是需要明确的，事先可以找个虚拟的对象操练一下，体会其中滋味，并加以改善，会减少不必要的失误。

3. 接收的方法

对传递给你的信息，是接收还是拒绝？是口头答应，还是暂时不表态？如何对信息进行过滤和处理？这些都是中层管理者必须考虑的问题。

4. 结果与影响

接收方对发送方传达的信息有什么反应？会产生哪些影响？结果会怎样？这些都是在沟通之前应该考虑到的。当你批评下属时，他是很情愿地接受你的批评，还是表现出愤愤不平？是敢怒不敢言，还是你说你的，他照做不误？如果下属很愿意接受你的批评，并付诸行动加以改正，证明你的沟通行为是有效的，否则，这种沟通是无效的，甚至可能导致更加不利于沟通和团队合作的后果。失败的沟通会拉大双方间的距离，使对方的防备心理越来越重，从而沟通的难度也就越来越大。

四、善于揣摩他人内心世界

揣摩指的是对自身以外的事物（包括人和事）的推测、估量、估计、判断等。俗话说"知己知彼，百战不殆"，揣摩虽然是一种心理推测，但绝对不是瞎猜、臆断，而是必须以良好心态为基础、以实践经验总结为依据、以认真分析思考为前提。可以说，能否比较全面、客观和准确地推测、估量、估计、判断他人的内心情感（或者是事物发展趋向），是现代中层管理者必备的一种基本功。

由于现代中层管理者所面对的生活和工作环境是复杂多样的，面对的人（包括上司、下级等）也是形形色色的，因此，研究人、分析人、认识人、判断人，针对不同的人、不同的情况解决实际问题的能力，对现代中层管理者来说，显得尤为重要。

在现实社会中，一些领导者的思维方式为什么总是显得格外特殊，解决实际问题的能力总是显得比其他人强？很重要的一个原因，就是因为其具有多角度揣摩客观事物的能力。而现实社会中少数唯我独尊、心态不好、自以为是的领导者，在实际领导工作中总是会产生揣摩他人内心情感（或是事物发展规律）的思维错位状况，要么片面地否定他人，要么错误地估计形势，导致主观臆断、牵强附会、不近情理、强加于人的行为，其结果往往会适得其反。

五、善于处理同组织内部各种“势力”之间的关系

世界上任何单位、任何部门的中层管理者，无时无刻不面临着怎样巧妙处理与各种“势力”之间的关系的问题。既然这个问题存在，我们就不应该回避它，应该认真地研究妥善处理各种关系的方法和艺术。

当然，我们这里所说的“势力”，并不是指敌对阶级之间的“势力”，而是指组织内部的各种“势力”，它是由于不同的内部和外部条件，由于各种关系和联系而形成的。中层管理者不要小看这种“势力”，有的中层管理者能力水平并不低，可是就因为处理不好同各种“势力”之间的关系，不仅工作非常吃力，而且往往容易出现干不下去的局面。那么，作为一个中层管理者，怎样才能处理好同各种“势力”之间的关系呢？

1. 从客观事实出发

中层管理者在处理这一问题时，必须承认以下客观事实：

（1）各种“势力”的产生，非一朝一夕；它的消失，也绝非短期内就能办到。

（2）各种“势力”既然在复杂的环境中生存下来，就必有其存在的价值。

（3）每一种“势力”都能在组织管理活动中发挥其特有的作用。

（4）每一种“势力”都能对其他“势力”，甚至对中层管理者自身产生微妙的影响和牵制作用。

（5）每一种“势力”都有若干个起核心作用的代表人物。这些代表人物有的可能抛头露面，有的也可能“谦虚”地躲在人群里。

（6）各种“势力”之间既相容，又排他；既对立，又统一；既协调合作，

又分道扬镳，往往形成十分复杂的关系。

（7）某一种“势力”的壮大，就意味着必有另一种或若干种“势力”的削弱，这种发展趋势达到一定程度，原有的平衡关系就会被打破，随之将产生另一种新的平衡关系。

（8）任何“势力”都不会永远正确，如同任何个人都不会一贯正确一样。

（9）领导者与各种“势力”之间存在着法定的领导与被领导的关系。但是，这种关系绝不是不可改变的，尤其是当领导者出现重大失误时，上级组织很可能挑选某一种“势力”的代表人物来充当新的领导者。

2. 对不同的“势力”要区别对待

任何一种“势力”之所以能在复杂的环境中存在，就必有其存在的理由和作用。中层管理者要妥善地处理好同各种“势力”之间的关系，就必须对各种“势力”存在的理由和作用，做到心中有数，了如指掌。然后，根据组织管理活动的需要，区别对待，用其所长，灵活巧妙地运用每一种“势力”，让他们充分发挥自己的特殊作用。

3. 在重大问题上要一视同仁

中层管理者应该始终居于支配全局的有利地位，高瞻远瞩，居高临下，对各种“势力”起到领导、协调、引导、监督、制约的作用。为了做到这一点，就必须遵循“不偏不倚，一视同仁”的原则，使各种“势力”都感到你没有倾向性，是他们可以信赖的领导者。

古今中外一切杰出的领导者，他们之所以能够获得事业上的成功，能够稳固地保持着自己的领导地位，其中一个重要原因，就是他们十分注意绝不轻易倒向某一种“势力”。倘若领导者真的一屁股坐在某一种“势力”的板凳上，那么，他立即会招致以下一系列意想不到的恶果：

（1）使自己由一个各种“势力”的合法代表，沦为某一种“势力”的袒护者。

（2）无法再对各种“势力”发挥协调平衡作用，只能对某一种“势力”发挥有限的影响作用，况且自己的所作所为，还将受到这种“势力”的强大影响和制约。

（3）人为地在自己面前树立众多的对立面。

（4）激化各种“势力”之间的矛盾，严重破坏整个组织的正常运转。

（5）最终动摇自己的领导地位，导致另一位能被各种“势力”所接受的新领导来取代自己。

由此可见，凌驾于各种“势力”之上，不偏不倚，秉公处事，巧妙灵活地按动每个“琴键”，是中层管理者实行有效管理的一条重要原则。

4. 在宏观上要严格控制，微观上要大胆放松

各种“势力”都有维护其自身利益的本能要求，都有发展力量、扩大影响的欲望，这种要求和欲望，有些对领导的组织管理活动可能有利，还有些却可能有弊。因此，很有必要对这种要求和欲望以及随之而产生的行为实行有效的调节。中层管理者必须根据整个组织管理活动的需要，判明各种“势力”应该怎样发展，使他们在“尽可能达到自身满意”和“为管理机器所接受”之间，找到最理想的交接点。许多有才干的领导认为，最巧妙的办法就是对各种“势力”在宏观上严格控制，使其沿着有利于完善管理机器的正常轨道前进；与此同时，又要在微观上大胆放松，使其增强活力，适度自由，从而能更好地发挥他们的积极性和创造性。

5. 不求“最佳”，唯求“合理”

精明的中层管理者在处理与各种“势力”的关系时，从来不追求理想中的“最佳”关系，唯求切合实际的“合理”关系。道理很简单，“合理”关系尽管有时令对方不愉快、不满足，但是由于领导者处置“合理”，对方也无理可争，心服口服，对事业不会造成任何损害。相反，“最佳”关系尽管赢得了对方或双方的一时满意，然而其中却包含着诸多“不合理”因素，甚至是以牺牲某项原则和规范为代价的。

有时候，“最佳”关系还意味着领导对某一种“势力”偏听偏信，言听计从，甚至视其中一种“势力”为“一贯正确”的依靠力量。这种做法不仅使“最佳”关系逐渐转变为“最差”关系，而且容易给事业带来不可估量的损失。

因此，古今中外一切有作为的领导者，在各种“势力”面前，都是既“铁面无私”，又“通情达理”。他们和各种“势力”的代表人物有时合作得不错，甚至建立起“亲密战友”的关系，但是表现在工作交往上，却仍然是“君子之交淡如水”。因为他们懂得：所谓“最佳”关系只能存在于一时，唯有“合理”才能长远。

六、精于处理人际关系

人际关系是指人与人之间的动态的、发展的联系过程。中层管理者是社会的人，而且是面对社会大众且具有相当社会责任的人。而人与人的动态的、发展的联系能力，一般体现在中层管理者与自身以外的人（包括家人、亲属、同事、上级、下级、群众等）进行交流时的语言、态度及方式上，它能够比较清楚地反映出领导者的内在修养水平和文明道德水准状况。

研究认为，中层管理者良好的人际沟通能力应当具备这样几个特征：一是人际交往深刻有益，沟通对象及过程是高层次、高质量、积极有益的，能够“与君一席话，胜读十年书”；二是不论地位高低、身份贵贱，沟通双方在交流过程中始终处于平等状态，没有阿谀奉承、吹牛拍马、居高临下、不由分说、盛气凌人甚至以势欺人的现象；三是沟通交流时的语言和态度体现出真实、信任、诚意、谦和、不带偏见或成见，没有自命不凡、言过其实、圆滑虚伪、不讲诚信，甚至讥讽贬低；四是交往系出于工作或心理的需要，而非出于相互利用甚至侵占他人利益的需要等。做到了以上几点，应该说就具备了良好的人际沟通能力。显然，人际沟通能力是领导者诸多能力的重要基础。

七、掌握有效的沟通技巧

沟通的技巧有很多，这里介绍几种最常用的技巧。

1. 鼓励

在沟通时，要不断鼓励对方，促进对方表达自己的内心意愿。可采用的方法有放松肢体和情绪、注视对方、身体前倾、点头等。事实上，双方的相互关注度决定了各自的肢体语言。善用肢体语言，引导对方与你说话，这是鼓励对方表达内心思想的一种有效的倾听技巧。

2. 询问

旨在探索，以获得更多信息。可采用开放式问句、封闭式问句、深入主题的方式。例如，你何时加入公司的？你的质量管理体系何时开始试运行的？你对部门内的质量管理体系统一运作的有效性满意吗？

3. 反映

反映有三种方式：反映内容、反映情绪、反映目的。旨在告诉对方我在听、我听懂了。

4. 复述

针对谈论的内容进行总结和进一步确认，此时一定要重复重点，并进行归纳整理。不要全面复述一遍，这样可能会浪费精力，也可能忽视了关键点。

以上四种方式的沟通技巧要结合起来灵活运用，并合理使用肢体语言，注重倾听员工、下属的意见。

总之，沟通是否有效取决于沟通双方及环境，平等、开放的沟通是组织的需要，更是发展的需要。正如美国的管理大师彼得·圣吉博士所言："既严且慈的良师益友之爱，是一个具有挑战性的'爱'的观念，必须没有丝毫懈怠地去分享彼此的感受与看法，并且要有开放的心胸去接受看法的改变，这样才能达成。"这正是有效沟通的真谛所在。

第五节
管理能力

管理能力是指管理别人，并通过别人执行来完成一项或多项具体工作的能力。管理以人员管理为核心，但也包括目标管理和作业流程管理等。比如工作计划、人员组织、操作程序、督导激励、绩效考核、执行控制、技术应用等。中层管理者是管理组织序列的中间层次，处于宏观和微观的结合部，其工作就是合理地组织人们，充分利用人力、物力和财力，用最佳的方法获取最好的工作效益，尤其需要具有这种管理能力。管理尽管离不开“以人为本”，但都是有目标或结果导向的，因此从这个意义上说，管理的重点是把事情做好。中层管理者的管理能力主要表现在以下几方面。

一、明确管理目标

任何组织都有它的管理目标。中层管理者作为组织中某一部门的责任人或管理者，必须对组织的总体目标负责，并根据这个总体目标确立本部门的管理目标。为了达成本部门的管理目标，中层管理者必须对本部门的方方面面做通盘的考虑，包括目前的状况和未来的发展，也包括可能的风险和可能的机遇。一般而言，中层管理者是按着如下步骤实现其管理目标的。

1. 建立一套完整的目标体系

领导活动的成功，首先要制定一个统一而具有指导性的目标，这样可以协调所有的活动，并保证最后的实施效果。这就是确立管理目标的原因。每项工作都是从组织的最高主管部门开始的，然后由上而下地逐级确定目标。而这个目标的履行者往往就在这级人员的下属部门之中。目标体系应与组织结构相吻合，从而使每个部门都有明确的目标，每个目标又都有人明确负责。这种明确负责现象的出现，很有可能导致对组织结构的调整，从这个意义上说，确立管理目标还有明确组织结构的作用。

2. 组织实施

管理目标既定，中层管理者就应放手把权力交给下级人员，而自己去抓重点的综合性管理。达到目标主要靠执行者的自我控制。上级的管理应主要体现在指导、协助、提出问题，提供情报以及创造良好的工作环境等方面。

3. 检查和评价

对各级目标的完成情况，要事先规定出期限，定期进行检查。检查的方法可灵活地采用自检、互检和责成专人进行检查等方式。检查的依据就是事先确定的目标，对于最终结果，应当根据目标进行评估，并根据评估结果进行奖惩。

4. 确定新的目标，重新开始循环

很多中层管理者把目标作为业务督促计划和控制的手段，甚至把目标作为一种激励员工或评估绩效的工具。

二、知人善任

知人善任，就是不仅要善于发现人才，还要善于用人。要用其所长，避其所短。汉高祖刘邦说过一段名言：夫运筹帷幄之中，决胜千里之外，吾不如张良；连百万之众，战必克，攻必取，吾不如韩信；抚百姓，筹军饷，不绝粮道者，吾不如萧何；吾能用之，所以能得天下。可见知人善任是何等重要。

1. 善于慧眼识英才

发现和培养人才，不能求全责备，因为“金无足赤，人无完人”。美国南北战争时的总统林肯任命格兰特将军为总司令，是看他有运筹帷幄、决胜千里的能力，并不计较他嗜酒贪杯的毛病。“有大略者不问其短，有厚德者不非小疵”，是识别人才的重要原则。

2. 善于因才施用

发现人才，还要善于因才施用。一个人是学术上的权威，善于搞研究，分配到科研单位才能发挥其作用。如果让他去当什么管理者，也许发挥不了他的作用；一个人有管理才能，就应让他去担当具体的管理工作。学非所用，用非所学，都会造成人才的浪费。中层管理者做到知人善任，才能使人才的聪明才智充分发挥出来。

三、善于规划考核

没有章法的管理无疑是瞎指挥，乱吆喝，难以发挥管理的效用。中层管理者要想实现有序、有效管理，必须做到以下几点。

1. 拟定计划

管理工作的第一步便是拟定计划，《孙子兵法》第一篇“始计篇”指出，所有的作战开始于计算与计划。作为中层管理者，其首要任务便是制定清晰有效的工作计划。不论是长期的战略规划，如年度营销策划、年度预算、质量改善计划等，还是短期的战略规划，如人员招聘计划、新产品上市计划等，都需要拟定计划。这其中的关键技巧是分辨三种不同类型的计划，即有特定目标非例行性的项目管理计划、例行工作的日常管理计划与处理问题的处置计划。另外，要能辨别目的与目标的差异，能够制定合理的目标，而非只应用过去的数字做基础。拟定计划时要学会运用 SMART 法则、优先顺序排列法、心理图像法、甘特图、PERT 图等。

2. 制定标准

常言道，没有规矩不成方圆。缺乏标准的组织运作起来特别费劲。中层管理者从事的工作可以分为两大类：一种是周期性、经常性、例行性的，例如员工招聘、制定计划、质量检验等；另外一种是特殊性、非例行性的，例如新建厂房等。中层管理者必须先把前一种任务尽量标准化，以利于组织正常运作，之后集中精力处理特殊性的任务。许多中层管理者未能将例行性任务进行规范化、标准化，而是用了大量的心力去应付这些变化。制定标准的具体技能是判别需要标准化的项目，评估与制定合理标准，形成书面材料等，制定标准用的工具有流程图、管制图、检查表、分类法、动作研究等。

3. 绩效考核

员工期待自己的努力通过绩效考核得到应有的鼓励与报酬，组织中的士气也会受到考核公正与否的极大影响。要让员工短期有好的表现，运用威胁与利诱也许一时可以做得到，但如果要建立持续的绩效，则需要有公正合理的考核办法与激励机制，才能促使人们愿意为未来而努力。绩效考核要注意到组织文化（要奖励哪种类型的人），组织形态（生产事业或服务事业、创新型或成本型）以及组织能力（管理成熟度、财务能力）等，更要注意员工的需求满足层次。例如，加薪初期很有效，但最后如果仅仅是加薪，就可能会失去激励性。绩效考核技能包含从战略高度打出关键绩效指标、将绩效指标转换成为员工行为标准、制定绩效标准以及针对不同性格类型员工的激励策略等。

四、团队建设

团队不同于团体。团体可能只是一群乌合之众，并不具备高度的战斗能力。好的团队则要具有三方面的要素：一是目标要集中；二是关系要和谐互动；三是工作方法要保持一致与适当弹性。

团队建设的技能主要有建立共同的愿景与目标、调和与应用成员差异、制定共同规范、整合新进人员、从经验中学习等。具体工作有深度会谈、探询与辩护、团队动力，问卷调查等。中层管理者在组织的团队建设中有着举足轻重的作用。

五、培养下属

中国人自古有留一手的习惯，俗话说，“教会了徒弟饿死了师父”。过去，由于经济的主体是以个人生产力为主，而且信息的取得与交换非常缓慢，因此，谁有独家秘方之类的东西，绝对要好好珍藏，这样才能显示出其独特性与差异性。但现今的组织已经不同以前，很难靠一个人的绝活独闯天下。企业要成功，便需要吸纳和培养人才。但是人才不是随时就能获得的，况且各个企业的差异性也很大，因此能否有效培养下属便成为组织发展的一项关键能力。

未来学家约翰·耐斯比曾说过，“未来领导者将从监督者转变成教练与指导者”。现今的信息流通快速，作为中层管理者，你不教下属，下属在不久的将来也会学到，但是你会丧失专业的领导能力，会缺乏下属对你的一份尊敬与信服。台湾的宏碁电脑公司为迎接竞争，在组织中着力建立起这种不留一手的文化。评价领导者的能力，不单单取决于他的工作成效，能否提高下属的能力，也成为领导者重要的职责。培育下属的能力包含了解培训需求、制定培训目标、编写培训教材、实施各种教学方法、应用教学工具以及评价培训成果的能力。

六、专业技能

专业技能也许是人们最熟悉的，因为它最具体，而在现今这个专业化的时代，它是绝大多数管理者都需要的技能。专业技能主要指管理者从事自己管理范围内的工作所需要的技术和方法。例如，工厂里的车间主任要懂得有关操作机器设备方面的知识；出版社的编辑部主任要懂得如何策划选题和从事编辑工作。中层管理者大部分时间从事培训下属的工作或回答下属工作中的问题，因此，他们必须知道如何去做，才能成为下属所尊重的中层管理者。

七、组织能力

什么叫领导者的组织能力呢？即把团队里的构成单元合理地组合成一个整体，形成一个完整的人事结构，从而组织、创造一个高效的团队。

按照现代领导的要求，一个领导者的组织能力包括两个方面的内容：组织目的和组织方式。所谓组织目的，是指一个单位为其工作活动方式所确立的价值观、信念和行为准则。所谓组织方式，是指一个单位的内部结构。中层管理者明确组织方式，具有关键性的作用。假如中层管理者忽略具体的组织方式，要制定单位清晰目标和战略实际上是不可能的。

毫无疑问，中层管理者组织能力的体现主要是提高单位的工作效率。在这个方面，牛津大学领导学专家盖尔特曾有论述：要了解一个单位，必须首先知道它的工作效率。事实上，任何一名从事管理的人，都必须培训这样的能力——创造工作效率。

第六节
统筹能力

统筹能力是指为了实现特定目标，全面布局，有效协调和整合各种组织要素，以使整个组织实现良好的资源配置和高效运行的能力。中层管理者作为组织或部门的领头人，面对上面千条线下面一根针的工作状况，怎样才能以一发之功而领全身之动？这就需要利用统筹力来统领全局和协调整个组织的各项工作。

一、把握方向，统揽全局

所谓统筹能力就是统一筹划的能力，是指领导者在具体制定和实施决策过程中，首先对全局做出整体、客观、科学的判断，并从争取全局最大利益出发，来统领和协调各项工作，以期收获最大成效。

古人说："善弈者谋势，不善弈者谋子"，谋势就是统筹的功夫，就是统摄全局、驾驭全局、控制全局的功夫；谋子就是耽于"一兵一卒"的具体事务，琐碎事务，一者谋大，一者谋小。一个处室，一个部门，"麻雀虽小，五脏俱全"，工作千头万绪，如果一把手事无巨细，事必躬亲，即便生有三头六臂也招架不过来，应对不过来。这就要求领导者必须高瞻远瞩，谋求大势，把控形势，树立大局意识和全局意识，从大局着眼、从全局出发考虑问题，做好"以一持万，提要钩玄"的事情。这就意味着，作为部门领导者不是自己一个人在工作，而是带领整个团队一起来工作，只有掌握统筹能力，学会提纲挈领，才能做到纲举目张，才能使整个部门的工作做到顺理成章。所以，领导者只有具备统筹能力，才能把整个部门的工作协调好、统领好和驾驭好。

统筹兼顾是科学发展观的根本方法，是领导者实现总揽全局的重要途径。统筹能力是中层管理者的一项重要能力，体现了领导者的智慧和水平，制约着领导者的工作成效。为提高统筹能力，领导者应明确组织未来的发展目标和发展方向，要有战略规划，善于调查研究，善于超前预测，不断增强调控能力，增强危机意识和应变能力。

统筹兼顾的核心内容是立足全局，协调各方，整合各路资源配置，推进各项工作的全面发展和高效快捷地抵达组织目标。在具体工作中，作为部门负责人，每天都会面临各种工作的挑战和繁杂的现实问题。若想理清工作思路，处理好各种难题，就必须学会并善于运用统筹兼顾的艺术。

领导者要想提高统筹能力，就必须明确组织发展目标和发展方向，要做好战略规划，搞好调查研究，善于超前预测，不断增强调控能力和协调能力，增强危机意识和应变能力。中国有句古话叫“将之道，谋为首”，为将之道主要在于谋略。古人云：“善弈者，谋势；不善弈者，谋子。善谋势者，一子失着，全盘可以弥补；而谋子者，却常顾此失彼，一着不慎，全盘皆输。”这段话原本是在讨论棋术，然而其中蕴含的道理，对于中层管理者而言同样富有启发意义。

统筹能力是领导干部最重要的一种能力，它集中体现了领导者的智慧和水平，制约着 领导者的工作成效。

领导者要想提高统筹能力，就必须胸有全局，在错综复杂的矛盾中能分清主次轻重，善于抓主要矛盾和中心任务，善于处理主要 矛盾和次要矛盾的关系，避免胡子眉毛一把抓，捡了芝麻丢了西瓜。统筹能力是在复杂环境下驾驭复杂工作局面的必然要求。因为只有维护和发展了全局的整体利益，局部利益的保存和发展才有保障。任何全局都以局部为构成要件，没有局部存在的保障，那么全局也就失去了基础。

二、胸装蓝图，精于计划

每个人做事都必须有计划、有安排、有目标，如果想到哪儿做到哪儿，或者做一天和尚撞一天钟，就会费尽力气也无所收获。因此，中层管理者必须善于统筹安排，把杂乱化为整齐，把无序变为有序，让单位或部门依照计划行事，才能取得良好的业绩。

有好的计划才能有好的执行。中层管理者每做一件大事，都应有个计划，分门别类，按部就班。而每一个计划又有若干阶段的独立计划，每个阶段的独立计划彼此都有着密切的联系，并且相互衔接，以便统筹安排。

例如，一次战争应有整体计划，而每一次战役又有战役计划。现代工作也如此，每一个部门应有每一个部门的建设性计划。

成功的中层管理者应善于规划自己的工作，应知道自己要达到什么目标，并且事先拟订好优先顺序和详细计划。为什么要拟订详细计划呢？因为工作中的疏漏往往会造成严重的后果。你可能不会被大象踩死，但你可能会被蚊子叮倒。“蚊子”就是你疏忽的地方，你的计划一定要详细，要把所有要做的事都列出，并按照优先顺序排列，以便按计划行动。

中层管理者要想做到精于计划，必须做到精于业务，必须做业务的内行。俗话说“隔行如隔山”，“外行领导不了内行”。同样，外行的中层管理者也做不了内行的计划。

有时候，工作并不能百分之百按照计划进行。但是，有了计划，它会为你提供做事的优先顺序，让你可以在固定的时间内完成你需要做的事情。

计划是成功的保障，计划是成功必备的条件。中层管理者必须善于计划和精于计划，然后照着计划行动。

三、通盘考虑，巧于安排

一个真正能干的领导者，从不以繁忙为借口替自己开脱。反之，不善于安排工作的领导者，由于不懂得事先巧安排，工作越积越多，无法完成时，只得以“繁忙”来做挡箭牌了。

中层管理者对工作安排的好坏，对整个组织的效率会有很大的影响。如果安排得当，那么执行者就能很顺利地做事，也能有效率地完成指示。在这种情况下，中层管理者才会有更充裕的时间去做其他的工作。

相反，如果安排欠妥，那么执行者就会为工作而伤脑筋，错误也就频频发生，以至于需要别人帮着收拾残局，并可能由此陷入“安排欠妥——临阵磨枪——收拾残局——下次工作安排又欠妥”的恶性循环中。

即使有突发事件发生，中层管理者如能事先巧于安排，也能弥补执行者的不足，并将可能产生的风险减到最低点。

巧于安排工作是中层管理者应该具备的统筹能力之一。一件事或一项工作，几件事或几项工作，先干什么后干什么，由谁干和怎么干，什么时间干完，都必须统筹安排，严谨而且合理，既能保证质量，又能保证效率。为此，中层管理者必须做到对所要做的事和所要用的人都心中有数，对方方面面的情况和问题都有一个通盘的考虑，充分估测可能的变化和风险以及应对措施。这样，中层管理者才是巧于安排工作的高手。

虽然身先士卒是中层管理者必须做到的，但是，如果领导者也和执行者一样，经常为具体工作疲于奔命的话，那么就会忽略从整体上去安排工作，这一点是值得每一位中层管理者特别注意的。

四、统筹兼顾，突出重点

作为中层管理者，当你想解决一个问题时，你真正面临的，常常是一堆问题。缺乏决策能力的中层管理者常常试图向所有问题一齐进攻，随着“攻击面”越来越大，他想解决这些问题所需的调兵遣将能力已超过了他的能力负荷，失败就成了他的必然结局了。

处理一连串问题之所以特别困难的原因之一是，这些问题一直处于变化中，即问题的艰难性、持续时间或影响范围等，都是随时变化的。要想将所有事做得好，当然要付出相当的代价，既要能看到“整个树林”，也要看到“每一棵树”。

我们知道，要解决一系列问题必须彻底解决每一个问题，最明智的做法是在某段时间内，把全部的精力投注在某个问题上，以求获得最佳的解决方法。

英国之所以能够保住其制海权，是因为纳尔逊勋爵（1758—1805 年）将“T 字形排列”的技巧发挥到极致，因此当一艘敌舰进入射程时，他可以将“所有”的战舰对着同一靶点，以广泛、庞大而集中的火力，一次攻打一艘，结果大获全胜。中层管理者对待所有的问题，应该像纳尔逊勋爵对付他所有的敌舰一样，将问题依其轻重缓急排定先后顺序，然后集中你所有的力量，一次只对付一个问题，最后你将成功地解决这些问题。

要从大处着眼，小处着手，即办事要细致周到。俗话说，心细如发不粗心，虑事周到无漏洞，这是一名合格的中层管理者应有的素质。如果你想成为一名优秀的中层管理者，就不妨在细心、周详这两方面多下点功夫。

1. 细心体察

细心体察，就是要学会观察和适应上层领导的工作方法和特点，随时关注单位的焦点，能够细致入微地了解单位的情况，做到不仅同步而且还要超前地制定措施。

细心体察，还意味着中层管理者应注意观察生活，了解社会，对部门、社会的各种实际情况有一个透彻的把握。这样，中层管理者就能够做到提前预见事物的发展脉络，考虑到可能发生的各种情况，办起事来游刃有余，能够圆满地完成任务。

2. 做到四勤

其实，做事细致周详绝不是一个人的性格决定的，而更多的是一个人的做事态度和处事方法。中层管理者可以通过工作方法的改进来增强自己的才干。

这里所说的“四勤”是手勤、脑勤、嘴勤和腿勤。手勤就是要随时做到有备无患，不但应对未来工作的计划作一梳理，并记录下来，而且还应有意识地收集一些资料，以备后用；脑勤，就是平时要多思考，多想几个“为什么”，多想几个“怎么办”，这样就会提高你的预见能力和应变能力，使事情变得周详可靠；嘴勤就是要遇事多请教，向周围同志多请教一些工作经验，多了解一些本单位和社会各方面的情况，积累自己思考和办事的经验；腿勤则是指要到实际中去了解事情的真实情况，了解事物发展的过程，从而使自己的思想能够符合实际，真正做到细致周详。

勤快，不仅能够帮助你更多地了解情况，做到胸中有数，想到事物发展的细节、变化的趋势，从而做好工作，同时，它还会给你带来一种积极向上的气息，一种朝气蓬勃的工作作风。

五、提高统筹能力的途径和方法

“不谋全局者，不足谋一域；不谋万世者，不足以谋一时。”领导者把握全局的能力，在于对全局的调控能力，学会把握方向、把握重点、协调全局。作为领导者，要从实际出发，结合外部环境，一切以大局为重，以集体利益为重。我们熟知的田忌赛马“胜多败少”就是协调全局的典型例子，这也就是说领导者要提高统筹能力就必须讲究谋略，讲究方法。

1. 明确发展目标和发展方向

统筹能力，既能体现一个领导者的基本能力素质，也是组织建设实现新突破的重要保证。领导者要重点把精力放在谋划大事上，要给所领导的团队提出目标愿景，指明方向，善于集思广益，驾驭能力要强。实现路径：学习科学方法论，养成抓重点的思维习惯，善于把握形势、顺势而为，描绘蓝图，培养坚韧意志、预测决断，树立权威，增强影响力。领导者只有正确把握前进方向，才能让整个团队统一目标和统一行动，这就要求领导者必须提高总揽全局、统筹规划、协调发展、兼顾各方的能力，使各项工作分主次、有轻重、按秩序地展开，才能变劣势为优势，变不利为有利，变被动为主动，实现又好又快发展。中层管理者就如同一艘轮船的舵手，必须明确自己所要抵达的目的地和具体时间要求，然后才能找到最佳行驶路线，从而确保目快速实现。掌握大局是提高形势判断能力的根本。胸中有全局，才能站得高看得远，不为浮云遮望眼。对中层管理者而言，善于确定发展目标和发展方向，是提升统筹能力的有效途径。

2. 要有战略规划

“战略”一词来源于军事科学，是同“战役”和“战术”相对而言的概念。战略规划古已有之。例如，诸葛亮作《隆中对》而三分天下，元璋采纳朱升的“广积粮、高筑墙、缓称王”建议而建立明王朝等。战略源于军事领域却又不局限于军事领域。要做一名具有出色领导力的领导者，需要确立三种意识：大局意识、人本意识、权变意识。作为领导者心中要有大局观念，要有一盘棋的思想；在工作中要坚持以人为本，促进人的全面协调发展；同时要有权变的意识，要灵活处理各种问题。

战略是事关全局的谋划，制定战略规划 统筹的重要方法。如果领导者整天忙于琐碎的事务性工作，忙于各种无聊的应酬，不善于考虑带有全局性和长远性的根本问题，就很难堪当大任，就很难带领团队抵达组织目标。只有制定出明确的战略规划，才能掌控全局，才能及时发现和纠正行进中出现的各种偏差，才能在错综复杂的矛盾中坚持正确的取舍原则，极大增强组织的适应性和灵活性，避免陷入井蛙观天和被动应付的局面。 现代市场环境变化速度越来越快，人类活动的内容和形式越来越复杂，任何一个事件都可能引起连锁反应和放大效应。在这样的背景下，战略决策一旦失误，代价十分高昂，因此，科学合理地做好战略规划将是统筹的重要前提。

3. 要善于超前预测

统筹要超越时空，既要面对现在，更要面向未来。任何事物发展都存在诸多可能性，哪一种可能性更对实现组织目标有利，哪一种可能性更容易把握住，必须做出精准的判断和预估。要知道，世界上一切事物都处在普遍联系和相互制约之中，每一种现象都是由另一现象所引起的，而这一现象又会导致新的现象发生。尽管事物发展变化多端，但是任何事物都无法超脱于现实而存在。事物发展规律反映了事物发展过程中的本质联系和必然趋势。一切事物内部的矛盾性为事物发展提供了内在的动力，而矛盾运动的客观规律性又决定了事物发展的方向，制约着事物发展的进程和轨迹。因此，只有充分了解和掌握某一事物历史和现状，才能有效预测这一事物未来发展趋势。只有能够充分占有各路信息和资料，透彻地认识事物内在矛盾和外部条件，就可以描绘出事物发展的线路图。很多精明的领导者，特别善于分析事物之间的内在联系，能够做到见微知著，做到“月晕而识风，础润而知雨”，从而未雨绸缪，抓住良机，科学有效地推动事业快速向前发展。

4. 要不断增强调控能力

“控制”原本是机械工程学的一个概念，从管理学角度研究“控制”，是指管理者在组织团队朝向目标进发过程中，不断监测和发现问题，及时修订具体实施计划，或者通过人力、财力和物力等资源调配，有效纠正工作偏差和弥补工作漏洞，使各项工作均在组织力所及的掌控范围之中。根据统筹要求，可采取目标控制和程序控制相结合，预先控制、现场控制和反馈控制相结合，局部控制和综合控制相结合，直接控制和间接控制相结合等多种方式。在整个控制过程中，一定要坚持系统性原则、客观性原则、有效性原则、分责性原则和弹性原则。 实践证明，没有控制便谈不上统筹。所谓企业管理，就是指由企业管理层或管理机构对企业的经济活动过程进行计划、组织、指挥、协调、控制，以提高经济效益的一系列活动的总和。只有控制到位，才能规避企业风险，只有控制到位，才能高效实现组织目标。

要想保证控制的有效性，就必须重视信息系统建设，确保信息畅达。对于领导者而言，还要加强自我控制，包括控制时间，控制情绪，控制沟通方式，控制团队心理状态等。

5．要增强危机意识和应变能力

统筹是面对全局的统筹，是面对长远和未来的统筹，其时空跨度不限于一时一地。因此在整个实施统筹过程中，难免碰到一些突发事件，并使组织陷入某种危机的情况。为了规避风险，快速扫清各个管理环节上的障碍，保持良好的发展秩序和发展势头，化管理危机为发展契机，中层管理者必须提高应变能力，必须提高对复杂事物和模糊问题快速做出决断的能力。一旦危机发生，在确知无法达到预定目标时，能够果断停止原来的计划，及时调整方向，转移工作重点。在遭遇困难，又坚信目标能够实现时，能够审时度势，总揽全局找出关键问题所在，权衡利弊加以解决，避免在犹豫徘徊中贻误最佳时机，并在关键时刻敢于顶住压力，排除各种干扰，果断采取非常规的措施达到预期目的。

统筹谋划同时也是毛泽东同志一贯倡导的重要领导方法。1937 年 8 月，毛泽东同志在《矛盾论》一文中指出：“任何过程如果有多数矛盾存在的话，其中必定有一种是主要的，起着领导的、决定的作用，其他则处于次要和服从的地位。因此，研究任何过程，如果是存在着两个以上矛盾的复杂过程的话，就要用全力找出它的主要矛盾。捉住了这个主要矛盾，一切问题就迎刃而解了。”1943 年 6 月 1 日，毛泽东同志在《关于领导方法的若干问题》一文中指出：“领导人员依照每一地区的历史条件和环境条件，统筹全局，正确地决定每一时期的工作重心和工作秩序，并把这种决定坚持地贯彻下去，务必得到一定的结果，这是一种领导艺术。”1949 年 3 月 13 日，毛泽东同志在中国共产党第七届中央委员会第二次会议上的讲话，从十二个方面对党委会的工作方法进行了比较完整、科学、系统的论述。其中第五个问题讲到要学会“弹钢琴”。毛泽东说：“‘弹钢琴’十个指头都要动作，不能有的动，有的不动。但是，十个指头同时都按下去，那也不成调子。要产生好的音乐，十个指头的动作要有节奏，要互相配合。党委要抓紧中心工作，又要围绕中心工作而同时开展其他方面的工作。”毛泽东还说：“钢琴有人弹得好，有人弹得不好，这两种人弹出来的调子差别很大。党委的同志务必学会‘弹钢琴’。”毛泽东同志提出的“弹钢琴”工作方法，是一种重要的领导方法和管理方法，它给我们的启示是：既突出主调，又伴以和弦，以主调带动和弦，又以和弦推动主调，最终演奏出生动悦耳的乐曲。按照这种方法，我们做具体工作，要在分清轻重缓急的前提下，抓重点工作、紧急工作、事关全局的工作，同时还要兼顾一般工作的进展情况，既全面推进，又重点突破。这种“弹钢琴”的工作方法强调的就是矛盾的观点，是两点论与重点论的统一，也就是科学发展观强调的统筹谋划。学会和掌握“‘弹钢琴”的工作方法，对于提高管理水平和管理效能，具有十分重要的作用。

第七节
语言表达能力

中层管理者的一项重要任务就是传达和贯彻上级的指示和精神，部署本部门本系统的工作，把领导集体的科学决策准确、完整、有效地传达下去，有条不紊地开展工作，完成任务，从而提高效益，创造业绩。中层管理者在工作中主持会议、下达工作指令、接待来访、参加社交活动、发表演讲和个别交谈都需要语言表达能力，因此，培养和锻炼自身的语言表达能力是提高业务素质的一个非常重要的方面。

一、演讲能力

优秀的中层管理者都应该具备很好的演讲能力。演讲的作用在于让他人明白自己的观点，并鼓动他人认同这些观点。演讲的意义并不局限于演讲本身，演讲可以改善口头表达技巧、增强自信、提高反应能力，这些素质会使中层管理者在对外交往和管理下属时游刃有余。

中层管理者演讲的对象不一定是很多人，可能仅仅是自己个别的下属；演讲的场所不一定是在会场上，很可能是在与下属沟通时。

一个人的演讲能力主要与他的演讲次数成正比，与其他因素无关。也就是说，即便是一个口才很笨拙的人，只要不断地去演讲，就会成为演讲高手。中层管理者培养演讲能力的唯一可行办法就是敢于去演讲，如果你比较胆怯，可以在人少的场合演讲。实际上，演讲最难的就是第一次，只要克服了心理障碍，演讲并没有什么难度。

二、当众讲话能力

中层管理者当众讲话的机会非常多，特别是偶然遇到的一些即席发言

（又叫即兴发言、即时发言、即事发言）的情况，对领导水平更是一种特殊的考验。当众即席讲话，是指在一定场合，没有充分准备、没有现成稿子的情况下，由他人提议或自认为有必要而当众临场发表的讲话或交流活动。当众讲话是领导者的一项基本工作。领导者出席座谈会、讨论会、协调会、工作会，参加一些礼仪活动，外出参观学习，下基层检查指导工作，接待群众来访等诸多场合，经常需要作当众即席讲话。

当众即席讲话通常有三种情况，一种是会议主持人邀请或群众推荐，不好推辞而讲话；一种是受临场情景所感染，情绪激昂，有感而发；还有一种是出现非常情况，作为领导者不得不站出来讲话。不管哪种情况，都决定了即席讲话具有突然性、临时性和不确定性。

实事求是地讲，当众即席讲话要比一般的讲话、写文章困难得多。一般讲话、写文章可以认真准备，精心构思，反复推敲，仔细修改，定稿后才发表。即席讲话不行，没有现成的稿子，来不及认真准备，容不得深思熟虑，全靠现场思索和临场发挥。且“一言既出，驷马难追”，不容修改和掩饰。因此，即席讲话是对一个领导者心理素质、应变能力、说话水平、文化修养等综合能力的考验。

当众即席讲话是领导干部综合素质的一面镜子，是群众评价领导干部能力、水平的一把尺子。领导干部即席讲话若能讲得生动精彩，引人入胜，打动人心，无疑会给听众留下难以忘却的印象。很显然，成功的即席讲话，可以塑造良好的领导形象，提高在群众中的威信，增强权威，有效地促进各项工作的开展。我们经常会看到某些领导，不管在什么会议上，也不管面对多少听众，都能根据会议主题，针对会场气氛，围绕某个问题，迅速组织一篇精彩的即席讲话，运用大量的事实和例证，广征博引，侃侃而谈，还能做到观点鲜明，声情并茂，逻辑严密。听众会从内心佩服这样的领导。当然，也有的领导，面对众多听众作即席讲话时，不知讲什么，不知从何讲起。即便勉强讲几句，也是乱讲一通，抓不住要领，没有条理，没有章法，头上一句，脚上一句，想起什么说什么，想到哪里说到哪里。讲完后听众不知到底讲了些什么，就连自己也不知说了些什么。也有的领导，尤其是缺乏讲话经验的领导，在大型场合即席讲话，心慌意乱、辞不达意、语无伦次，甚至张口结舌，话不成句，讲不下去，陷入一种尴尬的境地，严重损害了领导者在群众中的威信。

从某种意义上说，善于当众即席讲话，是领导干部的一项基本功。要想成为一名出色的领导干部，就必须成为一名善于当众即席讲话的能手。

三、沟通说服能力

说服能力是指中层管理者在日常工作中劝说别人或别的单位按照既定的计划行事的能力。说服，是以求得对方的理解和行动为目的的谈话活动。如果将单方面的想法强加在他人的头上，说服就不可能获得成功。也就是说，说服的关键在于帮助对方产生自发的意志。因此，说服不是为了使对方在理论上获得理解而进行的解说，也不是迫使对方在无奈之下付诸行动。

在工作中，中层管理者如果不对上司、同事、部下进行劝导和说服，工作就可能无法开展。在单位内部，要做好与其他部门之间的协调工作，说服能力是不可缺少的能力之一。很多事情，无论你多么勤奋，仅靠一个人的力量是远远不够的。如果不主动出击，不积极与人交往，不向对方进行劝导，你就不可能得到他人的协助。

四、文字表达能力

文字表达能力，就是将自己的实践经验和决策思想，运用文字表达方式，使其系统化、科学化、条理化的一种能力。文字表达能力是中层管理者必须具备的一种能力。古今中外，杰出的领导人才都具有优秀的文字表达能力。现代中层管理者更需要优秀的文字表达能力。现实生活中有一些领导缺乏文字表达能力，凡事都由下属代劳，从而使自己的领导潜力得不到更进一步的体现。而那些具有良好的书面表达能力，善于总结经验，使自己的决策思想条理化、系统化、规范化的中层管理者将脱颖而出。

第三章

中层管理者必须学会处理的几种关系

培根说：一个人的荣誉来自于他在社会上所处的地位和职务。可见，我们的工作业绩便是赢得荣誉的基础。作为中层管理者，开展工作的成败，直接或间接地受到周围各种人际关系（包括上下级关系、同僚关系等）的影响，能否妥善地处理好各种关系，是中层管理者成熟与否的重要标志之一。

第一节
中层管理者与上级领导的关系

对于中层管理者来说，工作能否顺利开展，事业能否获得成功，与同上级领导相处得好坏密不可分。上级领导可以助你一臂之力，成为你的“梯子”，也可以成为你最大的“拦路虎”。他若赏识你、信赖你，就会甘当“梯子”；他若猜疑你、讨厌你，自然就会做“拦路虎”。中层管理者应有效地把握与上级领导相处的分寸及技巧，以良好的心态和行为与上级领导相处。

一、对上级领导忠诚

上级领导一般都习惯把下属当成自己的人，期望下属忠诚地跟随他、拥戴他、听他指挥。下属不与自己一条心，背叛自己，脚踩两只船等，是上级领导最为反感的事。

弄虚作假的人容易失信于人。上级领导觉得自己被欺骗，自尊心和权力受到侵害，他会十分恼火，把你当成心怀鬼胎的人，当成不讲真话的人，认为你不可信任。通过欺骗上级领导而暂时得到的好感和荣誉，是不能持久地维持下去的。

诚实也有诚实的艺术。一般要考虑时机、场合、上级领导的心情、客观环境等因素。不然的话，诚实也会犯错误，遭到上级领导的反感和不满。

上级领导可能并不比你强多少，但只要是你的上级领导，你就要服从他的命令。要多寻找上级领导优越于你的地方，做出尊敬他、学习他的姿态。

凡是尊重上级领导，服从上级领导的人，即使最初上级领导对他一点好感也没有，也会逐渐改变印象。只要你认识到尊敬上级的必要性，并坚决贯彻实施，对你事业的成功将大有益处。

二、善于与上级领导沟通交流

作为一名中层管理者，应该如何与上级领导进行有效的沟通呢？如果你能按照以下九项建议行事，你的沟通水平和沟通效果就一定会大大提高。

1. 切忌越级上报。有意或无意地绕过你的直接上司是大忌。现代管理要求下级对上级逐级负责，多头管理和越级管理已被时代淘汰。

2. 切忌报喜不报忧。报喜是应该的，报忧更是必需的。发现问题苗头，应该火速禀报，以免造成损失，要把不利因素消灭在萌芽状态。

3. 发生十万火急的事情，应尽快约定时间和领导碰头。事后禀报重大事情，你的上级领导是不会愿意承担重大责任的。

4. 提出自己的观点、建议或意见时，要简明扼要，不应该长篇大论，不着边际。

5. 提供重大情况、汇报重大消息时，最好有书面材料，必要时还应附上支持的证据。

6. 提出问题的时候，应同时拿出自己的解决方案，不要只提问题而不管问题如何解决。

7. 与上级领导意见相左时，应遵循下级服从上级的原则，先认同上级领导的观点，再寻机表达自己的不同意见，诚恳地请教上级领导，达到上下级观点一致。

8. 与领导意见相同时，应将功劳归于上级的英明领导，切忌争功或邀功。

9. 如果你对自己的建议或决策有相当的把握，不妨表现出信心十足的模样，挺直胸膛；如果没有把握，则应虚心地向别人请教，尤其是向上级领导请教。

三、了解上级领导的工作作风及性格

根据领导作风，可以把领导者分为专制型、民主型和放任型三种。

专制型领导要求被领导者绝对服从，在工作中发号施令，表现出雷厉风行的特征。

民主型领导注重集体智慧，重大事情由集体决定，也诚恳地欢迎下属提一些建设性的意见，注重单位内的人际和谐。

放任型领导喜欢把权力分散下去，充分调动广大员工的积极性，给人一个随和、不拘小节的印象，情绪表现不强烈，没有多少喜怒哀乐的极端表现。

一般来说，一接触上级，即可从其言谈举止中得到一些信息。比如喜欢在说话时手舞足蹈、借助强有力的手势者一定具有专制的特征；如果说话时总是平易近人、亲切和蔼，在你面前不摆领导架子，一定是一个民主型上级。

每个人都具有不同的品质或特性。领导者的品德主要是指责任感、积极性、忠诚、进取、忍耐、公平、热情、勇气等方面。这些方面的差异既与领导者的不同气质、性格等先天因素有关，又与领导者后天的训练，如理论修养、经验积累有关。

领导者品质不同，也就会有不同的择人标准。如有的上级工作责任感很强，就不会喜欢轻浮的下属；性格内向、忧郁气质的上级，就不会喜欢在他面前大大咧咧、夸夸其谈的下属；把自己私人利益看得很重的上级，其择人首先就看是否对自己个人有利；办事利索的上级就喜欢聪颖敏捷、头脑机智的下属。

了解了不同类型、不同性格的上级领导工作的方法和特点，就可以巧妙地用不同方法与之相处，并采取有针对性的方式进行工作。

四、了解上级领导的习惯与好恶

不同的上级有不同的习惯与好恶，因此也就有不同的工作方法。有的上级重视按规章和制度办事，有的上级却注重人情和关系，还有一些上级非常慎重，走一步看一步。锐意进取的上级更喜欢大胆创新的下属，期待下属能创造性地工作。稳扎稳打的上级更亲近脚踏实地、一步一个脚印的下属，他更希望下属稳定地工作。作为下属，就要努力使自己适应上级的工作特点，尽量不要采取与领导习惯相左的工作方法。

无论是谁都会喜欢听一些话，而讨厌听另一些话。喜欢听的就容易听进去，心理上就会觉得舒服。下属若不掌握上级的这一特点，而在交往中插入一些上级平素不喜欢听的话或词，就会让他心生不快。

此外，对上级的工作习惯、业余爱好等都要有所了解。如果上级是一个体育爱好者，你就不应在他的球队比赛失败后去请示什么问题。一般来说，精明老练、有见识的上级很欣赏能了解他并预知他的愿望与心情的下属。

五、了解上级领导对下属的期待

出于对工作全面、周到的考虑，上级往往十分注意自己组织内部薄弱环节的强化和建设，特别在意发掘他认为的稀缺资源和紧俏人才，也会对自己期待中的下属更为倚重和信任。所以，每一个中层管理者都要努力争做一个上级期待中的稀缺资源和紧俏人才，做事要学会目标明确，有的放矢。这样做，你就会慢慢走进上级领导的视野。

六、了解上级领导的意图

不论在全局政策制定方面，还是在具体工作实施方面，都潜藏着明确或隐蔽的领导意图。了解领导意图对贯彻、执行领导决策，完成领导布置的工作有十分重要的指导意义和帮助作用。

如果领导意图十分明确，照领导的意图行事就是了。可是，现实工作中，更多的时候不是这样，出于对某些环节和因素的考虑，领导会把自己的意图或深或浅地隐蔽起来，这个时候，就需要执行政策、开展工作的中层管理者费些心思研究这个“意图”了，然后根据自己发现的秘密去办事。

由于这些意图是你探究出来的，可能与领导的真实意图有或大或小的差异，这也不要紧，只要学会不断了解，不断矫正就是了，直到与领导意图完全吻合为止，把领导的真实意图完全、彻底地落实。

当然，能够把领导意图建设性地贯彻下去，达到领导意图之外的良好效果，让领导有意想不到的惊喜，这才是更高的工作艺术。

七、把握好与不同类型的上级领导相处的分寸

俗话说：“干活不由东，累死也无功。”也就是说，一个领导有一个领

导的性格特点、脾气秉性以及处事方法和工作作风。如果你摸不清领导的脾气、想法、喜好，就做不出令领导满意的事来，即使你吃了不少苦，费了不少劲，依然不会得到领导的赏识或赞许，这其中的原因当然是你的想法、做法与领导的想法不合拍、不对路。因此，中层管理者要根据不同领导的特点选择不同的工作策略和处事方式，不去做你自己单方面认为该怎么做的事，而要做你认为领导想让你怎么做的事。

1. 善待平庸的上级领导

平庸无能的上级领导的共同特点是：能力差却事事都想插手；决策武断、听不进建议；水平不高却担心身边的人看不起自己；成绩不多却常争抢下属的功劳。

大多数人都不喜欢做平庸无能的上级领导的下属。但是，遇上这样的领导也是无奈的，作为他的下属，最好的办法是“既来之则安之”，与其轻蔑他，不如善待他。

（1）做个强兵

强将手下无弱兵，一般人在能力强、领导有方的环境中提高快、进步快。实际上，对一些能力强的中层管理者而言，在平庸无能的领导手下更能春风得意地表现自己，在有能力的领导的指挥下，反而发挥不出自己的主观能动性。

刘禅在历史上留有“扶不起的阿斗”的丑名，是个典型的平庸型领导，基本上不懂得治国方略，完全依赖诸葛亮出谋划策。诸葛亮上通天文，下晓地理，对治国安邦、指挥作战、发展经济有一套办法。诸葛亮的才能之所以发挥得如此淋漓尽致，与他所处的宽松环境和遇到能力平平的君主有关。假使诸葛亮跟从曹操做手下幕僚，曹操不会把军政大权让他“一把抓”，历史上的诸葛亮恐怕就不存在了。

（2）不做过高期望

作为一名中层管理者，对平庸无能的上级往往是“希望越大，失望越大”。故而应将期望值定得合适，不要太高，不要超过上级领导自身能力所能达到的限度。

（3）危难时刻献忠诚

平庸无能的领导一般决策水平不高，也拿不出好主意，易受下属影响，忠诚为之献策献计的人往往能得到重用。

这类上级领导在遇到棘手问题而束手无策时，很注意留心观察下属的反应，对那些袖手旁观、不替自己分忧解难的下属心怀忌恨。平庸无能的上级领导最忌讳下属对工作不尽心尽力，痛恨下属看自己的“笑话”。

平庸无能的上级领导之所以能够升到领导的位置，必然有他的理由和根据。作为他手下负责某一方面工作的中层管理者，应该体谅他的苦衷，尽力协助他把工作做好，把事业做大。

2. 宽待“老爷型”的上级领导

这类上级领导脾气暴躁，自认为高高在上，手握生杀大权，总是威风八面、架子十足。他们常常会说出一些让下属在众人面前“坍台”的话，自己却浑然不知。这类上级领导的管理作风是最不受下属欢迎的。中层管理者同这种上级领导相处时，应注意以下几点。

（1）以迂为直，绵里藏针

有兵法云：“善动敌者，行之，敌必从之；予之，敌必取之；以利动之，以卒待之。”意思是说，面对强敌，只有努力避开不利条件下的冲突，只有巧妙周旋，勿使有变，刚内柔外，绵里藏针，备而后动，方能一举成功。

当然，上级领导并非敌人，但对付锋芒毕露的上级领导，这无疑是一种有效的战略。

当你被上级领导批评时，无论你是对是错，千万不要与他当面冲撞，你的解释和分辩只能使双方的关系进一步恶化。对于他批评错了的地方，你应该等他怒气消尽后再找机会解释。

同样，如果你和上级领导就某一问题产生分歧时，据理力争是最愚蠢的方法。你应以迂为直，用商量的口气试着同上级领导交谈，变自己的想法为上级领导的想法，到最后使上级领导这样认为：“我原本也是这样想的。”达到这种效果，才是最为高明的，通常你的建议也会被他采纳。

（2）主动搭台，请上司表演

这种上级领导往往表现欲极强，在他自己尽展才华时非常渴望别人的掌声。

你应给他创造“唱戏”的机会，让他尽情表演。比如在某些不太重要的会议上，正事谈完之后，你不妨找个话题做引线，让上级领导开始发挥，或在上级领导对某事发表所谓的高见时，你不妨真心地赞扬他几句，但要注意一定要恰到好处。这样，你会给他留下善解人意的好印象。

（3）任其评判，泰然自若

当上级领导无缘无故大动肝火时，只要自己没犯错误，没有把柄落在上级领导手里，你就不要表现得惊慌失措，你尽管做你自己的工作，对他的咆哮充耳不闻。

3. 慎待疑心重的上级领导

疑心重的领导一般表现为：过度警惕，对下属的一言一行都琢磨再三；不信任别人，怀疑别人背着自己说坏话；与同事的感情时好时坏，缺乏自信。

中层管理者怎样与疑心重的上级领导相处呢？

（1）谨言慎行

凡事都要掂量掂量，从上级领导的角度考虑，是否有破绽或漏洞，是否有引起上级领导不放心的地方。

中层管理者小心谨慎，多疑的上级领导看到你做事谨言慎行，一丝不苟，处处都让他安心放心，他的疑心自然会消除不少。

（2）常汇报，多请示

自己在忙什么？交办的事情进展如何？在执行任务的过程中做了什么手脚？这些疑问都是上级领导常常挂在心上的，疑心重的人对这些问题更是经常捉摸和思量。

与这样的上级领导相处，聪明的下属在做事的过程中，并不是一味去干事，而应同时考虑：“上级领导现在想了解哪些情况？我该怎样汇报才能让他放心？”

常汇报、多请示是最能使上级领导放心、不至于产生过多疑虑的方法；汇报少、请示少的中层管理者容易引起上级领导的猜疑和顾忌。

（3）多释疑，常鼓气

疑心重的上级领导一般是由于缺乏自信心、底气不足引起的，需要在关键时刻得到下属的激励，消除过重的疑虑。

疑心重的上级领导考虑问题时，因为担心自己站的角度不同，考虑不全面，所以顾虑多、疑问多。中层管理者应常常给这样的上级领导鼓劲打气，才更易于获取他的赏识。

八、与上级领导相处要掌握的原则

做下属的应该了解上司的生活习惯、处事作风、工作节奏，然后投其所好，但对其不当言行，仍应避免迎合。要避免被其他同事认为是巴结上司、拍马屁。

1. 切忌与上司建立私人感情

跟上司应当保持纯洁的工作关系，讲太多的私生活话题，会影响你在其心目中的形象，其他同事也会因为你与上司的私交甚密而对你另眼相看，有的会刻意亲近你，借此攀结上司，但更多的则会对你有所避忌，使你的工作及社交出现障碍。

2. 不要随便背叛和攻击上司

现实中的确有一些上司令你忍无可忍，但十有八九的上司不喜欢那些背叛他的下属。随意攻击上司，吃亏的是你自己，而且令你意想不到的一连串的报复将可能会伴随着你，直到你离开。当然，若上司没有丝毫容人之量，离开他又何妨。

3. 不要让上司认为你的存在是对他（她）的威胁

对于专权的上司，你必须将工作进程的每个环节都向他报告，尽管私下你有自己的工作方式和作风，但在表面上仍要以上司的处理风格为自己的工作风格。这样既能让上司引以为荣，又能让上司相信你是他的“心腹”，至少也是值得信赖的下属。切记不要代替上司领功，跟上司“抢功”。

4. 勇于承认错误

如果你违反了单位纪律、工作规则，就应对自己的过失负责，承认错误并非羞耻之事，相反，被上级领导揭穿才是不明智的。

5. 摆脱不利于自己的漩涡

如果有同事拉拢你为加薪、升职等事找上司理论，你必须设法摆脱他们，不要轻易被人利用，应与上司处理好各种关系。

九、端正接受上级批评的态度

中层管理者受到上级领导批评时，要表现出诚恳的态度，并及时改进工作方法。最使上级领导恼火的，就是你的眼里没有上级领导，上级领导说过的话被你当成了“耳边风”。若你对批评置若罔闻，而且还我行我素，这种效果比当面顶撞上级领导更糟糕。

1. 有则改之，无则加勉

接受批评能体现对上级领导的尊重，表示你能理解上级领导。即使是错误的批评，若你能处理得当，反而能变成对你有利的因素。若你听到错误的批评后生气、发牢骚，上级领导会认为你是“批评不得”的，从而认为你“用不起”“提拔不得”。这种做法产生的负效应，会使你和上级领导之间的感情距离拉远，甚至关系恶化。

在公开场合受到不公正的批评、错误的指责，心理上是难以接受的，思想上也会造成波动。若当面顶撞上级领导，则是最不明智的做法。当上级领导批评你时，并不是要和你探讨什么，因此此时绝不宜与上级领导发生争执，这是很没必要的。正确的做法是，找一两次机会表白一下，点到为止。

要弄明白上级领导为什么批评你，上级领导批评或训斥你，有时是发现了问题，必须纠正；有时是出于调整关系的需要；有时是告诉下属不要太自以为是，或把情况看得太简单；有时是为了显示威信和尊严，与员工有意保持一定的距离；有时是“杀一儆百”“杀鸡给猴看”……

不该受批评的人却受到了批评，多数是“替人受过”，应正确对待批评，做到“有则改之，无则加勉”。虽然挨批评在情感上、自尊心上受到一定影响，可你不要情绪低落，要用一种反思维态度对待自己。过于追求真理，非要弄清是非曲直，会让人感到你经不起任何考验。

2. 怎样把握解释的分寸

在大多数情况下，上级领导的批评是对的，但也不排除有时会做出错误的批评。面对这种情况，不要喋喋不休地表白，以免引起上级领导的反感，此时要慎用“解释”。

（1）当面辩解不如事后解释

上级领导的批评是在一定的时间、地点、条件下做出的，上级领导之所以会做出错误批评，往往也有他的主客观原因。比如说，不了解事情的全过程，或听信了别人的误传等。上级领导的批评，有时会伴有严肃的面孔和严厉的言词，甚或大声怒斥。碰到这种情况，确实很难承受。但是，为了保持良好的上下级关系，有利于今后工作，下属应该忍耐和克制，不要给领导“火上浇油”。即使受了很大的委屈，也不要当面顶撞，可以在事后择适当时机，心平气和地向上级领导说明原委。这种事后解释的好处很多，它既维护了上级领导的威信，又表现了你良好的修养；既维护了上下级之间的正常关系，又会增加上级领导对你的信赖。一般来说，如果上级领导事后知道自己批评错了，也会主动作自我批评的。

（2）直接解释不如间接解释

一般来讲，间接解释比直接解释好。这种间接的解释，可以是通过第三者，也可以是通过电话、文字材料等中间媒介。无论采用哪种方式，都要使上级领导觉得你很真诚可信。特别是在受到很大委屈时，自己不便说，而采用间接解释的方式，效果更好。如果上级领导正在气头上，你急于一吐委屈，反而会增加上级领导对你的反感。

（3）全面解释不如择重解释

无论是当面解释，还是通过其他途径向上级领导解释，都要本着“宜粗不宜细”的原则，也就是人们常说的“点到为止”，切不可纠缠于细枝末节。如果你不择要领，不把大的问题解释清楚，反而在细节问题上滔滔不绝，那么，即使你本来有“理”，恐怕也难以收到好的效果。所以，在向上级领导解释前，必须认真思索，把事情的来龙去脉理清楚，不要东一榔头西一棒子，什么都想说，但什么也没说清。

（4）背后宣泄不如自我批评

中层管理者主动向上级领导作解释，如果指导思想不正确，说话态度不诚恳，甚至以解释之名，行宣泄、“算账”之实，得理不饶人，其后果是不难想象的。作为中层管理者，对上级领导的批评，要本着有则改之、无则加勉的态度，严格地检查自己的不足和过错，哪怕批评有百分之一的正确，都应严于解剖自己，主动、诚恳地作自我批评。上级领导工作繁忙，头绪很多，说错话、办错事也是难免的，而当他意识到自己批评错了，你却能原谅他、体谅他时，无形中就增进了上下级之间的感情和友谊。

3. 不找借口，虚心接受

对待上级领导的批评，就是要“有则改之，无则加勉”，并虚心接受，不要寻找借口，因为借口是一块敷衍别人、原谅自己、推卸责任的“挡箭牌”。有多少人把宝贵的时间和精力放在了如何寻找一个合适的借口上，而忘记了自己的职责和责任。寻找借口唯一的目的，就是把属于自己的过失掩饰掉，把应该自己承担的责任转嫁给他人。这样的人不会得到领导的赏识，也不会成为称职的员工，更不会成为一个称职的中层管理者。

| 第二节 |
中层管理者与正、副职之间的关系

正副职中层管理者是团队的中坚力量，也起着领头羊的作用；正副职是拴在一辆马车上的两匹马，合则力聚，分则力散。无论从事业的大局出发，还是从自身的前途着眼，正副职都应该心往一处想，劲往一处使，这样在工作上才有向心力。一损俱损，一荣俱荣。正副职之间的理解和宽容是保持团队合力的前提。

一、正职对副职应有容人之量

在一个部门的领导班子中，副职的作用发挥得如何，除了其本身素质、能力和岗位职责等因素外，还与正职襟怀大小有直接关系。对于正职来说，如果你期望副职成为你的一个得力助手，你首先就要拥有宽阔的襟怀。具体表现在以下三个方面。

1. 多理解，勿挑剔

当正职不容易，当副职更不容易。正职若开明、大度、称职或出色，副职的日子就会好过，工作就有积极性和创造性，否则，副职的日子就不那么好过了：工作上不去，会挨训；工作上去了，又怕正职说越位，还怕其他副职嫉妒。所以，正职要充分体谅副职的难处，多给予理解，不要吹毛求疵，不要无原则地挑剔。副职工作没上去，要帮他们查找原因，对症下药；帮助他们选准攻坚克难的切入点，并给予应有的支持。副职工作有了成绩，要及时表扬、奖励，并帮他们确定新的、更高的目标，鼓励他们继续探索和创新。在副职没把工作搞上去的时候，更应注意副职的自尊心和难处，要准确把握问题的症结，绝不能不问青红皂白，大加斥责，这是正职领导工作的大忌。从实际工作中看，绝大多数的副职在工作中都是尽心尽力的。明明是费了九牛二虎之力，明明是确有其克服不了的困难，你却不调查、不了解，胡乱挑剔一番，这样，你虽然耍了“威风”，但结果却是跟着你干的人少了，想糊弄你的人多了。

2. 多支持，勿拆台

支持副职领导的工作，是正职领导的天职。这里说的不拆台，主要是指正职心胸要开阔，要敢于让副职崭露头角、建功立业、超过自己；要能够推功揽过，敢于真心实意地对副职说：“你大胆地干吧，成绩归你，出了问题我担着。”不但敢于这么说，还要勇于这么做。正职在向上级领导汇报、年终总结和评优，或在作述职报告的时候，千万别忘了说哪件事的主功归副职，哪件事的责任是自己的。假若该支持的不支持，不是掣肘就是下绊子，束缚副职的手脚，那样的话，非但正副职关系处不好，还会影响单位或部门的工作。

3. 多关心，勿护短

在一个班子里，如果人人都有进取心，那才是一种最佳状态，但是若想时时刻刻都保持这样的状态是很难的。正职的任务就是要当好调度，竭尽全力把班子维护和调整好。当好这个调度的秘诀就是对班子每位成员都要“多关心，不护短”。多关心，就是在工作、生活等方面能够推己及人、雪中送炭，帮助其渡过难关，这是最活的思想工作。不护短，就是要敢于指出和制止副职存在的错误，不当老好人，不能看笑话。对副职的思想问题和工作上的毛病，既不批评指正、又不监督整改，保持一团和气，这是极不负责任的表现。你不对人家负责，人家还能对你负责吗?

二、正职要善于掌握借力之术

副职是正职的助手，是协助正职考虑全盘工作而又负责某一方面或几个方面工作落实的领导者。副职处于特殊而又复杂的地位：他既制人又受制于人，既主动又被动，既是领导者又是执行者。正职拥有得力的副职，便如虎添翼，工作等于干好了一半。那么，正职如何才能充分发挥副职的助手和参谋作用呢?

1. 明确责任，让副职有事可为

对于一个班子来说，正副职处于同一个层次，副职若能全力辅佐正职，正职的工作就大为顺利，如果正副职之间不协调，正职工作起来就比较艰难。要用好副职，关键是要明确职权，合理分工。

（1）要明确集体领导的权力、正职的权力和副职的权力。正职应该从全局的角度出发，注意哪些权力应由自己行使，哪些应是集体行使，哪些应归副职行使，用较多的精力制定权力运行规则，使副职的权力与职责相配套。

（2）要注意副职之间不能相互越权。副职越正职之权的较少，更多的是越其他副职之权，插手非自己所管之事。越权有的是因副职与正职关系的亲疏造成的。正职不仅支持自己喜欢的副职侵犯不太喜欢的副职的权力，还把这视为“有魄力”“有能力”的表现。这样做危害极大，应避免。

（3）不要随意取代副职，越级行使权力。一些正职也懂得分权，但常常因为副职或下级工作不称己心，便直接越过他们来管事。这样不仅会影响副职的权威，还会使副职和下级对正职产生反感，轻者对工作不负责任，重者会引起冲突，同时也会使下级工作陷入多级领导、无所适从的局面。作为正职，应该把工作重点放在合理授权、明确副职和下级的工作职责上，对副职和下级的权力及其分管的工作不要直接插手，应该由副职做的工作要让副职去办；同时，与副职之间要加强沟通，有事要商量，这样才能充分发挥副职的积极性，减轻自己的工作压力。

2. 发扬民主，给副职提供工作空间

给副职提供工作空间，就是放手让副职独立思考、独立工作、独立解决问题，在副职分管的工作中不乱插手。但当副职遇到困难时，正职要主动出谋划策，帮助解决；当情况紧急，副职来不及向正职请示报告而自行处理问题时，正职要给予谅解；当副职工作上出现差错时，正职要对副职加以引导，耐心帮助；在处理问题时，只要副职没有违反原则，正职就不要轻易否定。这样，副职的主动性就会增强，斗志就会旺盛，内在的动力和潜能就会充分发挥出来，从而高标准、高效率地完成工作任务。

3. 合理放权，激发副职的主动性

放手、放心是放权的真正体现。合理放权，就是让副职在自己的职权范围内行使自己的权力，不受任何干扰。有些正职什么都要自己说了算，使副职迈不开步、走不动路，作用很难发挥，干不好有失职之责，干好了怕有越权之嫌，到头来，副职成了聋子的耳朵，正职也成了孤家寡人。放权是对副职的一种锻炼和提高，更是一种培养，只有真正对副职放权，才能充分调动副职的工作积极性和主动性。

4. 关怀容过，让副职心存感激

放手、放心、放权是对副职的信任和支持。容过，就是对副职所犯的错误要能够体谅，它体现的是正职的一种风度和胸怀，也是一种高超的领导艺术。正职要为副职创造一个宽松和谐的工作环境，当副职在工作中有过失时，作为正职，要主动揽过，承担责任，千万不能抓住不放，使副职抬不起头来，无法继续开展工作。但容过不等于放任，副职有了过失，正职要积极帮其查找原因、总结经验，使其走出失败和挫折的阴影，把挫折转化为新的动力。当副职对正职心存感激时，就会大力支持正职的工作，并全力以赴地做好自己的工作。

三、副职领导与正职相处的规则

副职在正职手下工作，其“夹层”感觉十分明显。对副职来说，如何对待正职、如何配合正职工作，是很能看出做人的艺术和处事水平的。这种做人的艺术和处事水平可以用七个字来概括，即：“有所为有所不为”。

1. 有所不为定好位

副职“有所不为”具体表现在以下几点。

（1）不为正职的工具

大凡充当正职工具的副职，其特点是唯“正”是从。他们的公式是：正职 = 正确。他们把“个人服从组织，少数服从多数”提炼为“服从正职”，把“集体领导，分工负责”推理为“正职领导，正职负责”，把“正职的头脑”认同为“自己的头脑”。他们的动机是：今天保住副职，明天当上正职。他们的行为是：正职干好事他跟着干好事，正职干错事他跟着干错事。他们的资本是：正职做对了我有一份功，正职做错了我无大过。要想成为一名有所为、合格的中层管理者，切不可成为这种“工具型”副职。

（2）不为正职的“喇叭”

那些善于“吹喇叭”“抬轿子”的副职，其特点是如果正职做对了“一条缝”，那么他们就会唱成“一个洞”；如果正职做错了“一个洞”，他们又会唱成“一条缝”，甚至唱成“天衣无缝”。这样的副职，沿袭封建朝廷的“佞臣”，大奸似忠。他们骗取正职的宠信，窃取重权和利禄；归人之功为己功，推己之过为人过，置工作责任于脑后，以保全自己为坐标；兼备“狐假虎威”与“为虎作伥”，害人而人不觉，危人而人不知。这样的副职在下属面前毫无威信可言，只会让人生厌。

（3）不为正职的“代理”

代理者，取代正职也。这种类型的副职，自恃其能，又“朝中有人”，或明里逆“正”而行，或暗里与“正”抗争，而“贪污受贿，滥施收买，用人唯亲，欺上压下”则是他们常用的手段。近年来被新闻媒体曝光的一些腐败分子中，就有相当一部分是这样的副职。由于他们有“实力”，别人不敢惹，有些“挟天子以令诸侯”的味道。在有这种副职的班子里，正职是有苦难言的。这样的副职是上下共愤的。

2. 有所为时不越位

“有所为”表现在很多方面，最有价值的在于：帮助正职少犯错误或不犯大错误，帮助正职多做正确而有效的决策。

（1）以言谏“正”

当发觉正职要“犯规”并将会给他本人及其领导的事业带来危害的时候，就得郑重其事又讲究方式地给他“提个醒”。一次不听，来个“再次”或“再而三”。“三谏”不听，只好“让水覆舟”。不过，你已尽了力，日后他会对你有所感怀。多些这样的副职，就不会有那么多的正职从“金字塔顶端”栽倒下来。

（2）以行辅“正”

副职，就是“辅佐正职之职”。设副职，意在给正职添左右手，让正职工作起来得心应手。副职以行辅“正”，需兼有参谋能力和操作能力。参谋能力集中地表现在帮助正职做出正确有效的决策，操作能力则突出地表现在把正职正确、有效的决策执行得正确有效。张良辅佐刘邦夺得天下，诸葛亮辅佐刘备实现“三国鼎立”，周恩来等辅佐毛泽东把旧中国变为新中国，都值得副职们认真学习和思考。

（3）以德化“正”

同“以言谏正”比较起来，“以德化正”的层次更高，也更难“为”。根据“春风拂杨柳”的自然规律与“德高能感人”的社会经验，“以德化正”也并非是“蜀道之难”。重要的在于善“化”：一是“不令而化”，叫作“随风潜入夜，润物细无声”；二是“明理而化”，叫作“与君一席话，胜读十年书”；三是“超常而化”，叫作“先让你反感，后让你反思”。

孙悟空为了唐僧的安全，给他“画地为牢”，并一再“请”他不可“越圈（权）”。但唐僧经不住白骨精一变再变的“诱骗”而差点被吃掉。在节骨眼上，孙悟空不管三七二十一，来个“三打白骨精”。可唐僧却以怨报德，不但滥念“紧箍咒”，还“立据”将美猴王永远开除“徒籍”。可见，运用“超常而化”是要冒风险的。但“好心会有好报”——后来，唐僧不是深有悔悟而让猪八戒又去把孙悟空请了回来吗？！

总之，不当为而为之，那是“越位”；当为而不为，则是“在其位不谋其事”。作为副职尤应慎重“定位”，好自“为”之，以真正做到“名副其实”。至于合格不合格，那就要相信自己，更相信唯物论：你合格，人家说你不合格，你也是合格；你不合格，人家说你合格，你还是不合格。吃了“副职”这碗饭，就得有所不为有所为。

四、副职领导的行权艺术

在一个实行正职负责制的中层管理者班子内部，从总体上说，正职具有统辖全局的权力，而副职只有一个方面或者几个方面的权力；正职具有最终决策权，而副职只有决策参与权和执行权。副职处在这样一个特殊的地位，要把自己分管的工作做好，特别需要掌握行权的艺术，搞好同正职及其他副职等领导的关系。

1. 尊重、服从、求信任

一个部门的正职领导处于班子的核心地位。副职希望获得正职的信任，就要真心实意地尊重正职，尤其是对于年龄比自己小的正职，更要注意这一点；副职希望获得正职的支持，就要在平时多向正职汇报工作，尤其是任务重、时间长的工作，要在适当的时候向正职汇报阶段性的进展情况，并及时提出存在的困难，以便早日研究解决。

副职还要摆正自己的位置。涉及全局性的工作，副职要主动出力而不越位，出谋划策而不拍板。副职分管一个方面或者几个方面的工作，应该全力配合正职，落实正职做出的决策，求得正职的信任。同时，副职又要坚持原则。正职确实做得不对，比如决策严重脱离实际或者以权谋私，副职应该提出反对意见，如果情况紧急和必要，可以向上级领导反映。

2. 谦虚、协作、求支持

副职与副职之间，有时候免不了有利益冲突，比如荣誉的归属和经济利益的分配。这时候就要主动礼让，不要争功，更不要诿过。要主动征求其他副职对自己工作和工作作风上的意见和建议，也可以主动给其他副职提出意见和建议，彼此真诚相待。至于职务的升迁，自有基层群众的意愿和上级领导的安排，个人多虑大都徒劳无益。

一个副职分管着一个或者几个方面的工作，在完成工作的过程中，必然会涉及其他部门，这就需要其他部门副职的配合和协作。人常说“分工不分家”，就是既要划分责任范围，又要互相合作。副职与副职之间有时候又有责任轻重的冲突，这时候，副职要真诚协作，多做工作，多承担责任。这一次你帮助了他，下一次他必然会帮助你。所以，帮助别人就是帮助自己。

3. 信任、分权、求信服

副职对下属要信任。我国古代有一句名言，叫作“士为知己者死”。副职对下属充满信任，下属就会受到激励，就会自觉维护副职的威信，全心全意地做好工作。

副职对下属要再次分权。与正职相比，副职的权力已经不算大了，多数副职舍不得再向下面分权，其实这样做是十分错误的。一个权力大的部门，正职自顾不暇，每个副职都能分到很大的权力，领导班子的成员皆大欢喜，彼此团结合作；而一个权力小的部门，有的正职觉得自己的权力已经相当小了，就舍不得给副职分权，这个班子的副职必然会有不满情绪，严重时会影响团结和工作。同样，副职的权力虽然很小了，如果不给下属一定的权力，下属也会有不满情绪。下属就像在前线战斗一样，没有足够的动力，怎么能够顺利完成战斗任务呢？“又要马儿跑得好，又要马儿不吃草”，这怎么可能呢？

副职要与下属员工处好关系。正职具有人权、财权和事权的绝对优势，有时会越过副职直接给下属员工布置工作、给予奖励，自然而然地就把副职架空了。在这种情况下，如果副职和下属的关系不好，副职就指挥不动下属了。因此，副职更需要对下属信任，向下分权，从而给下属以激励，搞好关系，一旦遇到上述情况，副职才可以凭借同下属员工的良好关系和自身的人格魅力，发挥作用，履行职责。

五、副职领导应保持自尊自重

副职能否有所作为，一个重要的标准，就是看能否以健全的人格、高超的应变能力在参谋辅佐过程中发挥不可替代的作用，为自己开辟足够的用武之地。具体来讲，以下几点需要特别注意。

1. 换位思考，泰然处之

民主决策是个博采众长、集体酝酿、集思广益的过程。由于正职在一个部门承担着主要责任，思考问题往往全局性较强，这就决定了他在采取重大举措的时候具有取舍的“特权”。副职受经历和经验所囿，提供的建议或设想会有一定的局限性，不被采纳或“放一放”是很正常的现象。作为副职，切不可以为这是正职的霸道、不民主，有意与自己过不去，以致产生反感，闹不团结，而应来个“换位思考”，多从正职的位置考虑问题，充分理解正职的良好愿望。这样一来，你的思维空间就会大大拓宽，从而跳出一己之见这个狭小的圈子，既增长见识，又开阔心胸。

2. 把握分寸，当好配角

身处正职的中层管理者，性格各异，有的性情谦逊，遇事喜欢向下属征求意见，反复商议；有的喜好自主，不大愿意别人指指点点；有的沉默寡言，凡事不思考成熟不轻易说出；有的性格直爽，不喜欢拐弯抹角，有什么事情都和盘托出。在这些性格各异的正职中，最令副职难处的就是那种喜好自主的正职了。面对这种情况，副职一定不要怕别人说自己“无能”，而要充分把握好分寸，努力当好配角。正确的方法是在充分尊重正职的前提下，严格执行正职安排的工作，创造性地完成工作任务，通过默契的配合和不凡的工作成绩来赢得正职的信任。

身为副职，也要充分认识到，正职喜欢自主也是一种对工作负责的态度，在这种中层管理者的带动下，意图明、人心齐、效率高，副职肩上的责任相对减轻许多。这种局面往往给局外人造成一种“正强副弱”的印象，副职一定要正确对待，不要怕别人说自己“无能”，而要充分把握好自己的角色，乐于做一个默默奉献的无名英雄。

3. 不论尊卑，心态平和

与副职相比，中层正职掌握着一个部门的决定权，即使有人对他们不满，也只能“腹诽”而不能发之于外。副职就不同了，虽说也是领导成员，但因为没有决定权，许多人对副职就缺少了像对正职那样的敬畏和尊重，副职时不时地会遇到一些轻慢、调侃或奚落。作为副职，一定要稳住自己，临辱不乱，以理智的态度化解矛盾。对那些背景复杂、一时弄不清的问题，要先来个冷处理，让时光慢慢冲淡你和下属间的不快，切不可斤斤计较而陷入这些“剪不断，理还乱”的小事之中。不然的话，浪费了精力不说，还有可能给你造成不良影响，失去群众的信任。聪明的副职应把这种事情看成是正常现象，要有面对那些与自己过不去的人“相逢一笑泯恩仇”的雅量。要淡化个人恩怨，将更多的精力投入到本职工作中去，用不凡的工作业绩来赢得别人的尊重与信任。

4. 推功揽过，赢得人心

应该说，一个部门的工作如果取得了令人瞩目的成绩，那是班子团结、决策正确的结果。但是，这里的主角是正职，副职尽管在工作中也发挥了一定作用或比较重要的作用，但毕竟是一名执行决策的配角，如果在荣誉和赞扬面前抛头露面，争功劳，抢头彩，表白自己的能量，凸显自己的作用，不仅会引起正职的反感，而且会失去人心，在今后的工作中陷于被动的境地。副职要有自知之明和推功揽过的襟怀，即使工作中有上佳表现，也不宜过于张扬，这样往往容易获得人心。

第三节 中层管理者与同级之间的关系

处理好同级之间的关系，是每一个中层管理者都必须认真解决好的重要问题。同级关系具有直接、密切、频繁的特点，在一些问题上产生分歧和矛盾的机会也比较多，如果处理不当，就容易产生隔阂，造成内耗，给工作带来不利影响。如果处理得当，同级之间和谐融洽，默契配合，就会增加向心力和凝聚力，形成巨大的合力，促进事业发展。

一、与同级相处的原则

人与人交往相处的基本要求是真诚相待，友善相处，这也是中层管理者处理同级关系的首要原则。当然，除了这一原则，还要遵循以下原则。

1. 互相支持

支持是同级之间协调关系的基础。支持既包括工作上的关心和支持，也包括个人生活上的关心和支持。

同级领导工作上遇到难事，如果能主动伸出援助之手，帮他克服困难，胜利完成任务，他会从内心对你产生感激之情，即使平时有这样那样的矛盾也会化解。相互支持和帮助，是圆满完成工作任务的前提。例如，当某一同事同他人有矛盾的时候，你不是袖手旁观、置之不理，而是主动地帮助调和，解决矛盾，这就是一种支持；当大家对某一问题发表意见、看法，而真理又在少数人一方的时候，你能顶住多数人的压力，站在少数人一方，这也是支持；其他如真诚的表扬、善意的批评等，都是支持。

同级领导之间的工作时常会遇到一些交叉、重复，也会有一些需共同协商处理的事务。对于这些重叠工作，同级之间应相互理解和支持。只有相互支持，才能相互配合。对于交叉重复的事务，同级之间可以共同商讨，不得擅自做主处理。

同级中层管理者之间只要相互多支持，相互关系就会越来越密切。

2. 互相信任

互相信任、互不猜疑是处理好同级关系的重要原则。信任，一方面是自己要“言必信，行必果”，给对方以信任感；另一方面是要相信对方，遇事不要胡乱猜疑，更不要依据自己的臆想来推测对方。同级之间的矛盾有时是来自“第三者”插足，这个第三者有时就是你的下级。从心理学上分析，下级对上级有一种趋上心理，总希望与上级关系好一些，亲密一些，千方百计讨好上级。下级为了得到你的赏识，总要经常察言观色，他发现你对领导之间的关系感兴趣，就迎合你，并不遗余力地搜集某同级领导的“材料”，说三道四，搬弄是非，使你和同级领导产生矛盾。作为中层管理者，要心胸宽广，不听信“谗言”，那么，“第三者”也就没有“市场”了。

3. 搞好团结

识大体、顾大局、搞好团结是正确处理同级关系的原则。团结要以互相尊重为前提。同级领导要互相尊重对方的职权，互不干涉各自职权范围内的事务，要尊重各自的指挥系统。插手其他部门的事务，往往会造成同级关系的紧张。在工作过程中，与兄弟单位或部门发生矛盾是难免的，但这时只能向对方部门领导建议、反映，而绝不能横加干涉或直接处理。如果对方置之不理，也只能运用正当的途径向上级反映，由上级去研究处理。在涉及双方的人和事的问题上，处理要做到实事求是，不能意气用事。如果处理对方的问题时盛气凌人，咄咄逼人，而处理自己一方的问题时轻描淡写、包庇容忍，那是搞不好团结的。

在解决同级之间工作中的一些分歧和矛盾时，中层管理者应持顾全大局、维护团结的态度，对一些零星琐事，采取委曲求全的态度，不予追究。即使遇到一些棘手的大事，也应多做自我批评，讲究方式、方法，尽量心平气和，以理服人，在化解矛盾、纠纷的基础上，建立更牢固的团结关系。

4. 真诚相待

古人云："精诚所至，金石为开"；"诚之所感，触处皆通"。只要真心实意，与人相处以诚相见，就会将事情办好。同级领导之间大目标、大方向是一致的，没有理由不团结一致，做好工作。

中层管理者在实际工作中，彼此难免发生一些误解和分歧。如何正确对待和处理，防止矛盾的扩大化，这就要做到以诚相见，虚怀若谷，豁达大度，这是实现步调一致、和谐融洽的基本前提。

要善于利用正式与非正式的场合进行交流。同级的不团结在很大程度上是由于交流不够而引起的，久而久之，由猜疑发展到隔阂，由隔阂发展到矛盾。在对一些比较重大的问题做决策时，要克服个人或少数人说了算的情况。事实一再告诉我们，与同级消除隔阂、克服猜疑、确立亲密无间的关系，没有真诚信任和理解是难以做到的。

在相互的工作交往中，不能因为谎言而伤害彼此的感情，更不能被流言蜚语破坏相互之间的友谊。同级成员要相互信任，以诚相待；要见贤思齐，不怕别人超过自己；要虚心学习别人的长处，增长才干，共同进步。只有这样严于律己，宽以待人，才能在同级之间形成相互信任、友好、宽容的和谐气氛。

5. 责权分明

相关调查表明，同级关系中出现不和谐状况的一个重要因素是权力分配不当，权力分配不当，就无从协调。如果某职能或分管该职能的人握有太大的权力，而其他的成员权力过小，就会使他们因为权力不均而闹意见。为了协调相互关系，中层管理者在行使职权时，就应该考虑上级组织安排的意图，根据职责、能力、知识、经验、责任心等因素行使自己的权限，力求公平合理，这样相互间就容易协调。

中层管理者在工作中要不争权力、不推卸责任。属于别人职权之内的事绝不干预，属于自己的责任也绝不推卸。本应由自己分管的工作，绝不请别人点头画圈；本来不应由自己处理的事情，也绝不争着去管。好事就争，难事就推的行为，极容易破坏同级之间的关系，应该坚决杜绝。为了协调管理集体的行为活动，使同级各成员的工作职责、权限、活动原则、管理方式及工作程序规范化，还必须建立和健全各项规则、制度、条例等，以约束所有成员的行为，保证行为上的一致。

同级领导之间应该从工作大局出发，按照优势互补的原则，进行科学分工，明确彼此责权。主要负责人应放手让其他成员大胆工作，尽量提供方便。所有成员都要尽心尽职地为整体目标的实现创造条件，为其他同志提供方便，相互支持、相互补充，而绝不要相互拆台。同级领导也要注意按照分工行权，不要越权。

6. 及时沟通

中层管理者班子成员由于认识上、思想上的不一致，出现分歧、产生矛盾是常有的事。面对问题、分歧、矛盾，领导成员之间应正视客观现实，自觉维护整体和其他领导成员的威信。要及时沟通，并通过讨论和自我批评，使问题得到解决。

由于同级之间平等、合作的特殊关系，中层管理者在日常生活和工作中，应经常保持联络，及时沟通情况，进行感情、信息交流，这样才能互相了解、互相信任，减少一些不必要的误会和摩擦，形成一股较强的合力，保证共同目标的顺利实现。

7. 注意统筹

作为中层管理者，有必要站在宏观的角度，冷静分析自己和同级在整个管理机构中分别处于什么位置，相互之间的依存关系如何，然后权衡利弊，鉴别优劣，分清主次，选择与自己工作没有直接联系的同级作为一般交往的对象，而把对自己影响比较大、接触颇多的同级作为重点交往的对象。这样做既可确保自己将有限的时间和精力集中起来考虑大事，又协调了与同级之间的关系。

二、处理同级关系的方式和方法

同级领导之间由于在工作、人事关系以及其他方面都存在联系，因而产生竞争与合作关系是正常的，难免也会出现这样、那样的矛盾或分歧。要妥善处理好这种种关系，解决发生的矛盾和分歧，必须讲求方式和方法。

1. 正确对待同级之间的竞争

中层管理者在与同级进行竞争时应做到两点：一是既要乐于竞争，又要看淡竞争。要以积极的态度对待竞争，把竞争作为提高自己能力的阶梯和动力，在竞争中品味工作和生活的乐趣。同时，要有以事业为重的态度，坚持以工作为主，把集体利益和履行职责放在首位。不管谁在竞争中获胜，都是好事，竞争本身的目的，是为了充分调动大家的工作积极性，把工作干得更好；二是既要敢于竞争，又要甘于适度退让。竞争是不可回避的，因而面对竞争要克服和防止畏惧心理。有一位名人说过：对一个踟蹰不前的人，别人会越过他赶到他前面去；对一个勇往直前的人，别人会自觉给他让路。在面对竞争当仁不让的同时，也要为他人着想。在特定条件下，如果机会对别人来说非常重要，对自己却无足轻重，或自己还有更多机会，那么就要有谦让的风度。

2. 竞争当中不忘合作

同级之间，寸有所长，尺有所短，往往各有优势。大家在一起，竞争归竞争，但相互尊重、以诚相待却是为人不可丢掉的基本原则。能力强的人不应恃才傲物、盛气凌人，能力弱的人也不能嫉贤妒能、对别人造谣中伤。理解是加强同级之间合作的关键。要通过加强相互之间的接触和交往，了解对方的脾气、兴趣、风格。要学会用欣赏的眼光来看待同级，一位哲人说过，“善于欣赏别人的人，是一个智慧的人”。当你用欣赏的眼光来看待对方时，一定会发现对方的许多闪光点。要善于做换位思考。当你站在对方的立场、用对方的观点来看问题时，你会发现，其所作所为会有一定的道理，理解他便是自然而然的事了。只有相互理解，彼此相处才会融洽愉快，使工作和生活轻松、顺利甚至富有情趣。

同级主管之间还应互补，绝对不要把竞争搞成互相拆台和水火不相容的斗争。要正确处理好分内与分外的关系，是自己分内的工作要尽职尽责、全力以赴，不要推给别人。当本部门的工作涉及其他部门时，就应顾全大局，考虑同级的意见，不能只强调本部门的重要，而不管其他部门，更不要以邻为壑，妨碍同事完成任务。要处理好主角与配角的关系，把握好自己的角色。该唱主角时，不要畏首畏尾，要有大将风度；该当配角时，不要抢着出风头，要有绿叶精神。必要时，应对同级的工作给以支持、配合，帮助出点子，提供一些力所能及的方便。当同级的工作存在某些方面的疏忽或纰漏时，要及时提醒，巧妙协助，帮助其弥补。总之一句话：通过竞争，促进了解，加强相互合作；通过合作，互相学习，提高工作能力。

3. 注意消除“班子”中的内耗现象

解决领导班子的内耗，主要采取以下措施：

（1）要在提高整体效能的前提下，对领导班子结构进行合理、有效的调整。根据领导成员的专长或优势，打破原有的格局，重新分工定位，按每个个体的智能结构，将其安置在相应的岗位上，实行结构优化。

（2）要注意领导班子的整体结构，在组织设计时，要注重领导成员之间的联系和互补。尽可能选择在知识结构、智能结构和年龄、气质、性格等方面有一定差异的人组成领导班子。同时要解决好领导班子比例失调的问题，一方面要及时补充班子结构中的空缺职位；另一方面还要根据领导班子的既定功能，大力减少多余人员，使班子在结构上达到最佳组合状态，提高整体功能。

（3）必须遵循口径一致的原则。班子内讨论的问题，必须坚持民主集中制，少数服从多数原则。一旦做出决议，即使个人有意见，也要尊重多数人的意见，服从决议，在言论上、行动上与决议保持一致。不能在群众中搞自由主义、搞小动作，影响决议的贯彻执行。只有这样才能保持组织上和行动上的一致。口径一致是相互信任、相互尊重的行动准则。口径一致，才能导致行动上、组织上的一致，才能把各种力量拧成一股绳，显示团结的力量。

（4）严肃纪律，排除干扰，提高心理承受能力。对于一贯搞小动作，谋人不谋事、搬弄是非、破坏班子团结的人，经批评教育仍不思悔改者，要采取组织措施，对搞内耗者不能提拔重用。

（5）要强化约束机制。决策讲民主，指挥要统一，办事要增加透明度。领导班子内部有分工，但对于一些重要工作，必须坚持集体研究，自觉接受监督，在充分发扬民主的基础上集中，不允许一人专权，一手遮天，以使领导班子的整体功能得到最大限度的发挥。

4. 该争时争，不该争时则忍

在与同级相处时，要顾全大局，以忍为安，以屈求伸。这是做大事、成大业最根本的要求。

“以屈求伸”是一门实实在在的领导艺术与工作策略，中层管理者既要有宽广的胸怀，又应通过灵活多变的“屈”来达到“伸”的目的。

才华绝世的孙膑被嫉贤妒能的同窗庞涓诬陷下狱，并剜去膝盖骨，使其永远无法站立，面部被刺上黥墨，使其永远把耻辱刻在脸上。在这种情况下，孙膑以极大的忍耐力，忍辱佯疯，以此迷惑了庞涓，为后人留下了八十卷的《孙膑兵法》。

“留得青山在，不怕没柴烧”。忍让的处世方法，初看似乎比较消极，其实，它是通过少招惹是非的方式，更好地展现自己的才华。

三国时的荀攸，智慧超群，谋略过人，他辅佐曹操征张绣、擒吕布、战袁绍、定乌桓，为曹操统一北方，建功立业，做出了重要贡献。他在朝二十余年，能够从容自如地处理政治漩涡中上下左右的复杂关系，在极其残酷的人事倾轧中，始终地位稳固，立于不败之地，就在于他善于谨以安身，以忍为安。荀攸平时特别注意周围的环境，对于同僚他不争高下，总是表现得很谦卑、文弱、愚钝、怯懦。对于自己的功勋他则讳莫如深。他与曹操相处 20 年，关系融洽，深受宠信，从来不见有人到曹操处进谗言加害于他，朝里朝外口碑极佳。

谦让也不是无限度的，而是要有一定的条件。谦让者必须有坚强厚实的智能、品德、权位和实力做后盾，否则就成了被迫退让。谦让还要看谦让的对象，如果对方是一时糊涂的明理之人，不妨谦让；如果对方是得寸进尺的小人，谦让就等于逃跑。

有句俗话叫作“一勤天下无难事，百忍堂中有太和”，强调的就是“忍”在为人处世中的重要性。只有具有容人的海量，志存高远，避免积怨成为仕途上的祸端，才能叩开成功的大门。

5. 避免成为“公敌”

在同级面前张扬自己的金钱、社会关系、与上级领导的亲密关系、受到的奖励等，非常容易遭同级的嫉妒，一些小心眼或嫉妒心强的同级会寻机使坏。因此，中层管理者受到表彰或与上级领导关系较好时，不要过分表露，可避免刺激同级的自尊心或虚荣心。

6. 不互相猜疑与嫉妒

克服猜疑心理。猜疑心理最容易促成“听风就是雨”，有这种毛病的中层管理者，不仅经常伤害别人的感情，影响团结，而且也会孤立自己，影响工作。另外还要克服嫉妒心理。嫉妒是一种病态的心理。俄国诗人普希金曾说过：“嫉妒的发作，就好像黑死病、忧郁症、发怒或者神经错乱一样，实在是一种病。”同级之间发生嫉妒，其根源是个人主义思想在作怪，是自己不求进取或能力不如对方，又怕对方超过自己，而一旦超过了自己就妒火中烧。为了有效地防止和克服嫉妒心理，中层管理者应该从自身做起，见贤思齐，欢迎同事超过自己，并着重考虑如何更快地提高自己的能力与水平。

7. 巧妙处理与同级领导之间的冲突

如同其他冲突一样，中层管理者之间冲突的调适也是很重要的。中层管理者之间的冲突有时是在个人意料不到的情况下发生的，因而猝不及防；有时已经意识到冲突迟早会到来，但当其来临时，又惊慌失措，意气用事。其实，不管多大的事件发生，镇静总是比慌张更容易找到办法。

（1）熄火降温，求同存异

冲突一旦发生，双方都在气头上，难免会失控。更何况同级领导之间没有明确的权力制约关系，一旦矛盾激化，往往不计后果，新账老账一齐抖出，全然不念往日情分。此时，有经验和修养的中层管理者应马上回复到平静状态，保持清醒头脑，摆正位置，尽快熄火降温，最直接最简便的办法是求同存异。

（2）宽容自制，推功揽过

为了调控与同级之间的冲突，中层管理者应学会宽容自制。宽容，就是要有宽广的胸怀和气量，对别人的缺点和短处予以包容，对别人的无礼和失态予以体谅，并想法用自己的长处去弥补。

要宽容别人的过失，就必须首先自制。自制既是一种很高的素养，又是一种策略。自制是一种后天的能力，它要求领导者在必要时控制自己的言行，避免激化矛盾或助长争吵，不用过激的言语刺痛对方，伤其自尊，揭其“疮疤”。如果学会自制，严格控制关键时刻的情绪状态，一般都可以从容地涉过矛盾的河流，走上开阔的原野。

推功揽过是与宽容自制相对应的外部行为。实事求是地承认自己的不足，充分地肯定对方的长处，并为此表示歉意，请求谅解，冲突就会缓解。所谓“揽过推功，紧张放松”就是这个意思。而推过揽功，却是导致冲突的诱因之一，是个人不正确欲望的一种膨胀，也是中层管理者品德修养不够的表现，应当避免。

三、与不同类型同级领导相处的分寸

同级领导之间差异是很大的，这些差异主要体现在品格、性格、能力、处世方式上。中层管理者在与同僚相处的时候，千万不要用同一把尺子衡量对方，也不要用一种方式接触对方；与不同类型的同级领导相处，要掌握不同的方法和分寸。

1. 对尖酸刻薄的同级领导远着点

尖酸刻薄型的人，不受人欢迎。这类人的特征是在与别人争执时，往往挖人隐私不留余地，冷嘲热讽无所不至，以让对方自尊心受损、颜面尽失而后快。尖酸刻薄的人，天生伶牙俐齿、得理不饶人。遇上尖酸刻薄的同级领导，相处的技巧是：一是和他保持距离，不要招惹他；二是万一吃亏，或听到一两句刺激的话，应佯装糊涂。千万不能动怒，否则，你会自讨没趣。

2. 对挑拨离间的同级领导防着点

挑拨离间会严重影响单位安定团结的政治局面，弄得人人自危，人人明争暗斗。中层管理者应付这种类型的同级领导的诀窍是：一、要注意谨言慎行，和他保持距离；二、要在单位内树立个人信誉，打好群众基础，

使他挑拨不成；三、一旦有什么是非发生，应尽量化解，虚心忍耐，保持宽广的心胸。另外，还应尽量联络其他同级领导，建立联防及同盟关系，以堵塞其挑拨离间的渠道。

3. 对翻脸无情的同级领导记着点

这种类型的人的最大特征是喜怒无常，说翻脸就翻脸，一翻脸就什么都不顾忌。

翻脸无情的人多是忘恩记仇的人，尽管人家对他好，但是只要一桩小事不顺他的心，他就马上翻脸。对付翻脸无情的同级领导最好的做法是：一、先“留一手”，争取抓一些对方的把柄，必要的时候可以化被动为主动；二、在没有利害关系的情况下，各干各的活，井水不犯河水，翻脸不翻脸无奈我何。

4. 对愤世嫉俗的同级领导劝着点

这种类型的同级领导，往往对社会上的一些现象非常看不惯，认为天地变了，世风日下，人心不古，于是牢骚满腹，愤世嫉俗。和愤世嫉俗的同级领导共事，一要劝他多吸收新的知识，更新思想和认识。二要告诉他现在社会进步了、开放了，他的那一套理论已经过时了，已跟不上时代的变化。三要告诉他骂得不得要领，会被见笑，有失面子。

5. 对踌躇满志的同级领导捧着点

踌躇满志的同级领导，对任何事物都有他自己的主见。他之所以会踌躇满志，是因为他一直处在顺境中，或者已然得到了上级领导的青睐，他不会轻易接受别人的意见。与这类同级领导相处的技巧是：一、在他的面前不要乱出点子；二、尽量照着他的意愿行事；三、在他尝到一些失败的苦果时，真诚地帮助他。

6. 对心胸狭窄的同级领导忍着点

心胸狭窄的人，其心理特征主要为：一是容不得人；二是容不下事。心胸狭窄的同级领导对比自己强的人嫉妒，对不如自己的人又看不起。他们生性多疑，为一点小事也常常折腾得吃不好睡不香。

与心胸狭窄的同级领导相处，肯定会发生一些不愉快的事，如果缺乏气量，与之斤斤计较，就无法相处。相反，如果气量大度，胸怀宽阔，就会使胸狭窄的同级领导受到教育，就会使那些不愉快的事化为乌有。

高尔基说过："一个人追求的目标越高，他的才能就发展得越快。"中层管理者要有远大的目标和理想，不与他人计较，从个人的恩怨中解脱出来，重事业，轻小侮；假使对方因心胸狭窄，做出对不住自己的事，应从有利于工作和团结的大局出发，能谅解的就谅解，能忍让的就忍让，不斤斤计较或耿耿于怀。忍让，绝不是软弱，也并非是放弃原则，而是心胸宽阔、风格高尚的表现。

7. 对城府较深的同级领导瞒着点

城府较深的人，是指那种轻易不愿让别人了解其内心在想什么、有什么要求，而总是通过各种方式保护自己，深藏不露的人。与这样的同级领导打交道共事，常常是很难沟通的。

一般来说，城府深的人通常有以下几种特点：

首先，他可能是一位工于心计的人。为了在与别人打交道时获得主动，或者出于某种目的，把自己保护起来，不愿让别人了解自己，相反，他却希望更多地了解对方，以在各种矛盾关系中周旋，使自己处于不败之地。

其次，他也可能曾经受到过挫折和打击，从而对自己采取更多的保护。

再次，他可能对某些事情缺乏了解，拿不出有价值的意见。为了掩饰自己的无能，从而以未置可否的方式、含糊其辞的语气与人交往，并装出一种城府很深的样子。

中层管理者与城府深的同级相处的技巧是：对第一种人，应该有所防范，警惕不要为他所用，不让他完全得知自己的底细。对第二种人，则不要有什么太高的期望，也不必要求他提供某种看法或判断。对第三种人，应该心知肚明，不可求其表达更明确的意见，但又不要让对方知晓自己的心理。总之，对那些城府较深的同级领导，如果不得不与之打交道，则应该对他们加以区分，看其属于哪一种人，然后确定自己的相处方式。

8. 对有过过节的同级领导热着点

一个中层管理者要想做到在工作中面面俱到，在人际关系上八面玲珑，谁也不得罪，谁都说你好，恐怕是不可能的。因此，在工作中与其他同级领导产生种种冲突和分歧是很常见的事。

那么，对于那些对自己有意见的同级领导，要不要继续和他们来往与合作呢?

首先，同级领导之间尽管有矛盾，但不可能不来往。任何同级领导之间的意见往往都是起源于一些具体的事件或工作，而不涉及个人的其他方面。事情过去之后，这种冲突和矛盾可能会随着时间的延续而逐渐被淡忘。所以，不要因为过去的不愉快而耿耿于怀。

其次，即使对方仍对自己有一定的成见，那也不妨碍与他的交往。因为同级之间的来往，不是朋友之间的友谊和感情，而仅仅是工作关系。彼此之间有矛盾没关系，只求双方在工作中能合作就行了。

由于工作本身涉及双方的共同利益，彼此间合作如何，事情成功与否，都与双方有关。如果对方是一个聪明人，他自然会想到这一点，这样，他也会努力与你合作。如果对方执迷不悟，不妨在合作中或共事中委婉地向他点明这一点。

9. 对功利心强的同级领导帮着点

同级之间少不了互相帮助，但是，有些人在与人交往时，却往往具有十分明显的功利性。对他有用，能帮助他解决问题，或具有某些他可以利用的关系，他才与对方交往。作为一位中层管理者，若想不成为这类同级领导利用的对象，你该怎么办呢?

一般来说，不必因为发觉对方的这种动机而不与其打交道，也不必感到气愤，只需适当地把握与这种人交往的程度和分寸即可。

中层管理者应该区分这种利用的目的和性质。如果对方和自己套近乎，拉关系，是为了拉帮结派，或者是为了达到不光彩的目的，应该及时地予以回绝和抵制，千万不要被人当枪使；如果他是想借你的某些优势和关系为其个人解决某些实际困难，则可以非常自然地保持正常的交往，合理的要求可以满足，不合理的一定要设法拒绝。

10. 对恶意攻击你的同级领导躲着点

在工作中，有些中层管理者常常因为工作出色，得到领导青睐，会遭到同级中层管理者的恶意攻击。在这种情况下，你要不要针锋相对地予以回击呢？一般情况下，你应该弄明白自己所遇到的是不是真正的攻击。在工作中，下面几种情况很容易被误认为是攻击。

（1）由于对某种事物持不同的看法，对方提出了比较强硬的质疑或反对意见。这时，如果能够给予必要的解释和说明，矛盾很可能会得到很好的解决。

（2）由于自己对某事处理不当，而对方在利益受损的情况下表示不满，提出抗议。如果的确是自己处理不当，或有不完善之处，而对方又言之有理，尽管对方在态度和方式上有出格的地方，也不能看成是攻击。

（3）由于某种误解，致使他人发脾气，或出言不逊。在这种情况下，要耐心地、心平气和地澄清问题。

中层管理者判别真假攻击后，就可考虑和选择自己的行为方式。

对他人的攻击应采取宽容大度、不屑一顾的姿态。即使在确定他人在对自己进行恶意攻击时，也不必统统给予回击。最好的方式莫过于不理睬他。如果对方仍不放松，那也不必对着干。否则，你会“正中下怀”。因为那些喜欢攻击你的人，大多是些缺德少才的人。你与他对着干，他不仅喜欢奉陪，还颇会恋战，非把你拖垮不可。这种时候，应果断地甩袖而去，“走”为上策。

11. 对排挤你的同级领导让着点

如果有一天发现同级领导突然一反常态，对自己不友好，事事抱着不合作的态度，处处刁难自己，出自己的洋相，看自己的笑话，你就得当心了。因为这些信息传送了一个危险信号：他在排挤你。中层管理者被同级排挤，一般来说，有以下几种原因：

（1）近来升迁连连，招来同级嫉妒。

（2）刚到单位上班，有着令人羡慕的优越条件，包括高学历、有背景、相貌出众等，让同级嫉妒。

（3）言谈过分，爱出风头，令同事望而却步。

（4）过分讨好上级领导，疏于和同级交往。

（5）妨碍了同级晋升、加薪等。

一般来讲，应对排挤你的同级领导的策略主要有：

如果是属于（1）（2）种情况，能招人嫉妒也不是丢面子的事，所谓“不招人妒是庸才”。你只要平日对人的态度和蔼亲切，同级们发觉你是一个老实人，久而久之便会乐于和你交往。

如果是属于（3）（4）种原因，应该反省自己。因为问题是出在自己身上，要想令同级改变对你的看法，只有自己做出改变。平时不要乱发表一些惊人的言论，要学会当听众，不要招摇，不要过分突出自己。爱出风头，就会令同级们把自己当成敌对的目标。多与同级领导打交道，对上级领导不要过分巴结。

如果是属于第（5）种情况，要注意自己做事的分寸。升职、加薪、条件改善，甚至上级领导的一句口头表扬，都是同级们想获得的奖励，争夺也就在所难免——能够获利当然令人向往。但是，作为一位中层管理者，做人不要把利看得太重，更不要和同级争名夺利。在遇到这类事情时，该让就让，可以摆出一副高姿态来。

| 第四节 |
中层管理者与下属之间的关系

中层管理者与下属之间是一种上下级关系、领导与被领导关系，同时又是一种同事关系。一般情况下，领导与被领导关系顺理成章，不难处理，而同事之间的关系往往被中层管理者所忽视，而且大多数中层管理者很难处理好这种关系。作为中层管理者，必须在履行领导职责的同时，认真考虑与下属相处的问题，通过各种方式赢得下属的好感，从而同心协力做好工作。

一、中层管理者与下属相处要有亲和力

作为一个单位或部门的中层管理者，其责任是尽力调动下级的积极性，使下级努力工作，以保证本单位或本部门的目标得以顺利实现。融洽和谐的上下级关系，是实现工作目标的必要保证。

1. 多向下属吹“南风”

“南风法则”也称“温暖法则”，源于法国作家拉·封丹写过的一则寓言：北风和南风比威力，看谁能把行人身上的大衣脱掉。北风首先来一个冷风凛凛寒冷刺骨，结果行人为了抵御北风的侵袭，便把大衣裹得紧紧的。南风则徐徐吹动，顿时风和日丽，行人渐渐感觉到温暖，始而解开纽扣，继而脱掉大衣，南风获得了胜利。

这则寓言形象地说明了一个道理：温暖胜于严寒。领导者在管理中运用“南风法则”，就是要尊重和关心下属，以下属为本，多点“人情味”，尽力解决下属日常生活中的实际困难，使下属真正感受到领导者给予的温暖，从而激发工作的积极性。

土光敏夫就任东芝社长时，已是68岁高龄，可是他不辞辛苦，遍访东芝各地的工厂和营业所，同许许多多的员工交谈，乐此不疲。一次，土光敏夫到了川崎的东芝分厂，厂里的职工说：历任社长从未来过，如今土光社长一来，员工们干劲大增。他在总部的办公室完全对员工开放，欢迎他们前来讨论问题。刚开始时，员工们还不够踊跃，但他耐心等待，半年之后就变得门庭若市。

土光敏夫认为，管理者的责任是为员工提供一种良好的工作环境，让每个人发挥所长。根据这种想法，他在公司实行“自己申报”与“内部招募”相结合的人事制度，即如果员工认为自己在哪里最能发挥所长，可以自动申报；同时，公司某个部门需要某一类人才时，先行在公司内部员工中招募，以鼓励员工在公司内充分流动。这种尊重员工的做法收到了极好的效果，工人们干劲十足，公司业务蒸蒸日上。

2. 言而有信

中层管理者对下属许下的诺言或答应解决的问题，要加以兑现；假若一时无法办到，则应当诚恳地说明原因，不要不了了之，或干脆丢到脑后。言而无信，与下属的关系只会疏远或恶化。为了做到言而有信，许诺要符合实际，要经常查看自己所承诺的事情的兑现情况，并为实现诺言而做出积极努力。

3. 唯才是用

中层管理者知人善任，对下属分工合理，可以使下属心情舒畅，充分发挥积极性和创造性。否则，会使下属感到压抑，产生抱怨情绪。有的下属虽有一定缺点，但确实有工作能力；有的虽勤勤恳恳，却缺乏魄力；还有的虽表现积极，但仅仅是在上级看得见时才这样做。中层管理者对此必须深入了解和正确处理，才能使下级们心悦诚服。

4. 郑重对待下属的意见

中层管理者遇事要注意同下属商量，善于听取下属的意见。要鼓励下属发表自己的见解，尤其应当欢迎下属提出建设性意见或批评性意见。这样，才能使上下级之间增进了解，消除隔阂，在心理上和感情上更加接近。

当然，对下属不正确的意见，也需要适当地做出解释。

5. 容人之过，不计前嫌

中层管理者不能对下属抱有成见，也不能凭自己的感觉而对下属有亲有疏。对于那些犯过错误、当面顶撞过自己或反对过自己但犯了错的下属，绝不能嫌弃或忌恨他们，应该不计前嫌。不然，不但会与这部分人的关系恶化，而且会使其他人也缺乏安全感，良好的上下级关系就很难形成。

二、中层管理者与下属相处要有感召力

据显示：中国每100位智力出众、业务过硬的人士中，就有67位因人际关系障碍而在事业中严重受挫。他们都有一个共同的心理障碍：不善于赞美别人。美国《幸福》杂志对美国500位年薪50万美元以上的企业高级管理人员和300名政界人士进行了调查，其中33.7%的人认为，人际关系畅通是事业成功的最关键因素，其中最核心的就是学会赞美别人。俗话说，气可鼓而不可泄。几句真心的赞美也许会创造一个奇迹，几句不当的批评也许会葬送一个人的前程。作为中层管理者，应时刻注意赞美自己的下属，以激发他们的自信和勇气。

1. 真情实意地赞美

只有真诚的赞美才最能打动人的心灵。赞美的目的是为了促进工作。中层管理者对下属的赞美一定要实事求是，真心实意。要做到这一点，中层管理者必须做一个细心人、热心人，从内心关心他们、热爱他们，多了解他们的思想、生活情况，发现他们的每一个细小的优点，及时进行赞美，切忌虚情假意。有的中层管理者在赞美下属时说："哎呀，你工作搞得挺好嘛！"语气中明显带有一种调侃的味道，这容易使下属产生被嘲弄的感觉。真诚的赞美还体现在不能说空话、套话和模糊不清的话上，否则就会给下属一种虚假的感觉。

2. 激励下属的积极性

下属在工作中会用不同方式来证明自己的成就，以增强自信心。在这种时候，中层管理者的赞美就成了对他们成就认可的最佳方式。恰到好处的赞美，会让下属有一种成绩被肯定、被发现的喜悦。这种心理上的满足

又会变为工作中的动力，激励他们更加努力工作。若中层管理者对下属的成绩和进步视而不见，让下属感觉做好做坏一个样，就会挫伤他们的积极性，也不利于下属的成长。

中层管理者在赞美下属时不仅要赞美他们已经表现出来的优点，还要善于挖掘下属潜在的优点，及时给予肯定。下属在获得意外的赞美后，工作中会更加注重效率和方法，进而提高工作质量。这就要求中层管理者要有敏锐的观察力，善于从多种角度看问题，从细微处看成绩、看优点。

3. 掌握分寸不放纵

赞美若运用不当，就会出现“药轻则无效，药重则伤人”的后果。因此，赞美下属一定要把握好一个“度”字。既不要千金难买，又不要一钱不值；既不要人为地拔高、掺水使假，又不要蜻蜓点水、轻描淡写。如在赞美下属时夸大其词，添枝加叶，不仅起不到激励作用，还势必引起下属的反感。这就要求领导者在赞美下属时要讲究方法，既要有分寸感，又要中肯热情，激发情绪，使他们信心倍增；还要因人、因事、因地、因时采取不同的方法，充分发挥赞美的功能和作用。

三、中层管理者与下属相处要有凝聚力

一个部门工作搞得好坏，中层管理者起着决定性的作用。有人把部门中层管理者比做家长、师长和首长，这话不无道理。然而，一个中层管理者要当好这“三长”却不容易。如果你是一个合格的“三长”，就会赢得下属的称赞，让下属感到有干头、有奔头，使本部门的工作充满生机和活力。

1. 多引导，当好表率

一个部门的中层管理者要想当好“师长”，就应该像师傅对徒弟一样，有一种引导之责，起表率作用。一是善于教。教，就是教思路、教方法。对于某项工作的思路，中层管理者应该事先把自己的想法亮出来，给大家以工作上的引导，让他们知道你在想什么，不能让下属一头雾水。在工作实践中有的下属可能没有全面领会上级领导的意图，或者因方法不当，导致工作收效不大，甚至造成工作失误，这时，中层管理者不能先批评下属，

而应该先从自己身上找原因，看看自己是否把意图说清楚了，下属是否真正领会了。只有善于把自己的意图和方法告知下属的领导者，才能鼓舞下属的干劲。二是善于解。解，就是解疑释惑。中层管理者不能以自己的水平来要求下属，对下属不理解的问题要及时帮其开阔思路，提高认识，而不能见到不顺眼的就训斥，一与下属谈问题就烦躁。不善于解疑释惑和不善于做下属思想工作的中层管理者，不可能使自己的意图得到实施，更谈不上取得好成绩。解疑释惑，还要讲究一个“诚”字，诚挚诚恳、赤诚相待、以情动人。只有端正对下属的态度，才能使下属接受你的思想和建议。那种居高临下的说教，只能收到适得其反的效果。

2. 多给予，当好家长

按照马斯洛的需求理论来说，下属的工作动力，全部都是由其需求引起的，全部都是指向其需求的。中层管理者要想当好家长，首要的一条，就是不能漠视或简单否定下属的各种合理需求。实际上，有些领导对下属容易采取“又要马儿跑，又要马儿不吃草”的态度，尽管有的下属工作务力，成绩显著，但在晋级、提升和个人生活等方面往往得不到相应的满足。长此以往，下属就会感到领导者已失去了满足自己需求的愿望，情绪消沉空虚，工作热情减弱。对此，作为领导者与其一味责怪或埋怨下属，莫如勇于从自身上找原因。

其次，要注重激励和满足下属的各种正当需求。科学研究表明：一个人平时工作中表现的能力与水平和经过激励可能达到的能力与水平，二者之间大约存在着 50% 的差距。这就足可看出领导者的用武之地确实是一个广阔空间。因此，中层管理者要注重通过不断为下属树立新的奋斗目标，用目标激励、精神激励、物质激励等方法来激发下属的工作干劲。同时，还要通过制度管理等多种有效措施，对下属实行奖优罚劣，让下属的精神需求和物质需求尽可能得到合理的满足，并不断提高其需求欲，以保持其工作的活力与干劲。

3. 多提携，当好伯乐

有些下属之所以意志消沉、无所寄托，在工作上感到心灰意懒、无精打采，主要是看到有的领导者在用人上存在明显不公道的问题，不是唯德是举，唯才是用，而是看下属跟他是否亲属，是否顺从他，是否乖巧，从而让那些作风正派、工作勤奋的人心态失衡，感到受了冷落。作为中层管理者，一定要深深牢记："用人不公是最大的不公"，"人才的浪费是最大的浪费"，绝不能用"闲杀"等办法，把那些德才兼备，群众公认有水平、有能力的同志"晾"在一边，而是要当好伯乐，善于发现那些德才兼备的人才，用其所长，将他们放到最能发挥作用的岗位上去施展才干，以实现岗位所需和人才所长的最佳结合。同时，对一些从事某项工作时间太久，工作兴趣早已消失的下属，将其调换工作岗位，增加其工作难度，使其在新的挑战压力下，重新认识自己、调整自己和激励自己，不断给他们提供一个能真正发挥自己潜能、展现自己才干的新"舞台"，让全体下属从思想到行动都能时时感到有干头、有奔头，从而焕发出更大的工作热情。

四、中层管理者要善于激发下属潜能

应该说，工作过程中有无成就感，是决定一个人对本职工作热爱程度的一个关键因素。凡是容易取得成就的岗位，带给人的总是活力和激情；而岗位本身的呆滞、机械、重复，往往会扼杀原本很优秀的人才。因此，从一定意义上讲，中层管理者的一个最为根本的工作目标就是让所属部门或机构创造出成就，激发下属从事这项工作的积极性。

1. 轮岗换位，生发潜能

作为一个优秀的中层管理者，不仅要率先垂范地做好自己承担的业务工作，而且还应该对每一个机构和岗位的分量都了然于胸，并能将自己的理念渗透给自己所辖部门的每一个从业人员。至少，这样能显示出领导者对各个岗位工作的重视程度。诚然，一个机构或单位的所有部门的工作并非完全平起平坐，其中总有其核心部门，绝大多数工作或业务是由这些核心部门的人员承担的，而一些非核心部门则承担相应较少或较不引人注意的工作任务。为激发内部活力与生机，挖掘每个人在不同工作岗位的潜力，就有必要根据不同员工的能力形成轮岗换位的机制。

2. 热情交流，诱发潜能

为了增进彼此之间的了解，达到促进工作的目的，中层管理者与下属之间就不能彼此隔绝，而应该经常交流、探讨形成一种自然而然的亲和力，一种融洽而又富有人情味的工作环境，给下属以极大的鼓舞。每个下属都想清楚自己干的这项工作到底有多大价值，领导会给予如何评价。有的中层管理者只管布置任务和检查工作，而对完成这项工作有何意义，如何搞好这项工作，自己的想法怎么样，具体有什么意见或建议，不是三缄其口，便是语焉不详，很少与下属交流。这样，下属当然难以从思想上重视起来，甚至容易产生懈怠情绪，如此，岂能干好工作?

3. 强化责任，刺激潜能

下属的工作责任心，有时源于工作成就感的取得，而成就感的取得，一方面需要领导的首肯；另一方面，也是更重要的一个方面，则需要公众对这一部门乃至该岗位职责的认同理解。当独立于该部门之外的社会公众对该部门的求助或期望值降低时，该部门员工的成就感就会相应减少；相反，若社会公众对该部门的求助或期望值升高，该部门员工的成就感就会相应增加。要做一个优秀的中层管理者，就必须充分挖掘并发挥本部门的最大职能，强化责任意识，将本部门的最大职能分解到各个工作机构当中，积极而稳妥地对本部门的各工作机制进行授权，从而给下属带来工作的刺激——这是对一个人工作能力、水平的最根本的检验，也就是说，只有在大量具体工作的实践过程中方能显出一个人的能量到底有多大。而一个人的能量越大，其成就感就越强。

4. 公平相待，调动潜能

作为金字塔式的组织结构，不仅适用于独立的单位，也适用于单位中的部门。应该说，金字塔式组织形式的必要，也就决定了在部门中设立一定的级别等级的必要。按通常情况而言，占据金字塔较高层次的员工，其经验及智力均应高于较低层次的。然而，当前的实际情况并非如此，一些部门主要领导的工作能力及学历层次不及下属的大有人在，对此必须予以正视。那么，如何切合实际地解决这一问题呢?应有如下对策：一个部门对外应以级别之高低而相应接待并处理各类事务；对内则应平等相处，共同提升，增强活力。不可以对外之“外交面孔”对内，内部各级同事之间皆应公平相待，热诚相处，多搞活动，沟通情感。此外，还应对公认的评估较为优秀的下属在薪金及奖励方面给予倾斜，如此，方能调动大家的工作积极性，增强本部门或本机构的活力。

5. 培训提升，激励潜能

离开纪律约束，任何部门都将成为一盘散沙。但光靠纪律约束，部门的工作活力和创造活力也难以激发，更关键的问题是需要调动下属自觉、自愿、自动的参与意识；正是这种积极参与，才是产生质量、效率、效益的基本条件。仅仅满足于维持最起码的管理秩序，是一个很庸常的管理者，而有远见的中层管理者则应力求建立起竞争机制，创出特色。单位能否给予下属一定的培训升迁机会，是这一下属能否对本职工作或单位的未来产生浓厚兴趣的重要一环。提供的培训升迁机会越多，下属就越愿意把自己的未来与单位的未来联系起来。高明的领导者正是通过不断提供这样的机会，促使下属产生自我价值实现的冲动，从而达到自己欲求之目的。

五、中层管理者与下属保持互动沟通

实践证明，凡是能善于与下属保持互动沟通的中层管理者，都容易让下属理解、信任和支持，彼此之间协调、融洽、统一，从而达到组织目标的实现。

1. 遵守两个法则

（1）“金鱼缸”法则

金鱼缸是玻璃做的，透明度很高，不论从哪个角度观察，里面的情况都一清二楚。

“金鱼缸”法则运用到单位管理中，就是要求中层管理者增加单位各项工作的透明度。单位的各项工作有了透明度，中层管理者的行为就会置于全体下属的监督之下，就会有效地防止中层管理者享受特权、滥用权力，从而强化中层管理者的自我约束机制。

（2）“热炉”法则

每个单位都有规章制度，单位中的任何人触犯规章制度都要受到惩处。

“热炉”法则形象地阐述了惩处原则：

①热炉火红，不用手去摸也知道炉子是热的，是会灼伤人的——警告性原则。领导者要经常对下属进行规章制度教育，以警告或劝诫员工不要触犯规章制度，否则会受到惩处。

②每当你碰到热炉，肯定会被火灼伤——一致性原则。“说”和“做”是一致的，说到就会做到。也就是说，只要触犯单位的规章制度，就一定会受到惩处。

③当你碰到热炉时，立即就会被灼伤——即时性原则。惩处必须在错误行为发生后立即进行，绝不能拖泥带水，绝不能有时间差，以便达到使犯错误的人及时改正错误行为的目的。

④不管是谁碰到热炉，都会被灼伤——公平性原则。不论是管理者还是员工，只要触犯单位的规章制度，都要受到惩处。在单位规章制度面前人人平等。

2. 关注下属的情绪

只有真正了解下属的所思、所想、所愿、所盼，才能对症下药，有的放矢地做好理顺下属情绪的工作。这就要求中层管理者必须经常深入基层，认真倾听下属呼声，热情关注下属的情绪变化。不要因为下属的生活问题是“小事”，就不屑一顾。“百姓之事无小事”，下属正是从我们对他们眼前的、身边的小事的关注、关心和关爱中，感受上级对他们的关怀。下属是通情达理的，我们只要与他们打成一片，关心他们，往往一件小事就可以把他们感化。

3. 善于解决与下属之间的矛盾问题

作为一名中层管理者，在利益、思想、方法等方面，难免会与下属发生这样那样的矛盾。

中层管理者与下属之间发生矛盾冲突，其原因可以说是多方面的，有其本身素质的缺陷，有思想和工作方法的不当，还有彼此双方交谈、协调、沟通不及时和在利益处理上的不公正等。

要处理好与下属之间的矛盾，首先要树立宽容揽过的精神，要有容人之短的胸怀，豁达大度；其次要体谅下属在与你发生矛盾后的那种难过、后悔、自责、羞愧、惶恐等心理，要明白下属的心情可能比你的心情更沉重。只有这样能揽过错、勇担责任、分解压力，才能尽快化解双方的对立情绪，消除矛盾。

还须指出的是，既然上下级间出现矛盾是在所难免的，就不要以一时一事来否定一个人，抹杀他的功绩，看人看主流、看本质，不要犯以偏概全的错误。同时应该认识到，宽容不等于放任自流，对于那些不能容忍的顶撞，还是要黑下脸来，采取必要的措施，甚至给以“猛药”。否则，你就会威风扫地，永远也管理不好下属。

（1）弄清发生矛盾的原因

中层管理者与下属之间也不乏冲突现象的发生，其场面常常令人尴尬：双方唇枪舌剑，互相指责，不欢而散。这种现象轻则影响中层管理者的威信和形象，重则招来满城风雨，使中层管理者难以开展工作。

发生矛盾的原因是多方面的，从中层管理者方面检查，多与对矛盾处理失当有关。这通常表现在以下几个方面：

①过于自信而不能容忍下属的意见。如在某一问题上，与下属意见不一致，在下属意见正确的情况下，由于中层管理者自以为是，固执己见，最容易造成冲突。

②批评与事实不符或者出入较大。在这种情况下，下属通常要为自己辩解，如果中层管理者认为下属“不虚心”“不接受批评”，极易冲突起来。

③与下属缺乏及时的沟通。“冰冻三尺，非一日之寒。”如果下属对中层管理者的某些言行早已不满，久而久之，矛盾越积越大，就容易在某件事情上发泄出来。

④待人处世有失公平。“不平则鸣”，同样的问题出在不同的人身上，如果中层管理者不能一视同仁地对待，也是引起冲突的常见原因。

（2）处理矛盾的方法

一旦发生冲突，中层管理者该怎么办呢？冲突发生之后，中层管理者的当务之急，是要迅速查明原因，以便对症下药。然后根据不同情况、不同对象，采取不同的方法进行处理。其主要方法有以下几种：

①以理服人。如果对方的意见有可取之处，被顶撞的中层管理者应当以宽广的胸怀和诚恳的态度，主动接受其意见，切不可明知自己不对，还装出一贯正确的样子，盛气凌人，根本不把下属的意见当作一回事；如果对方的意见是错误的，被顶撞的中层管理者也不能因为自己的意见正确就任意地训斥人，而是要针对对方错误的地方，晓之以理，动之以情，耐心地说明和解释，使对方心服口服。

②以静制动。上下级发生冲突时双方往往都情绪激动，精神紧张，有的甚至失去理智、不能自控，因而出现言辞过激、声音过大等现象。对此，中层管理者应尽最大努力克制自己的情绪，始终保持冷静的态度，仔细分析下属顶撞的意见后，再选择适当的时机，采取适当的措施。只有这样，才能避免矛盾的扩大和发展，变被动为主动。

③以柔克刚。有的下属脾气暴躁，性情急切，城府不深，对某些自己看不惯或不合自己口味的事情常发牢骚，有的甚至故意用激将法，引你发脾气，动肝火。对这种人的顶撞不要硬碰硬，而应采取委婉的态度，先表面上将他的顶撞意见接受下来，然后再把他往正确的方向引导，待他火气渐息，再言轻意重地指出他的不对之处。由于这种人大都心直口快，所以一旦他们明白了事理，也就不会固执己见了。

另外，中层管理者还要有一定的高姿态。冲突发生以后，双方可能都余气未消，下属见到你时，也许会把头一扭，匆匆而过。这时，你大可不必介意，应主动同对方打招呼，并主动征求对方的意见，有些人“吃软不吃硬”，你以这种高姿态对待他，也许很快就会化干戈为玉帛。

④严词驳斥。有些下属因为没有达到个人目的，存心找茬儿，刁难领导，明知自己不对，却要强词夺理，无理取闹。对这种人不能让步，而应义正词严地对他进行批评和斥责。

⑤旁敲侧击。有的下属依仗自己有后台、有靠山，不把中层管理者放在眼里；有的则以为自己资历深、年龄大，摆老资格，瞧不起比自己年轻的中层管理者。这些人受到中层管理者批评时，少不了要发生顶撞现象，

以为你奈何他不得。对待这种顶撞，既不要轻易地让步，也不要针锋相对地反斥，而应从侧面入手指出他的不对，言在此而意在彼，表面上我不气不恼，但言辞话语中却是非分明。这样做，既不伤他的自尊心，照顾了他的面子，又使他明白了道理。

实践证明，许多善于缓解和正确处理冲突的中层管理者，还与以前顶撞过自己的下属结成了知心朋友，甚至“不打不相识”，从而发现了下属的某些长处，以后还委以重任。随着中层管理者艺术和思想修养的提高，不仅下属顶撞中层管理者的现象会逐渐减少，即使出现了也会得到妥善圆满的解决。

4. 解决好下属工作中的问题

这里所说的下属工作中的问题，是指下属在工作中的精神状态、思想情绪等问题，而不是指下属职责范围内的本职工作中的问题。

（1）如何恢复下属的自信心

自信心对一个人的成长有着相当重要的作用，这可以支持强者闯过危难，帮助弱者赢得权利。作为一名精明的中层管理者，你要想有效地调动起自己的下属，就要让他们在能够培养自信、自我激励的气氛中工作。这是因为，自信心是一个有良好素质的员工不可缺少的创造源泉，也是影响一个人工作能力高低的重要因素。在一个组织之中，员工的自信与组织的整体士气密切相关，与他们的个人绩效紧密联系。

作为中层管理者，要想提高下属的自信心，从而提高整个部门的业绩，你不妨照以下的建议尝试一下：

①用建议的口吻下达命令：人们大多数是不喜欢被人呼来唤去的。与其用命令的口吻来指挥别人做事，倒不如采取一种商量的方式，“你可以考虑这么做吗？”“你认为这么做行吗？”这样的建议性指令方式，会让你的雇员有一种身居某个主要位置的感觉，并对问题有足够的重视。

②给别人面子：在实际工作中，不冷静的处理方法只会伤害下属的自尊，伤害他们的感情。平和宽容地待人，并在组织中给予员工很大的面子，他们会在工作中更卖力、更自信。

③巧用“高帽子”：这儿所指的“高帽子”，并不是人们常理解的那种不切实际的夸大，而是一种让员工重新重视自己，提高自信的有效激励方式。

④有事找下属商量：成功的中层管理者总是将这样一个概念深入人心：组织的事就是大家的事。责任感的形成会为自信心的树立起到推波助澜的作用，也使他们更加明确自己在组织中所处的地位，更加珍惜自己辛勤的劳动与业绩的取得。

⑤提供成功的机会：人们常说，一个失败者的最终出路有两条：一是成为辉煌的成功者；二是成为一个出色的批评家。你若能给工作中有过失败的下属一个成功的机会，他们就会将这些教训转化为终生的财富。

⑥奉行“重担子”主义：“人的工作情况必须在能力之上”，这是东芝公司总裁土光敏夫的一句箴言。挑战性的工作会让参与其中的人在体力与心智上都得到一次锻炼，能进一步培养个人的自信。

（2）怎样使员工越干越开心

光靠优厚的薪金、稳定的福利，很难长久地留住员工。只有想办法让员工热爱工作，在工作岗位上越做越开心，才能很好地让企业发展下去。那么，如何让员工在工作岗位上越做越开心呢？

①赋予员工使命感：使命感可以驱使人向前走。中层管理者必须赋予员工使命感，鼓舞员工去接纳公司的理念，分享公司管理者的感受及态度，认同公司的方向，并且去执行。这样，员工就有可能在工作中更投入，更多地关心公司的成长，以至于时时有一种使命感。

②给予员工自由：中层管理者要敢于释放员工的能量与想象力。如果员工处于一个自由、不拘小节、有机会真正完全参与的环境之中，他们将可以发挥更大的能量。

另外，还要让员工对工作产生主动性。当员工知道公司的成功有他们的一份功劳时，就能激发他们的积极性。反之，处处让员工唯命是从，将会扼杀员工的创造性，使员工像一部机器被动地、机械地运转。

③使员工开心：开心是孕育创意的土壤。给员工提供一个轻松的工作

环境，将使员工充分发挥其特长，把工作当成乐趣。另外，在工作之余，应适时开展丰富多彩的企业文化活动，增强员工的归属感，融洽同事之间的感情，从而达到留住人才，使员工越干越开心的目的。

（3）处理有问题员工的七个不要

①不要让情绪主导：中层管理者通常在情绪激动时会批评和责骂员工，这时你想表达的正面信息，根本就达不到效果。如果调整一下情绪后，再开始对员工教导，效果会更加理想。

②不要拖延处理：中层管理者得悉问题后，应先冷静下来，然后直接告诉员工问题所在。快速处理问题是很重要的。你不告诉他问题所在，他会视为理所当然。很多中层管理者不敢直接与员工倾谈，这样是不行的。

③不要只说“有问题”：中层管理者处理问题，应直接指出症结所在，让员工知道他应该改善的地方。只说“你有问题”对员工没有实际的帮助。

④不要用电话处理问题：安排时间与你的员工面对面讨论他的问题，让他知道你是十分重视的，你会发现这些时间是值得投入的。

⑤不要“一步登天”：没有一个人可以在短时间内除掉十个坏习惯。让下属专注于一至两个问题而不是所有的问题做出改善，会收到比较良好的效果。

⑥不要偏私：正如你要求你的上司赏罚分明一样，你的下属同样要求你不要偏私自负。切记不要在你的工作环境范围内营造不稳定的气氛，也不要让你的员工对你投出不信任的票。

⑦不要将自己塑造为不会犯错的神：其实，任何人都会犯错，任何人都有恶习。在你批评员工的时候，尽量以帮助他解决问题的姿态，详细与他讨论。不要把自己塑造成不会犯错的神，这样，员工会更愿意听取你的意见。

六、有效激励

无论是中层管理者个人的进步，还是事业的发展，都需要员工的支持。中层管理者应懂得，员工绝不仅是一种工具，其主动性、积极性和创造性将产生巨大的作用。而要取得员工的支持，就必须对员工进行激励；要想激励员工，又必须了解其动机或需求。每个中层管理者首先要明确两个基本问题：第一，没有完全相同的员工；第二，不同的阶段中，员工有不同的需求。

既然激励是如此复杂，并且因人而异，因而有效的激励方法也就不尽相同。

（1）金钱激励

物质需要始终是人类的第一需要，是人们从事一切社会活动的基本动因，所以，物质激励仍是激励的主要形式。如采取工资的形式或任何其他鼓励性报酬、奖金、优先认股权、公司支付的保险金等，在员工做出成绩时给予奖励。要使金钱能够成为一种激励因素，中层管理者必须记住下面几件事：

①金钱的价值不一。相同的金钱，对不同收入的员工有不同的价值；对于某些人来说，金钱总是极端重要的，而对另外一些人来说就不那么重要。

②金钱激励必须公正。一个人对他所得的报酬是否满意不是只看其绝对值，而要进行社会比较或历史比较，通过相对比较，判断自己是否受到了公平对待，从而影响自己的情绪和工作态度。

③金钱激励必须反对平均主义。除非员工的奖金主要是根据个人业绩来发给，否则，企业尽管支付了奖金，对他们也不会有很大的激励。

（2）目标激励

目标激励，就是确定适当的目标，诱发人的动机和行为，达到调动人的积极性的目的。目标作为一种诱因，具有引发、导向和激励的作用。只有不断启发一个人对高目标的追求，才能启发其奋发向上的内在动力。每个人实际上除了金钱目标外，还有如权力目标或成就目标等。中层管理者就是要将每个人内心深处的这种或隐或现的目标挖掘出来，并协助他们制定详细的实施步骤，在随后的工作中引导和帮助他们努力实现目标。当每个人强烈和迫切地需要实现自己的目标时，他们就对事业的发展产生热切的关注，对工作产生强大的责任感，平时不用别人监督就能自觉地把工作搞好。这种目标激励会产生强大的效果。

（3）尊重激励

我们常听到“公司的成绩是全体员工努力的结果”之类的话，表面看起来管理者非常尊重员工，但当员工的利益以个体方式出现时，管理者会以企业全体员工的整体利益加以拒绝，他们会说“我们不可以仅顾及你的利益”或者“你不想干就走，我们不愁找不到人”，这时员工就会觉得“重视员工的价值和地位”只是口号。显然，如果中层管理者不重视员工的感受，不尊重员工，就会大大打击员工的积极性，这时，懒惰和不负责任等情况将随之发生。

尊重是加速员工自信力爆发的催化剂，尊重激励是一种基本激励方式。上下级之间的相互尊重是一种强大的精神力量，它有助于相互之间的和谐，有助于团队精神和凝聚力的形成。

（4）参与激励

现代人力资源管理的实践经验和研究表明，现代的员工都有参与管理的要求和愿望，创造和提供一切机会让员工参与管理是调动他们积极性的有效方法。让员工恰当地参与管理，既能激励员工，又能为团队的成功获得有价值的知识。通过参与，形成员工对单位或部门的归属感、认同感，可以进一步满足自尊和自我实现的需要。

（5）工作激励

工作本身具有激励的力量。为了更好地发挥员工的工作积极性，中层管理者要考虑如何才能使工作本身更有内在意义和挑战性，给员工一种自我实现感。领导者要进行“工作设计”，使工作内容丰富化和扩大化，并创造良好的工作环境；还可通过员工与岗位的双向选择，使职工对自己的工作有一定的选择权。

（6）培训和发展机会激励

当今世界日趋信息化、数字化、网络化，知识更新的速度不断加快，员工知识结构不合理和知识老化现象日益突出。他们虽然在实践中不断丰富和积累知识，但仍需要对他们采取等级证书学习、进高校深造、出国培训等激励措施，通过这种培训充实他们的知识，培养他们的能力，给他们提供进一步发展的机会，满足他们自我实现的需要。

（7）荣誉激励和提升激励

荣誉是众人或组织对个体或群体的崇高评价，是满足人们自尊需要，激发人们奋力进取的重要手段。从人的动机看，人人都具有自我肯定、争取荣誉的需要。对于一些工作表现比较突出、具有代表性的先进员工，给予必要的荣誉奖励是很好的精神激励方法。荣誉激励成本低廉，但效果很好。

当然，在荣誉激励方面，应避免一些不正常现象，如评优中的“轮庄法”“抓阄法”“以官论级法”“以钱划档法”等，使荣誉的“含金量”大大降低，使典型的榜样示范作用大打折扣，这是必须加以纠正的。

另外，提升激励是对表现好、素质高的员工的一种肯定，应将其纳入“能上能下”的动态管理制度中。

七、负面激励

激励并不全是鼓励，它也包括许多负面激励措施，如淘汰、罚款、降职和开除等激励。

负面激励是一种惩罚性控制手段。按照激励中的强化理论，激励可采用处罚方式，即利用带有强制性、威胁性的控制手段，如批评、降级、罚款、降薪、淘汰等来创造一种令人不快或带有压力的条件，以否定某些不符合要求的行为。

但是，要注意的是，在员工激励中，正面的激励远大于负面的激励。淘汰激励一般采用了单一考核指标，给员工造成工作不安定感，也很难让员工有总结经验教训的机会，同时还会使员工与中层管理者之间的关系紧张，同事间关系复杂，员工很难有一个长期工作的打算。

（1）批评

工作中如果没有批评，往往会出现无人负责、各行其是的局面，最终难以实现目标。运用批评武器的能力折射出中层管理者的管理水平和领导魅力，反映出中层管理者的经验和智慧。一个不会批评、不善于批评、不讲究批评方式的中层管理者就是不称职的领导者。

批评的目的是为了限制、制止或纠正某些不正确的行为。每位中层管理者为了实现自己的奋斗目标，都要使用批评手段，学会正确运用批评的艺术，对于中层管理者的工作是非常重要的。在批评时要注意遵循以下原则：

①实事求是，忌偏听偏信：批评是十分严肃的事情。对下属的错误一定要弄清事实，实事求是，不能偏听偏信，在没掌握确凿凭据前不要急于批评。错误的批评不仅会伤害感情，而且也会丧失自己的威信。如果发现自己批评错了，就要立即向下属道歉，不要怕丢面子。

②诚心诚意，忌粗暴野蛮：批评是为了使对方纠正错误，而不是为了把人制服，或者拿人出气。在批评的时候，要站在下属的立场上，诚心诚意，使他感受到组织和领导的温暖与关怀，消除戒备心理和抵触情绪，这样才能从心里接受你的批评。

③及时批评，忌算总账：发现错误要及时批评纠正，避免因时间延长造成过多的损失，也避免犯错误的人错上加错。批评要当面进行，这样有利于双方交流意见，使对方了解和明白领导的意见和看法。如果通过第三者传达，很可能失真，从而造成误会。

④注意态度，忌冷言恶语：批评他人时，态度十分重要。有时态度不当，批评效果就适得其反。除此之外，批评时还要允许下属申辩；批评后，要多予以勉励，继续关心下属。

中层管理者在批评下属时不仅要让下属知道错了，而且还要让下属从你的否定中受到启示和鼓励，从而及时纠正错误，积极完成本职工作。因此一定要讲究以下方法：

①开脱式批评——替下属揽一点责任："在这项工作中，你出现了一些错误，但这也不能全怪你，一方面我们在安排工作时有些失误，另一方面你对这项业务不太熟悉，下次我们共同注意这些问题，相信会顺利完成工作任务的。"这样，在下属遇到困难，受到挫折时，你的一番开脱式批评，既保护了下属的自尊心，又促使他在以后的工作中更加细心，少出差错。

②商量式批评——只不过换一种口气："这项工作你基本上完成了，可

我觉得你的潜力尚未完全开发出来，你完全有能力把工作做得更好，比如工作中的某个环节还有些纰漏，某个过程还没有达到目标，如果稍加注意，你的任务会完成得更好。”如此商量的口气让下属感到领导对自己的尊重和理解，下属会自觉地发挥自己最大的潜力，把工作做得更好。

③宽容式批评——别把下属打皮骂滑了：“金无足赤，人无完人。”一个人在成长过程中，缺点错误在所难免，因此，中层管理者要有宽大的胸怀，能容下属之错。中层管理者对下属所犯错误的宽容，并不是无原则的纵容，可以旁敲侧击，一般来说，下属会理解领导的这番良苦用心，会尽力改正错误。

④冷处理式批评——给下属一个转弯的机会：做错了事，还自以为是，要这样的下属改正错误，就应该给他们一个转变认识的机会。中层管理者如果仅仅从良好的主观愿望出发，急于对其批评，下属一时转不过弯来，是难以接受的。应从侧面引导下属，帮助其提高辨别能力和认识水平，并给予充分的时间进行冷静思考，待到时机成熟，再点到为止，效果必然要好得多。

⑤激将式批评——遣将不如激将：人人都有自尊心，特别是有了缺点、犯了错误的下属，其自尊心更强。作为中层管理者，批评时就要讲究艺术，要从保护下属自尊心、促使其尽快改正错误的角度出发，以激将式批评催其奋进。“在这次工作中，你比其他人稍微落后了一小步，我知道你是个不服输的人，你定会不甘落后的。”如此的话语，既艺术性地批评了下属，又能激起下属克服缺点勇往直前的信心和勇气。

⑥启发式批评——有理要讲在当面：有的下属犯了错误还不知道错在哪里，有的认为是中层管理者故意在找茬儿，对中层管理者的批评产生抵触情绪。对此，中层管理者要弄清下属缺点错误的来龙去脉，对其缺点错误进行准确分析，在批评时做到恰到好处，让下属知道为什么错了，错在哪里，达到心服口服。

⑦表扬式批评——雨后也要送伞：有的下属由于一时疏忽，或感情用事，在工作中出现了差错，但事后自己认识到了问题，并流露出内疚的心

情。这时，中层管理者如果还是批评不止，就会伤害下属的自尊心。理智的做法应是以谈心的方式表扬其对缺点错误的认识，同时帮助分析失误的原因，总结教训。

批评在达到较好效果的同时，也会引起一些负效应。因此，中层管理者应及时对下属跟踪观察，获取反馈信息。中层管理者要有敏锐的洞察力，对下属的一言一行明察在心，并根据其心理承受力和行为的性质，开展以下的后续教育。

①化解逆反情绪，缩短心理距离。下属产生逆反情绪一般有两个方面的原因：一方面是下属暂时没有理解领导的一些观点，或者因犯错误被批评觉得有伤脸面，或者对领导的苦口良药没有完全接受。对此，中层管理者应注重心理疏导，给下属必要的思考时间，让其自我调节，诱导其产生积极心理，化解逆反情绪。另一方面是中层管理者的批评不当或失误。中层管理者对下属要真诚相待，敢于面对自己的过失，并选择时机承认自己的过失，巧妙地挽回消极影响。

②巧用整体感应，强化批评效果。批评效果的维持和强化还有赖于集体对下属的正面影响。中层管理者批评下属后，应注意调控集体对下属的影响度。一方面，要削弱一些人对下属流露的“安慰效应”，这种效应往往为错误开脱，甚至指责批评者，淡化批评效果；另一方面，要注意消除集体对下属的歧视态度，制造一个强有力的鼓励和关爱的感应磁场，使下属切实受到教育，并增强改正错误的动力。

③讲究善后方法，营造新的良好的心理氛围。一是以信任和尊重为出发点。下属被批评后，表面的自卑之意大多隐藏着强烈的自尊心，他们渴望得到别人的理解、信任和尊重。中层管理者批评后，如果对下属产生厌恶心理，疏远回避，往往会导致下属自暴自弃。因此，中层管理者要使下属感到批评是对他的关心和爱护，批评才能收到好的效果。二是以疏导和转化为立足点。对下属被批评后产生的各种逆反情绪或行为，中层管理者应注重疏导和转化，缓解他们的心理压力，让其将内心冲突升华为发奋的行为，将批评变为动力。三是以显微和扩优为切入点。显微，即中层管理

者应善于发现下属身上的哪怕是极微小的进步或闪光点；扩优，即将其微小的进步进行放大，并及时肯定和表扬。中层管理者要善于捕捉下属身上的闪光点，并通过激励，促使这些微弱火花逐渐发展成为要求上升的熊熊烈火，以达到扬善补失的批评目的。

（2）处罚

与奖励相对应的惩罚措施几乎每个单位或部门都有一套，但是效果却是千差万别。如何正确地认识惩罚管理？怎样的惩罚管理才能获得最好的效益？

有时处罚比奖励对人“刺激”更大。如果老板给你加薪 100 元，你可能会没有多大感觉；如果你的薪水被老板拿掉了 100 元，尽管你的收入没受多大影响，可你会对老板不满。一句话——你丢掉 100 元钱所带来的不愉快感受要比捡到 100 元钱所带来的愉悦感受强烈得多。

年度诺贝尔经济学奖获得者丹尼尔·卡纳曼通过心理学研究发现了人类决策的不确定性，即人类的决定常常与根据标准的经济理论做出的预测大相径庭。他断言：在可以计算的大多数情况下，人们对所损失东西的价值估计，比得到相同价值时的估价高出两倍。当所得比预期多时，人们会很高兴；而当失去的比预期多时，就会非常愤怒痛苦。关键在于这两种情绪是不对称的，人们在失去某物时愤怒痛苦的程度远远超过得到某物时高兴的程度。

这一结论完全可以运用于现实生活中。在薪酬奖惩制度中，如果想对人形成强烈的刺激，那么采用处罚的办法要比奖励的办法更见效。惩罚的办法虽然见效快，但却不能滥用。让我们先看下面这个滥用惩罚的案例：

“为了激励员工士气，从即日起，各部门开始做业绩评比，到月底交财务部结算统计，落后的部门全部减薪一半。”H 公司的老板突然召集各级会议，宣布他的最新整改措施。

H 公司是一家中等规模的企业，发展一直很平稳，但这两年受大环境的影响，业绩一直在下降，各部门也都在苦思对策，希望可以化解目前的危机。但大家都没想到，老板会想出这样过激的办法。

一个月后，绩效较差的三个部门的员工果然被减薪一半。虽然大家事前都知道会有这种结果，但内心还是抱着一丝侥幸，以为老板故作声势吓唬人。现在看到真的减薪了，公司中下层开始出现一些不满的声音，工作上也普遍出现消极怠工的现象，到最后，连老板“没钱发薪”的谣言也出来了，有些还传到竞争对手那里去了。老板发觉事态严重，重新思考对策，终于收回他的决定，恢复原来的制度，一场风波才平息下来。

许多领导者对于工作不努力、绩效不佳、迟到早退及不守秩序的员工实在很头痛。尤其是一些老员工，他们的能力对公司而言，可能已经没有太大的价值，但却经常倚老卖老地破坏制度。于是H公司想出以扣薪代替责骂的方法，原来是想借此排除管理上的人情压力，惩罚犯错的员工，纠正其不当的行为，可是这种“一竹竿打倒一船人”的做法，却让许多员工的内心产生不平衡，而且员工对公司的不信赖与不满，远比扣薪厉害得多。

利用扣薪来处分员工，在本质上是为了阻止员工继续犯错，改善其工作态度，这种方法本身并没有错。不合理的地方就在于：它以一个部门为单位来扣薪，而每个部门的工作内容不一样，同一部门每个人的工作也不一样，最后却遭受同样的惩罚，他们能接受吗？

惩罚也要“精确制导”。有人认为：科学的惩罚应该是“烫火炉”。烫火炉它只烫你碰它的那一部分，而不会烫你的别处，不迁怒，不搞株连。在管理工作中，惩罚犯了错误的员工应实事求是，就事论事，要对事不对人；惩罚要适度，过度惩罚就是“迫害”，不但难以让人心服口服，甚至还会引起反抗，惹祸上身。

在实施惩罚之前，可以先与员工讨论具体情况，确定没有误解事实之后，再责备下属的不足之处。在责备中要强调你所期望的行为，同时让员工明白问题在于他不当的行为，而不在他本人。责备的重点在于改变下属不良的行为，而不是羞辱他本人。

“烫火炉”是不讲情面的，谁碰它，就烫谁，一视同仁，对谁都一样，和谁都没有私交，对谁都不讲私人感情，所以它能真正做到对事不对人。当然，人毕竟不是火炉，不可能在感情上和所有人都等距离，不过，作为中层管理者，要做到公正，就必须做到根据规章制度而不是根据“个人感情”和“个人意识”来行使手中的奖罚大权。

八、管理下属的误区

中层管理者要率领一个部门的人员完成工作。只有管理好下属，赢得下属的忠诚，才能真正建立自己的影响力和号召力。这一道理，可以说是无人不知，无人不晓，但在具体工作过程中却往往有人走入一些误区。

1. 把关心下属等同于小恩小惠

这一现象在中层管理者中相当普遍。一些中层管理者觉得，既然自己不拥有给下属加薪、晋升等“生杀大权”，因此，只能靠小恩小惠来表明自己在关心下属。小恩小惠只能博得下属一时的欢心，而下属关注更多的是自身的职业发展和综合能力的提高。一旦你满足不了下属稍高一点的需求，下属就觉得你不是真正关心他们。况且小恩小惠往往是以牺牲组织整体利益为代价的，一旦曝光，对自己也很不利。

2. 轻易许诺不兑现

每个下属都有获得加薪、晋升的期望，作为中层管理者，你自然想抓住他们的这个渴求进行激励。你是直接告诉他们你在为他们的加薪、晋升而努力，还是不说为妙呢？不说，你会担心下属觉得你根本不关心他们，但是，轻率许诺的结果却更糟。成熟的公司都有自己的一套关于加薪、晋升的规定和程序，并不是你个人能随意更改的事。一旦许诺落空，你在下属面前就威信扫地了。这样做也会使上司对你产生不好的印象，感觉你有野心，暗里培养自己的人。因此，千万不要轻易许诺。关心下属，重要的不在说，而在做。要让下属感觉到你真正在为他们的期待而努力、而行动，比如在上司、同事面前夸赞你的下属，给下属展露才华的空间，放手让下属挑重担等。如果你已经做出了承诺，而由于情况发生变化，以致无法兑现，此时，最好的解决办法是向下属道歉，并坦诚地告诉下属不能兑现的缘由，以求得下属的谅解。

3. 关心的内容与下属的需求不对路

例如，一名年轻的下属向你抱怨自己的工作太累，你可能觉得下属希望涨薪水，于是想方设法促使人力资源部为其加薪。其实该下属感觉到累的真正原因是对自己不明朗的职业生涯忧心忡忡，是“心累”，实际需要上司关心的是其职业生涯发展。这就需要中层管理者深入了解自己的下属，从而使自己对下属的实际关心与下属的真正需求相吻合。

4. 不能一碗水端平

生活中这样的现象屡见不鲜：上司对一些人倍加信任，视为心腹，对其他人则处处防范，甚至让心腹去监视那些人。对心腹有求必应，特别优待；对那些与自己不冷不热的，用小恩小惠进行笼络或者不闻不问；对那些不听话的、有棱角的，则寻机给小鞋穿。不能一碗水端平，势必打击下属的工作积极性，产生内耗，不利于组织的团结。

5. 满足下属就是对下属有求必应

人的需求是无止境的，满足了一个需求又会产生另一个需求。下属的需求是多种多样的，有的与组织的目标一致，有的却与组织的目标背道而驰。作为中层管理者，你只能尽量满足下属那些与组织目标一致的需求，对不合理的需求要敢于拒绝，甚至给予严厉的批评。否则既害了下属，到头来也会害了自己。

6. 漠视下属的“牢骚”

每个人都会有不满，有了不满就可能会发“牢骚”。发“牢骚”并不可怕，但作为中层管理者，如果不去分析“牢骚”背后的原因，及时疏导，下属的怨气将会积小成大。而且这种不满很容易像瘟疫一样在组织中蔓延，一旦其下属受到感染，一场大的动荡就在所难免。

7. 关心下属的动机“不纯”

不少中层管理者关心下属时的功利色彩过于明显，让下属觉得你并不是真正关心他、帮助他，而是在为自己的晋升拉选票。这样的关心不会有好结果。关心下属必须真正为下属着想，而不是“另有企图”，否则，就会弄巧成拙。中层管理者只有真正关心下属，才能赢得下属的充分信任和忠诚，才能高效、高质量地完成管理工作，自己也会有很好的职业发展前景。

第四章

中层管理者运用权力的艺术

中层管理者的权力是有限度的，但具有很大的弹性。对于中层管理者来说，权力的运用既是在部门内顺利开展工作、完成上级交办的任务的前提，又是上级考察一个中层管理者能力的标准。权力不管大小，运用之妙，在于自身。本章讲述的就是中层管理者运用有关权力的方法。

| 第一节 |
中层管理者的权限

“权”与“力”是相辅相成的，有“权”才有“力”，没有一个领导者可以在没有权的情况下开展工作。在一个单位或部门内部，中层管理者的“权”是有限度的，怎样才能让有限的“权”发挥无限的作用呢？这就要求处理好“有为”和“无为”的关系，把握中层管理者“无为”这一最高境界。

一、中层管理者的权力内涵

拥有一定的职权是中层管理者发挥影响力的基本要素。所谓职权，就是处在领导岗位上的人，经组织和上级授予他的一定的权力。这种职权使中层管理者具有支配下级的力量，凭借职权可以左右下属的行为、处境、得失，甚至前途和命运，并使下属产生一定的敬畏感。

对于中层管理者来说，权力意味着什么？

1. 权力是一种支配—服从关系

在社会生活中，人与人之间、组织之间以及个人与组织之间，普遍存在一种支配—服从关系。这种关系的深层蕴涵就是权力。在支配—服从关系中，谁拥有超过对方的支配力量，谁就拥有权力。反之，就没有权力，就只能服从支配。

支配—服从关系不是一成不变的。服从者一旦获得超过支配者的力量，权力就发生转变。这种现象在社会动荡年代尤为突出。中层管理者拥有了权力，就可以支配下属，驱使下属来服从自己。

2. 权力是权力资源的占有和运用

就人的本能和愿望而言，几乎所有的人都想支配他人，而不愿受他人支配。然而，究竟是支配他人还是受他人支配，并不取决于主观愿望，而是取决于自己手中所掌握的权力资源。谁掌握的权力资源雄厚，谁就拥有更大的支配力量，谁就拥有更大的权力。从这种意义上说，权力是权力资源的占有和运用。

权力作为对权力对象的支配力量，对于中层管理者来说，它来源于四个方面：一是包括中层管理者的体力、智力、德力等在内的生理、心理、伦理要素；二是中层管理者所拥有的经济要素；三是中层管理者所拥有的政治要素；四是中层管理者所拥有的科学、真理、信仰等在内的精神文化要素。因此，中层管理者的权力也是各种支配力量的综合体。这个综合体越完善，其权力资源也越雄厚，就可以对相应的权力资源进行占有和运用。

3. 权力是强者的本质

既然权力是资源的占有和运用，那么，谁占有更多的权力资源，谁就占有更大的权力。权力资源是一定的，在客观条件相同的条件下，谁是强者，谁就占有更多的权力资源。

二、中层管理者所属权力的特性

权力与人是密不可分的，拥有不同权力的人，拥有不同的地位。中层管理者对自己所拥有的权力要拿捏好分寸，不能滥用职权。权力是非人格化的东西，具有特定的属性，只能在工作时间行使，只对具体事情负责，只对特定群体的人有效。中层管理者所属权力的特性主要体现在以下三个方面。

1. 强制性

强制性表现为中层管理者凭借权力强制别人按照自己的意愿来做事。强制性的好处在于效率高，但容易造成下属对权力的抗拒，权力的强制性是一把双刃剑。

2. 潜在性

权力的潜在性是指权力要用在关键时刻，要用在影响力不起作用的地方，若滥用权力，权力的效力就会逐渐被削弱。用权力给员工施加压力，靠下命令来布置工作的做法并不可取。权力只潜藏在那里不用，待需要发挥威慑力的时候再用才是最佳的。

3. 与职务相关

权力与职务相关。首先，权力的大小受职务大小的限制，中层管理者不能超出职务行使某种权力，也不能在职务范围内不行使权力，用多了叫滥用权力，用少了叫不负责任。其次，有多大的权力就有多大的责任。做一个中层管理者，不光意味着权力，更意味着责任（和职务相关的责任）。职责不仅是指自己“管”的范围。如营销总监的职责不仅是对全公司的营销进行管理，更多的是承担培养的责任、发展的责任和激励的责任。

三、中层管理者的运权规则

庖丁解牛，游刃有余，是因其精于解剖学（实践）。中层管理者欲使工作得心应手，除了具备过硬的专业知识和技能外，还必须掌握科学的工作方法和娴熟的领导艺术，时刻保持清醒的头脑，恪守中层管理者的权力运行规则，注意在工作中优化人际关系。

1. 遵循层次管理原则

中层管理者与上级领导处好关系，既有利于工作，又有利于自身成长。中层管理者优化与上级领导的关系，应该遵循等距离交往原则。无论是对待分管领导还是非分管领导，都要谦虚谨慎，在感情上不分亲疏厚薄，在工作上多支持。还应正确对待上级领导之间的分歧和矛盾，自觉做好弥合工作，绝不能掺和其中，搞小团体。在工作程序上，必须遵循层次管理原则，按照法定的程序办事，走出多头请示汇报的误区。有的中层管理者为了得到多方支持，遇有重大问题就多头请示汇报，从而带来多头指挥或越级指挥。这样既加重了一把手的负担，又弱化了分管领导的权力，使分管领导心生芥蒂或无所适从，这无异于自寻烦恼。

一般来说，中层管理者只宜向分管领导请示汇报工作。有时，分管领导的指示难免不妥，中层管理者应真诚地与其交流意见，如果分管领导固执己见并可能产生不良后果，中层管理者应建议其请示一把手。在分管领导不在岗时，中层管理者遇有重大问题时可以请示一把手或其他非分管领导，并应在分管领导回来后，及时向其汇报请示的内容，并说明原因，以使其及时了解情况，消除误会。

2. 遵循有限交叉原则

工作中，中层管理者虽职位不高，但应站在全局的高度来做好本部门工作，处理好本部门与其他部门的关系，绝不可时时争部门利益，处处要部门地位。同级之间应友好竞争，真诚合作，不可抱私心杂念。对自己所取得的成绩，应看作是同级支持配合的结果，做到领先不自满，不炫耀；对同级取得的成绩，要表示真诚的祝贺，做到落后不气馁，不嫉妒。支持配合同级是友好竞争、真诚合作的具体表现，但要防止越位侵权现象的发生，首要的还是本职工作。

中层管理者要明确自己的职责和权限，对自己主管哪些工作，负哪些责任，有哪些权力，交叉的工作如何配合，都应该一清二楚，做到有所为有所不为。同级之间应不争权力、不推责任，属于别人职权范围内的事情绝不插手干预，遇有同级主动请援时，也应做到支持配合不越权。凡属越权的事，即使是上级交办的，也应建议领导交由相关人员处理，不然，被越权的同级会心气不顺，甚至撂挑子。对于一些交叉性的工作和需要共同处理的事务，要互相尊重，互相协商，不能擅自做主处理。

第二节 中层管理者怎样合理用权

对于中层管理者来说，善于使用权力是一种重要的领导能力。用权得当，将使下属心甘情愿地服从并追随你，使有限的权力发挥无限的作用；用权不当，会带来负担，成为压力，造成事倍功半的不良效果。所以，中层管理者要善用权力、巧用权力，努力提高授权、借权和控权能力。

一、授权

授权，要符合企业中层管理者活动的规律，要有利于实行有效的统率与指挥。授权，应遵守一定的原则，按一定的科学程序进行。

1. 授权的含义

有效授权对中层管理者、员工及公司三方都有利。在中层管理者方面，授权可以使自己节省较多工作时间做策略性的思考。在员工方面，授权可以让他们学习新的技巧和专长，并在能力的培养上经受真枪实弹的历练。在公司方面，授权可以增进整体团队的工作绩效及士气。所以授权是中层管理者必备的领导技能之一。

授权，是指上级委派给下属一定的权力，使下属在一定的监督之下，有相当的自主权和行动权。授权者对于被授权者有指挥和监督之权，被授权者对授权者负有报告及完成任务的责任。

授权实质上是将权力分派给其他人完成特定活动的过程，它允许下属做出决策，也就是说，将决策的权力从组织中的一个层级移交至另一个层级，即由组织中较高的层级向较低的层级转移或转交。

2. 授权的原则

中层管理者面对纷繁复杂、千头万绪的各项事务，即使是精力、智力超群，也不可能独揽一切，所以授权是明智之举。为达到授权的目的，必须遵循以下原则。

（1）合理授权原则

这是指通过合理的程序，为实现合理的目的而进行的正当授权，是中层管理者授权应当坚持的基本原则。这就要求中层管理者向其下属适当授权，不要过分。如果授权过重，超过合理的范围，难免要出现问题。我国春秋初期杰出的政治家管仲在《七法》中讲过："重在下，则令不行。"说的就是下级的权力过大，超越了合理的范围，国家的政策法令就不能顺利地贯彻执行。战国末期杰出的思想家韩非在《孤愤》篇中也论述过："万乘之患，大臣太重；千乘之患，左右太信。"这话的意思是说，无论大国小国，祸患于君主过分宠信左右臣子，让他们拥权过重。

历史上有许多例子说明，不合理地向下授权会造成严重的后果。例如，法国国王路易十四，晚年宠信"外表文静、内心暴戾"的神父勒泰利埃，竟由他滥用权力，大肆迫害反对他的冉森教徒，监狱里关满了无辜的公民。我国明朝皇帝朱由检，昏庸无道，对宠臣魏忠贤授予不合理的权限，不管魏忠贤启奏何事，他都是一句话："你看着办吧，怎么办都行！"结果促使魏忠贤大胆妄为，敢于遍设特务组织锦衣卫，肆无忌惮地杀戮重臣名将。这些都是授权不合理的典型，是值得借鉴的。

在现代企业里也有这种不合理的现象，例如，用人偏听偏信，放权不当，企业中层管理者给下属授权超出了合理的范围，结果导致大权旁落，出现难以收拾的局面，使企业中层管理者的活动受到干扰，工作计划遭到破坏，甚至影响到企业的经营成果。事实证明，企业中层管理者授权不是放任，放任就要坏事，该放多少权，就放多少权，要放得适当。在授权过程中，切忌大撒手，那样会把事情搞糟的。

（2）逐级授权原则

这是指领导者所授予下属的权力是领导者自身职务权力范围内的决策权，即领导者自身的权力。比如高级主管只能将自己的决策权授给直接领导的中层主管，而不能把高级主管的权力授给中层主管的下属，如果不是这样，就是越级授权，会造成直接下属有职无权，给自己下属的工作造成被动，会造成自己与下属、下属与他的下属之间的相互矛盾与隔阂。为了避免在授权过程中违反逐级授权的原则，中层管理者必须明确应授的权力与授权的对象是什么。越级授权在专制时代是普遍存在的，在专制体制下，在君主们看来，“普天之下莫非王土，率土之滨莫非王臣”，一切一人说了算。而在分权的民主时代，授权没有任何节制的做法已不适合了。领导者与下属各自拥有自己的权力，因此，授权也必须符合组织原则，正常的权力运行机制，除非在特殊事件的处理上可以越级授权外，一般不得越级授权。

（3）责权明确原则

中层管理者授权并非卸责，权力下授，并未减轻自身的责任。中层管理者授权给下属，还要把责任留给自己，这也是授权的一项基本原则。但是，中层管理者在向下授权的同时，也必须明确下属的责任，将权利与责任一并赋予对方。这种授权方式不仅可以有力地保证下属积极地去完成所承担的任务，而且可以堵住上下推卸责任的漏洞，使下属不至于争功诿过，而会忠于职守，努力工作，发挥自己的主动性和创造性。这种带责授权的做法，体现了责权一致的精神。

带责授权中的责任，包括两个方面：一个是下属在行使权力的过程中应遵守什么；另一个是对所授权力运用的结果应负有什么责任。对于这两个方面，在授权时都要做出明确的规定，这既是责任范围，也是权力范围。只有规定得清楚，才能便于执行。当然，这种带责授权并不是授出中层管理者的责任，最终责任还是要中层管理者自己负的。“士卒犯罪，过及主帅。”即使权力下授了，凡属自己管理范围内出现的问题，也要自觉地承担管理的责任。中层管理者在带责授权以后，对下属职权范围内的事，不应妄加干预和牵制，而是要经常给予支持和指导，这一点也必须明确。

（4）可控授权原则

中层管理者授权，不是把权力放下去以后就撒手不管了，授权应是可控制的。不具可控性的授权，那不是授权，而是主动弃权。所谓可控授权，就是中层管理者应该而且能够有效地对下属实施指导、检查和监督。中层管理者不能把自己所有的权力下放给下属，而是只授给下属工作应具有的那一部分权力。中层管理者自己仍然要持有一部分权力，如事关前途命运的一些重要事项的决定权、直接领导的有关岗位的人事任免权以及需要直接处理的下属之间的协调权等。一些有关全局性的决策权必须由自己所执掌。授权须做到能放、能控，也能收。中层管理者把权力授出去以后，授权者的具体事务减少了，但指导、检查和监督的职责却相对地增加了。这种指导、检查和监督并不是干预，它只是一种把握方向的行为。关注下属的工作动向，及时发现下属工作中出现的问题，并加以指导和纠正，其目的也是促使下属正当地运用权力，保证既定目标的完成。

3. 掌握授权的要点

实施授权的中层管理者应该清楚地知道，任何管理包括授权，不仅需要通晓“他应该怎样去做”，还应知道“他怎样做才会有更好的效果”。在授权的过程中，存在许多细节，如果能对这些细节给予充分的注意，授权会取得更好的效果。我们把这些细节归纳为授权的十大要点。

（1）中层管理者心态的自我调适

许多中层管理者不敢把权力授予下属，源于他内心对个人权威缺乏安全感，源于对授权缺乏领悟。决心实施授权的中层管理者首先必须进行心态的自我调适，勇敢地面对潜在的对授权的恐惧，建立自信心。

（2）中层管理者应明白授权的必要性

作为中层管理者应该明白，如果他们被控制在从事一些具体的事务性的工作上，便无法充分发挥自己的潜能。中层管理者的绩效不仅仅是用本人的专长技术来衡量的，而是要看他们是否充分发挥了下属的能动性。

（3）创造授权的气氛

中层管理者应致力于在本部门营造鼓励创新、承担责任的气氛，这种气氛将成为授权推行的深厚土壤，它能产生出的授权推动力是恒久而深远的。

（4）自上而下协调一致的授权

中层管理者应使下属充分理解授权的目的，由中层管理者开始做起，一直推行到基层。中层管理者必须容许下属作决定，即使有错误，亦应妥善处理。管理学家统计，假如允许新进的管理人员在低层次的管理工作上犯错误，那么他们会从错误中学习，可以避免以后犯更大的错误。

（5）训导被授权者

授权不是一种单向的管理手段，而是中层管理者与下属之间的互动与合作。授权行动只有同时得到被授权者的认同，才能真正顺利推行，获得成功。事实上，授权正是训练下属的一个好方法，应该引导被授权者认识到接受授权是个人追求进步的一个过程，这新得的权力和附带的责任，会使他们日后成为好的管理者。授权不仅意味着接受了一份任务，还意味着得到一个舞台，在这个舞台上，他的全部才华将会得到充分展现。

（6）让被授权者明白该达到的结果

授权的中层管理者应给被授权的下属树立一个具有诱惑力而又清晰可见的目标，让下属明白期望的结果是怎样的。中层管理者应要求下属把行动计划写出来，看他们认为自己该如何达到预期效果，并需要哪些帮助，通过这种形式，中层管理者可以确切地了解下属对期望效果的认知程度。

（7）中层管理者应了解下属的能力

优秀的中层管理者不是依据下属的技术和表现出的能力来委派职务的，而是以他们的工作动机和潜在能力来决定的。不会充分利用下属的潜能完成任务，是失败的管理，更是人才的浪费。下属是宝贵的财富，中层管理者没有理由不深入地了解自己的下属。

（8）事先确立绩效评估的标准

中层管理者在授权的同时，必须把绩效评估的标准订立出来并公之于众，这有利于协助下属和主管双方适时地衡量工作成果。在“以人为导向”的公司里，考核标准不是由中层管理者单方面制定的，而是由参与其事的所有工作成员共同协助制定出来的。

（9）给予下属制定决策的充分权力

授权是决策权的下移，要求下属完成工作任务，就必须给予其充分的权力，这些权力包括下属用人、用财、用物等各方面资源的权力，当然，这些权力必须是完成工作必需的。

（10）中层管理者应对被授权者给予适时的帮助

中层管理者在对政策的理解、信息的拥有量上占据优势。中层管理者要想做到有效的授权，就必须为下属提供咨询及各种协助，当然，中层管理者不应干涉下属的具体行动方式。

4. 特定情况下授权的撤回

管理专家 M.K. 巴达维曾有名言："没有时间去做对其事，但总有时间去结束其事。听其自然，事情总是从坏变得更坏。"中层管理者在授权撤回上的犹豫不决常常是造成糟糕局面的重要原因。在特定的情况下，授权的进行与授权的撤回同等重要，而后者更有意义。

中层管理者在授权后的监督检查中，有时会发现，下属的行为已经远远偏离了预定的计划，甚至已经造成了损失，而且还预示着更重大损失的降临。原因可能有很多：未曾预料的事件的发生，下属的重大判断失误……但这时寻求原因已经没有意义，中层管理者要做的是立刻终止授权，亲自接管工作，谋求可能得到的最合理的结果。授权的撤回可基于这种理由：中层管理者的授权，并不是将该权限作为永久性的处置，授权总是在一定的时间内有效。

授权的撤回表明授权过程的结束。既然授权是一种严肃的管理行为，中层管理者就有必要以恰当的形式对待它的结束，就如对待授权的开始一样。中层管理者要让自己的员工相信：我们在善始善终地完成一件非凡的事情。

二、借权

借权作为一种有效的工作方法，在中层管理者日常工作中具有广泛的应用价值。适时、恰当地运用这种方法，会对中层管理者的工作产生事半功倍的推动作用。

借权有一些规则和技巧。有的"权"可以名正言顺地借来"为我所用"，有的"权"只能巧借东风，用过后要及时奉还。

1. 向上级借权

借助于上级领导的信任和支持是做好中层管理者工作的有利条件。向上级借权的技巧很多，如请上级领导到本单位做指示或进行现场指导；请上级机关转发本单位的工作总结和工作经验，然后以"红头文件"的形式向本单位下发；同上级合作开展某些调研活动；经常、及时地向上级请示汇报工作，使下级和群众知道自己的工作是得到上级支持的；积极主动地配合上级开展工作，取得上级信赖。这些做法都能达到向上级借权的目的，能在客观上增加下属对自己的尊重和服从。

2. 向下属借权

在一个单位或部门中，有很多事情中层管理者不可能全都了解，即使知道，亦鞭长莫及，管不了那么多，而下属对本部门的事情较为了解，他们是联结中层管理者与群众的纽带。中层管理者此时应充分相信下属，相信他们干得比自己还要好，巧妙地把自己的想法变为下属的主意并由下属去办理。中层管理者的这种借权，实质上是中层管理者主意的倍数放大，既有授权，又含有扩权，一般来说，下属是很乐于接受的。

3. 向班子成员借权

班子成员与自己是同级，至多是正副关系，这就意味着互相之间既是合作者，又是潜在竞争者，这种复杂而微妙的同级关系，弄不好会形成内耗式的“窝里斗”。根据班子成员的这种竞争心理，同时安排他们各抓一项工作，看谁抓的效果好，以此激发他们的积极性。比如，今天安排甲去抓某项有难度的工作，明天又安排乙去抓另一项有难度的工作，谁做得好就表扬谁，哪点做得好就表扬哪点，形成相互之间互不示弱，你追我赶的局面。在向班子成员借权的过程中，中层管理者本人有时也应“委曲求全”，迁就班子成员的一些小错，这会产生“面子效应”和“报偿效应”；对于嫉妒心很强的副职，用佯装不知、以德报怨、自信自重的方法积极化解，全力感化，以消除领导班子的内耗源。

4. 向集体借权

集体的组织原则是少数服从多数。决议一定下来，就不能由个人随意推翻。因此，作为中层管理者，一定要善于利用集体的力量，借用集体的权力去完成自己想要完成的任务。比如，年底福利发放，中层管理者直接分配就不如班子集体讨论后再去处理好。中层管理者这样做，是利用了集体的意志，集体决定，使少数人难以违抗，这就是向集体借权的艺术。

三、控权

中层管理者在向下属授权的同时，必须懂得控权的战术，如果光会授权不会控权，授出的权力就很难轻易收回来。同时，失控的权力还有可能造成一些不良的后果。那么，中层管理者怎样在实际工作中控制好权力呢？

1. 宽严相济：给授权者划个圈

宽严相济是指中层管理者在控制下属权力时，既不能过宽也不能过严，宽严相济、宽严适度。既不能使下属轻举妄为，又不要使下属束手束脚、顾虑重重。既能使下属大胆入手，有所作为，自己又能把握方向，宏观控制，使下属有所不为。

2. 未雨绸缪：避免“亡羊补牢”

这种控权方式要求在权力下放之前，针对施权的对象，采取超前的策略，实行积极稳妥布控。

善于控权的中层管理者，总是掌握主动，治人而不治于人。如何才能治人而不治于人呢？这就要求中层管理者必须加强控制，加强对权力运行效应的估计，并针对预测的信息情况采取相关措施。要以虞待不虞，要未雨绸缪，要在“亡羊”之前做好“补牢”的准备，以防患于未然。

3. 权力控制：适时回收权力

权力控制指领导者借助自己的影响力来影响和左右下属权力行为的方法。要想提高领导权力的控制能力，必须设法提高领导权力的影响力。如创造突出的业绩，取得下属的信任与支持以及制定一系列规章制度来体现自己的权力影响力，从而增强自己的权力控制水平。

同时，需要指出的是，权力制约是中层管理者控制权力的主要方法。它的最大优点在于可以限制权力的滥用，抑制权力的负向作用，保证权力的正向作用。权力制约也有其局限性，这主要表现在：

（1）权力制约若因中层管理者的主观原因发生偏差，容易压制权力行使者的积极性、创造性，被控者有一种被动的、被强制的感觉，容易挫伤其自尊心，影响其积极性、创造性。

（2）权力制约易使一些领导控制的下属的民主性和科学性受到损害。如果权力制约不管被控制者情愿与否、理解与否、认同与否而一味使之服从，就会影响控制的科学性。

| 第三节 |
发挥权力的最大功效

一个中层管理者要做到“有为”，首先要学会“无为”，要能在“无为”中实现“有为”。一个单位、一个部门的工作千头万绪，中层管理者如果不能处理好“有为”与“无为”的关系，就很难真正做到有所作为。“无为”是中层管理者运权的最高境界。

一、抓住大事、要事，下放琐事、小事

“做给下级看，带着下级干”和“向我看齐”讲的是中层管理者要在“修身”“做人”上当好样板，而不仅仅是多做具体工作。实际上，一个优秀的中层管理者，不在于他本人亲自做了多少事，而在于他是否善于让他人多干事、能干事、干好事。孔子有两个学生，一个叫宓子贱，一个叫巫马期，先后在鲁国的单父当过一把手。宓子贱整天弹琴作乐，身不出室，却把单父管理得很好。巫马期则天不亮就外出，天黑才归来，事事都亲自去做，单父也治理好了。巫马期问宓子贱为什么自己那么忙而他那么闲，宓子贱说，我治理单父主要靠用他人做事，你主要靠事事亲自做，你当然很忙，我当然很悠闲。人们称宓子贱是“君子”，而巫马期“虽治，犹未至也”。也就是说，巫马期不如宓子贱懂领导艺术。中层管理者要善于从全局角度抓大事、要事，例如，考虑工作目标、制定工作规划、一年中要有哪些改革创新、人事如何安排、钱财如何收支等。对于一些无关大局的小事、琐事则不可过多操心，要善于区分“西瓜”与“芝麻”，大事与小事，把主要精力用在抓大事上。中层管理者若不注意抓大事，而是陷入日常事务之中，就难免因小失大，他所管的部门肯定难以搞好。

二、强调工作效果，少制定工作方法

中层管理者对下属的工作评价，应该以工作是否落实或落实的效果如何为标准。要鼓励下属创造性地工作，不能把下属的工作方法、工作细则管得过死过细。各部门的情况千差万别，要让下属完全按照你的思路去工作，容易让下属养成只会按领导的要求照葫芦画瓢、不勤于思考的懒惰作风。因此，上级领导应该把注意力放在提出工作目标和明确工作效果上，至于怎样执行，应放手让下属去想、去干，不可干预过多。

三、细管督查奖惩，粗管具体工作

有些中层管理者不仅常常忙于听汇报做指示，看到有些具体工作不合己意还亲自上阵，出现一人忙众人闲、一人干众人看的现象。中层管理者要把自己从具体工作中解脱出来，变一人忙为众人忙，甚至一人闲众人忙。关键要抓住两点：一是监督检查。中层管理者应改变重布置具体工作轻监督检查的毛病，重点抓好监督检查。不仅自己抓监督，还应用有事业心、责任感强的人去抓监督。二是抓好奖惩。在一个单位，如果干事的得不到表扬，不干事的得不到批评，干与不干一个样，甚至不干事的还受表扬，干事的反受责难，员工的工作积极性绝对不会高，工作当然也搞不好。无数历史事实表明，中层管理者能否用好赏与罚，在一定程度上决定着事业的成败。因此，中层管理者只有公正、准确地用好赏与罚，才能极大地调动下级的工作积极性，并使自己少受躬亲之累。

第四节

注意规避用权的误区

中层管理者拥有职权后，需要对权力有一个正确的认识：权力不可不用，也不可滥用；何时该用权，何处该用权，是有一定的规则和弹性的。以下几点是中层管理者在用权方面常见的误区。

1. 利用权力进行激励

中层管理者可能认为，为了激励下属，给下属所授的权力越多越好，这样他们可以更加努力地工作，提高工作效率。殊不知，下属的工作积极性是由多方面的原因促成的，不仅仅是授予下属更多的权力就能达到的。授权过多，往往容易造成下属自我膨胀而滥用权力。当然，一些应该授给下属的权力还是必须授给下属的。

2. 利用权力代替思想工作

中层管理者运用自己的权力命令下属做某件事，并不会让下属觉得这件事是自己应该做的。他们通常认为：他们工作是因为他们在这个岗位上，是职责所在。至于领导运用权力，那只是他们自己的身份的象征，是组织赋予他的职责。所以，中层管理者不要只顾使用权力，忽视对下属的思想工作，而是要通过认真细致的思想工作，让下属自觉地按照领导的意图完成各项任务。

3. 利用权力争取别人的认同

中层管理者拥有权力并不代表下属就会自觉地认同其制定的经营理念、发展前景、战略规划等。每个员工的想法不是一样的，这是很正常的。虽然中层管理者有权力，但是需要恰当地运用，否则下属不会产生很好的认同感。

4. 滥用权力

对于中层管理者来说，如果所授之权被下属滥用了，那么不但工作任务难以按预期计划完成，甚至还会蒙受其他损失，并且还要承担用人失误之责；对于被授权者来说，滥用权力，以权谋私或凭借所授之权逞能，不但不能做好工作，提升自我能力，反而可能导致身败名裂，葬送大好前程。

权力的滥用从根本上来说是个道德问题。要防止权力被滥用，中层管理者要进行良好的自我道德教育及有效的制度规范，两种手段相辅相成。

第五章

中层管理者用人管人的艺术

现代职场中的竞争，说穿了就是人才的竞争。作为中层管理者，不论你所处的单位是大是小，分管的人员是多是少，只要你善于识人、用人、管人，把各种各样的人用好、管好，使得人尽其才，各尽所能，便能技高一筹，轻易胜出，事业顺利，兴旺发达。

但是，人生百态，各有千秋。每个人都有自己的个性，每一种个性都有其特点；每个人都有一个适合自己的岗位，每个岗位都有适合它的人。高明的中层管理者总能抓住不同人的特点，巧妙地引导和使用，让他们尽可能地发挥自己的优势。如此一来，精英之才会锋芒毕露，寻常之辈也不甘平庸，老实之人会更加忠心耿耿，左膀右臂愈加各显其能，从而使事业一日千里，勇往直前。

第一节
中层管理者要掌握用人的基本要领

中层管理者被赋予的权力有限，个人的能力也是有限的；要使所主管工作的每一个程序都能得到正常和有力的运转，使自己运筹帷幄于纷繁的事务之中，就必须掌握识人、用人的常用技巧和基本要领。

一、重才之心

要招揽人才，首先要爱护人才，绝对不能今日用得着就另眼相看，明日用不着就弃之如敝屣。现实的情景常常是：人才的重要无人不晓，但真正要做到尊重人才，量才而用，却不是一件容易的事。在尊重人才方面，“叶公好龙”者有之，他们招揽名士，只是为了沽名钓誉，备而不用，埋没人才；嫉贤妒能者有之，他们对才高者妒火中烧，怕这怕那，容不得强己者出现；眼睛向外者有之，他们只见别人营垒中人才济济，不见麾下也兵强马壮，总以为外来的和尚会念经，不给自己的人才创造应有的条件；以我画线者有之，他们以个人好恶和恩怨取人，亲者予以重用，疏者加以排斥。凡此种种，都不是真正尊重人才，更不是合适的用人之道，作为一个中层管理者，一定要有重才之心。

二、识才之眼

用人应先会识人。中层管理者若自身庸俗浅陋，识才、用才便无从谈起，倒可能使那些成事不足、败事有余的无能鼠辈云集到身边。善于识别人才者，自身必定也是个人才。

要识别不同类型的人才，就要具备从良莠混杂的人群中识别人才的本领，做到观察敏锐，眼力深邃。看人要看本质、看主流、看发展，不计较一时过错，不纠缠历史旧账，不苛求人。人各有长，有专业之别，大小之分。有的人富于管理才能，若要他从事科研，势必一事无成；有的人工作勤恳，但所见不多，所知甚少，若委以大任必然难以承受。

善于识才必须破门户之见，杜绝凭个人好恶及亲疏恩怨，克服“年龄是个宝，文凭不可少，德才做参考，关系最重要”的偏见。领导者应该具有睿智的眼力，做到识人准，用人当，荐人力，识其贤愚，端其良莠，让藏龙腾飞，卧虎猛跃。切忌不辨表里，以貌取人；求全责备，以全取人；固定模式，循规取人；望风扑影，假象取人；假以私心，以我取人等。

中层管理者的用人行为来源于其用人动机，若立足事业的长远发展，必然能慧眼识才，热心追求真才实学者，舍弃庸碌无为者；若心胸狭窄，鼠目寸光，为个人或小团体着想，则会网罗亲信，排斥异己，重用顺从谄媚者，疏远仗义执言者。

中层管理者必须认识到，个人的精力毕竟有限，特别是在各种知识日益专业化、精深化的今天，无论怎样精明强干，也不可能样样明白，事事通晓，身边没有几个能人干将，也是身孤力单，难成大业。

三、容才之量

完美无缺的人是根本不存在的，特别是一个有某方面特长的人，可能在另一方面存在着缺点和不足。人各有长，也各有其短。大才者常不拘小节；异才者常有怪癖，恃才自傲往往是个通病。用人不易，容才更难。有的领导者身边虽有人才，但矛盾重重，关系紧张。既是人才，必有他自己的独到见解，对自己的观点见解及才能充满信心，因而不会轻易附和领导的意见。既是人才，由于忙于求知做事，自然没时间和精力去拉关系，走后门，有的甚至不懂人情世故，有的不知社交礼仪，有时会不顾领导情面，不分场合、地点直言不讳，这些恰恰容易被人称为“狂妄”“傲气”。

作为中层管理者，就应当具有宰相肚量，大将风度，善于理解和容忍人才的缺点和短处，排除来自各方面的压力和干扰，大胆起用人才。要虚怀若谷，不要小肚鸡肠，斤斤计较。只有具备容人之量，才能把握用人之道。当然，对人才的缺点错误，还是要晓之以理，动之以情，帮助其不断地改正。

四、举才之德

发现了人才，应当不失时机地举荐出来，这样做，无论于公于私都是大有益处的。看着一个人才的白白浪费是令人痛心的事情。当一个中层管理者真正发现人才之后，就应当通过正常途径把他放在适合于发挥其特点的工作岗位上，充分信任他，并且授之以权，因为无职无权是没有办法开展工作的。特别是对一个有特长的人才，又想用又怀疑，那是不可能将这个人才用当其位和用当其时的。

五、用才之能

现在不少地方、不少单位竞相开发、招揽人才，然而有些领导者往往忽略了人才的合理使用，没有将下属安排到合适的岗位上，造成了人才的浪费。解决这个问题，中层管理者一定要有整体思想，从全局的长远观点来看待人才的使用问题。

六、育才之术

人的成长与进步，除了自身素质和主观努力之外，处在良好的环境中，并得到领导及组织的正确培养，不能不说是个重要因素。因此，中层管理者的职责之一，是在用人的同时，不忘有意识地进行培养教育。只培养不使用，这种培养毫无意义。相反，只使用不培养，则是中层管理者的一种失职。

中层管理者不仅要有育才之心，还要能够研究掌握育才之术，即有效的育人方法，自觉地在工作中循循善诱，启发引导，言传身教，潜移默化；注意为下属施展才能、成长进步提供必要的条件及环境；在下属遭受挫折时，及时给予不为人知的支持与帮助；不断给下属工作压力，以防止他骄傲自满，故步自封；允许下属犯“合理错误”，让他们在磕磕碰碰中成长进步。

第二节
中层管理者要遵循用人的基本原则

人力资源的一个重要特性是“合理使用便是最有效的开发”。只要找到“人”与“事”的最佳结合点，必然是越用越好用。中层管理者要在完善人事管理制度方面下功夫，真正做到让能者上，庸者下，平者让，通过竞争等方式不断激发下属的潜力，合理使用下属，达到互相推动，互相促进，实现双赢。

一、扬长避短原则

就是用其所长、避其所短、以长代短的原则。美国著名管理学家德鲁克指出：“有效的管理者择人任事和升迁，都以一个人能做些什么为基础。所以，他的用人决策，不在于如何减少人的短处，而在于如何发挥人的长处。”世界上没有不存在任何缺点的人，中层管理者用人的要诀之一，就是如何发挥人们的长处，而不是寻找十全十美的“完人”。如果不能见人之长，用人之长，而是念念不忘其短，势必会产生歧视人、压制人的现象。

二、充分授权原则

就是用人专一，不宜动摇的原则，包括用人不疑、放心授权、专任久任等方面。既然任用了，就要大胆使用，放手授权，而绝不可以又放又收，处处制约，事事遥控，使下属有职无权。作为一个中层管理者，对于自己选好的下属，就要给以充分的信任和支持，为他们提供必要的工作条件，即使其犯了错误也要原谅和帮助。只有这样，被用的人才能背后有靠，手中有权，放手大胆地施展自己的才华。如果对人既要任用，又存疑虑，收收放放，且用且疑，那么被用的人也只能是犹犹豫豫，战战兢兢，缩手缩脚，无所事事。一个杰出的中层管理者必定是一个高明的授权人，充分授权是领导下属的最佳手段。

三、以能定级原则

就是按照人的才能的不同层次，实行定位、定级管理的原则。根据这一原则，中层管理者应开辟多种用人的通道，授予下属不同的职权，赋予他们不同的荣誉，给予他们不同的利益，使他们的职、权、利基本上与其能力、能级相吻合，使其谋其政、尽其责、得其利，充分发挥才能。如果不分能级，一律对待，搞绝对平均主义，势必造成大材小用、小材大用，甚至正才歪用等人才能量的浪费。

四、能力互补原则

中层管理者在用人和授权上要坚持合理搭配各种人员，使之在专业、智能、素质、年龄等各方面相互补充，组成一种最佳结构的原则。在现代社会里，许多工作需要许多知识、技能的联合攻关，不是一个人或一种人就能胜任的。事实证明，如果各种人员搭配得好，就会产生最佳效能，形成新的力量。如果人员搭配不好，就会互相扯皮，互相抵消，造成一种力量的内耗。每一个人都有自己的性格、脾气，每一个人又都有自己的爱好和特长，每一个人还有自己的经历和经验。怎样才能使这些人和睦相处、同舟共济而不发生内耗？唯一的办法就是用互补原则去协调他们，用一些人的长处去弥补另一些人的短处。互补原则体现在用人的多个方面，如专业互补、知识互补、个性互补、年龄互补、长短相配，以长济短，形成多种具有互补效应的人才结构，才能调动人们的积极性和创造性。

五、有效激励原则

有效激励原则是指中层管理者采取肯定和奖励成绩，提出更大期望的方式，引起人们心理上的兴奋，从而产生新的动力。在现代的用人过程中，激励越来越成为领导活动中十分重要的领导艺术和管理手段。

六、关心爱护原则

关心爱护原则就是通过爱护的手段，激发起人们的积极性，从而更好地完成任务。爱护原则的第一个要素是尊重。尊重会产生一致的行动；尊重才会焕发内在的激情。爱护原则的第二个要素是关心。用人者越是对被用者关心，被用者越能积极、忠诚地工作。爱护原则的第三个要素是宽容。如果对别人的短处“明察秋毫”，甚至“吹毛求疵”，那就会“水至清则无鱼，人至察则无徒”，根本不能领导和团结人们一起工作。

第三节

中层管理者要通晓用人的基本方法

事业成之于人，亦毁之于人。人是决定事业成败的根本因素。所以，聪明的中层管理者总是把用人视为首要问题。一般说来，用人包含着两层意思：一是用谁；二是怎么用。中层管理者的用人谋略大多集中在“怎么用”上。

一、用人以公，适合己意

中层管理者坚持适合己意的用人观念，并不是自私自利，或以自我为中心盲目用人，而是根据部门的切身利益和特征，寻找和制定适合部门发展的用人战略，从中精选出适合部门所需的大量人才。用人适己并非用人以私。所谓“私”，往往是个人意愿的满足；而用人适己，指的是使用人才时，以达到自己的心愿和部门利益为目的。做到“用人适己”必须明确如下几个问题：

1. 本部门现在最需要什么样的人？
2. 本部门将来急需哪些人力资源？
3. 现有哪些人才能够胜任本部门某些重要工作？
4. 应当怎样把某个员工安排到适合其才智的工作岗位上？
5. 应当解除哪些不适合本部门发展进程的“多余人”？

用人持之以公，是中层管理者博大胸怀的体现，与用人适己并不矛盾，它们的动机相同，只是做法不同。所谓用人以公，是指使用人才时应当以本部门整体目标或多数人的心愿及利益为目的。用人以公主要应从以下几个方面思考问题：

1. 要从实际需要出发选拔、任用人才。

2. 对内不偏袒亲属，对外不可以埋没关系疏远但有才的人。

3. 不能把职位当人情私自送人。

4. 按照职位要求选拔人才，因位设人，而不能因人设位。

5. 用人不应出于私心而损害集体的利益。

6. 不可用有才能的人为自己办私事、谋私利。

只有用人以公，下属才能有一种希望，才能有一种苦干精神，中层管理者制定的计划和策略才能让下属一丝不苟地去完成。

二、分派工作，因人而异

每个人的个性不同，特长不同，心理素质不同，工作经验不同，中层管理者分派工作时自然应该考虑这些因素。同时也应该看到，人的能力和经验都是可塑的，中层管理者在分派工作时还要渗透培养意识。

1. 把有才能的人用在相应的岗位上

中层管理者必须把有才能的人放在相应的岗位上，以使人尽其才，各尽所能。这样的部门才能形成稳定的人才结构，其所领导的事业才能持续而高效的向前运转。

中层管理者必须知人善任，根据不同的岗位需要而使用各类不同的人才。

（1）指挥人才，应具有高瞻远瞩的战略眼光，具有杰出的组织才能，善于识别人才、使用人才，具有果断的魄力。

（2）反馈人才，应思想活跃，眼光敏锐，知识渊博，兴趣广泛，善于吸收新鲜事物，善于综合分析，勇于直言，具有追求和坚持真理的精神。

（3）监督人才，应办事公道，为人正派，坚持原则，熟悉业务，善于联系群众。

中层管理者必须善于区分具有不同才能和素质的人。俗话说，“世界上只有混乱的管理，绝没有无用的人才”，“垃圾是未被利用的财富”，从这个意义上讲，善任比识人更重要。

那么，如何才能实现人尽其才呢？首先要明确绝对的适合当然是不可能的。因此，应当允许员工在相应的岗位上不断地协调适应，自主运动，通过实践锻炼、发挥自己的才能，接受工作的检验，从而各得其所。况且岗位是随着客观情况不断发展变化的，不同时间、不同任务，岗位的职责也存在着差异，人的才能也在不断发展变化中，通过不断地努力学习和实践，才能会得到不断提高。中层管理者只有动态地实行能量对应，才能创造最佳的管理效能。今天你的能量高，你就担任高的职位，过一段时间后你的能量下降了，或有更高能量的人才出现，你就应当转移到与你相应的岗位上。总之，中层管理者应时刻关注岗位能级的对应，这样才能使管理合理有效。

2. 对于年轻人应大胆放手使用

对于那些刚刚从大学毕业、步入社会的年轻人，不要一味地认为他们缺乏工作经验，而应大胆地放手让他们去开展工作，并把具有一定难度的工作安排给他们，让他们充分施展自己的才华。在工作过程中出现一些问题是很自然的，作为企业中层管理者，千万不能一味责怪他们，那样会大大挫伤他们工作的积极性和自信心。在工作中应大胆放手使用年轻人，让他们在实践中不断得到锻炼，不断成熟。

3. 对于有经验者应安排一些难度大的工作

那些有了一定工作经验的下属，对轻易就能完成的工作或是以前反复做的工作已没有多大的兴趣了。这时应该把难度稍大于其现有能力的工作交给他们，最好是只提供任务，而不涉及方法和细节。这样一来，他们就会感到身上有压力，就会努力开动脑筋，积极地思考钻研，用坚强的毅力来完成它。而一旦获得成功，就将给他们带来更大的喜悦和成就感。

三、人尽其才，各得其所

人尽其才是用人的最高境界。在这方面，古代先哲的言论对我们仍然很有借鉴意义。齐桓公称霸的时候，有一位功不可没的宰相管仲。管仲是个足智多谋的人，早在公元前 7 世纪的时候，他就提出了用人的若干准则，现在选取几则有现实意义、值得借鉴的介绍给大家。

1. 不能委大任于气量狭小的下属

嫉妒别人，是人的一种正常的心理表现。有时候这种嫉妒可以直接转化为前进的动力，所以不能说嫉妒就一定是消极的。但是，如果嫉妒心太强了，就容易产生怨恨，觉得他人是自己前进的最大障碍，往往就会做出一些过激的事情来。

俗话说："宰相肚里能撑船。"气量太小的人，绝对不是一个好干将，因此不能对其委以重任。三国时的周瑜不能不说是一位帅才，可就是因为嫉妒心太强而栽了跟头。

2. 有抱负的下属能帮你成就大事

所谓有抱负也就是目光相当长远。有的人比较急功近利，往往只顾眼前利益，目光短浅，虽然有时表现得相当出色，但是却缺少一种对未来的把握和规划能力，做事只停留在既有的水平上。

如果中层管理者本身是目光远大的人，对自己的部门发展有一个明确的定位，并且需要助手，那么与那些有抱负的人合作自然是最佳选择。

一个能共谋大事的合作者往往能在某些重大问题上提出卓有成效的见地，这样的人是中层管理者的"外脑"和"谋士"，而不仅仅是助手，如果中层管理者能充分利用这样的下属，那么对事业的发展无疑将如虎添翼。

3. 可把重任交给勤于思考的下属

勤于思考的下属往往思维比较缜密，能考虑到可能发生的各种情况和结果；这种人往往也很有责任感，会自我反省，善于总结各种经验教训，他的工作一般是越做越好。虽然有时候这类人会表现得优柔寡断，但这正是一种负责任的表现。所以作为一个中层管理者，大可放心地把一些重任交给他。但这种人的不足是不擅冒险，没有闯劲，开拓性不足。

4. 绝不可以重用偏激的下属

过犹不及，太过激的人往往缺乏理智，容易冲动，也容易把事情搞砸。这正如太偏食的人过于挑嘴，身体就不会健康一样，思想如果过于偏激，就不会成就大事。这种人总是使事情走向某一个极端，等到受阻或失败，又走向另一个极端，这样永远也达不到最佳状态。

5. 不要信任轻易许诺的下属

无论大事小事，一定存在着各种问题，做事情说到底也就是为了解决这样或那样的问题。如果一个人轻易就断定某件事没有任何问题，这至少表明他对这件事看得还不够深入。这种草率的作风是极不牢靠的一种表现。

没有十足的把握，一般人对任何事不可能轻易断定或许诺，因为事情的发展往往不以人们的意志为转移，各种无法预料的情况随时都有可能发生，所以一个负责任的人更不会轻易断定或许诺。这样的人才是可靠的，不要因为他们没有许诺而不委以重任，只要给予充分的信任，调动他们的积极性，事情多半就会成功。

遇事轻易许诺的下属，表现得很自信，到头来却不能完成使命。而且这种人还常常为自己轻易打下的保票找出各种理由来推诿塞责，这样的下属千万不可重用。

6. 对拘泥于小节的下属尽量少委以重任

做任何事情，有得必有失，要想取得一定的利益，必然要舍弃一部分小利。如果一个人总是在一些小节上斤斤计较，不愿放弃的话，那也就终难成就大业。随便哪个单位或部门，总有这样一种人：他们的工作能力本来不错，开展某项业务也足以独当一面，但是他们胸怀不宽，气量不大，私欲太强，在名利得失上锱铢必较，因而跟同事的关系通常也很紧张。让这样的人去做大事，不但很难赢得别人积极的支持与合作，而且他们自身也很难突破名利的羁绊，很难放开手脚，打开局面，甚至为了一己之私而不能顾全大局和顾及长远，因而最好不要对这种人委以重任。

7. 可将重担交给某些少言寡语的下属

口若悬河、滔滔不绝的下属未必就是能担当大任的人，这种人并没有什么真才实学。他们只能通过口头的表演来取悦于别人，抬高自己。

真正有能力的下属并不一定善于言谈，但一开口就能切中问题的要害。这种人往往谨慎小心，没有草率的作风，观察问题也比较深入细致、客观全面，做出的决定也实际可靠，获得的成果也就实实在在。所谓“真人不露相，露相非真人”，讲的就是这个道理。

所以，一个中层管理者应该注意一些少言寡语的人，他们的声音往往最有参考价值；切不可被一些天花乱坠的言语所迷惑，这是一个成功的中层管理者所应该具有的鉴别力。

四、放心委任，却不放任

一个部门绝不是一支部队，一个口令就可以整齐划一。

中层管理者若想让下属依据指示，并主动自发地做好每件事，必须在下达命令之前，先倾听下属的意见。如果发现下属还不能充分了解自己的意思，便要加以说明，阐明问题症结所在，等待对方领会之后，才毅然下令执行。接受命令的人如果在事先能对命令的内容有所了解，就等于是在心理上已有准备。这与被动服从命令的情况完全不同。

俗话说："有兴趣后才能做得精巧。"应该把工作交给有兴趣的人去办。这样做，效果往往会比较好。如果这个人企图利用职权谋取私利，那么，即使他再三表示愿意承担，也不能答应他。一旦委任后，若发现他的缺点，经营者应该立即矫正；在矫正不过来时，则应该及时更换。换句话说，放心委任，但绝不能放任。

中层管理者应该明确任何事的最后责任及后果，随时关注所交代的事情的进展程度，要不断地检查，并要求对方适时提出报告，发现问题，及时提出意见或指示。

在委任了某下属做某事后，就不应该过分干涉，要放权到某种程度，这样才能培养人才。如果发现了问题不及时地提醒或帮其纠正，就等于遗弃了自己所慎重选择的人才。

五、用人不疑，密切关心

所谓用人不疑并不是指对任何人的能力、人品都不存疑虑，而是说，既把工作交付于某人，就不应该再抱怀疑态度，而应给以完全的信任，放手让他去干。由于主观的、客观的原因，导致下属工作失误，中层管理者可能会终止这位下属从事此项工作的行为，但是对该下属本人的信赖却不一定终止，还应安排另外的工作让其去完成。

IBM 公司的成功源于他们始终坚持"用人不疑"的方针。IBM 公司创始人沃森被誉为"企业管理天才"。他说："几乎每一种宣传鼓动都是为了激发热情……当初我们强调人与人的关系并不是出于利他主义，而是出于一个简单的信念：相信只要我们尊重群众，并帮助他们自己尊重自己，公司就会赚大钱。”

沃森想方设法发掘人的潜力和调动他们的创造精神及献身精神，刺激员工为公司出谋划策和努力工作。为了稳定人心，他大胆采用终身雇佣制，保证员工有明显高于其他大公司的工资收入，还经常为员工提供各种丰厚的福利。为了维持员工的工作热情，增强员工对公司的亲近感和信任感，他广开言路，积极倾听各种意见和主张。他还规定，公司内任何人在感到自己受压制、打击或冤屈时，可以上告。他还常常亲自接见告状人，支持有理的一方。他还经常鼓励员工们在工作中不要怕出现失误，要敢于冒风险，敢于承担似乎不可能完成的任务，做一般人似乎无法做到的事。

美国《幸福》杂志这样描写沃森：“他的一半时间花在旅行上，一天工作 16 个小时，几乎每晚都在这个或那个雇员俱乐部中出席各种集会和庆祝仪式……他同员工们谈得津津有味，但不是作为一个心怀叵测的上司，而是作为一个相识已久的挚友。”

其后任董事长约翰·奥培尔继承了沃森的用人之道。他说：“公司是人办的，公司成功的秘诀是人，幸运的是 IBM 拥有一批努力工作又能在工作中相互支持的人。”他常常记起沃森说过的一句话：“你可以接收我的工厂，烧掉我的厂房，然而只要留下这些人，我就可以重新建起 IBM。”

IBM 公司的一位经理是这样认识用人问题的：“你可以做错很多事情，也还会获得新的机会。但是，倘若你在人的管理上哪怕弄出一点点差错的话，那就全完了，也就是说，你不是英雄就是狗熊。”

要做到用人不疑，并使下属在心理上、感情上、行动上与中层管理者建立起交融与共的亲密关系，中层管理者应该在以下几个方面下功夫。

1. 不理睬各种谗言

中层管理者与下属之间的信任危机，大多是在好事者、多疑者、挑拨者、离间者向中层管理者进谗言后造成的。遇到这种情况，中层管理者要态度鲜明地批驳进谗者，继续对下属给予足够的信任，这样就容易获得人心。不然，彼此之间的信任感就没了，人才便由此与你若即若离或离你而去。用人重在扬长避短，扬长、用长是用人的最佳方法，也是避短的最好途径。中层管理者应该了解下属的短处，以便避短就长，还可适当引导，排短助长。但是，当有人进谗别人的短处时，则应避而不听、断然拒斥。即使听到他人议论下属短处，也应淡然处置，不予理睬。这种冷处理，一是表明领导者用人不疑、坚定信任的态度；二是不让杂言碎语干扰自己的用人部署；三是可以净化用人环境，让人把注意力放在工作上。

2. 漠视下属的差错

某些时候，当下属发生了有悖于和有负于自己的错误行为时，中层管理者在已经察觉的情况下，可以漠然处之，不追不查，以此感化下属，促其反省。这不但是用人的最高境界，也充分显示出中层管理者的魄力。曹操在和袁绍作战时缴获了许多自己的部将写给袁绍的效忠信，这些人想给自己兵败时留下退路。但曹操对这些人的信没看一眼，就令人付之一炬，以断他人后顾之忧，赢得了部将们的忠心。

3. 要承担责任

中层管理者之所以不敢大胆用人，除了作风不实，重要的原因是怕用错人担责任。应该说，这主要还是气魄、胆识、意识问题。在这种情况下，中层管理者千万不应该过多考虑个人得失，而应该拿出魄力大胆用人，要敢于承担责任。

| 第四节 |
中层管理者要了解管人的基本策略

一个部门内部或任何一个团体之内，上下有序才能保持团结。如果各有主张，公说公有理，婆说婆有理，就很难保持统一的步调。中层管理者要维护自己所在部门的统一团结，就必须遵循以下的管人策略。

一、广纳人言，专而择用

任何人的意见都只能作为一种信息，一种参考，只有经过自己的充分消化之后才能运用和采纳，而不能照本宣科和照单全收。完全按别人意见办，容易受制于人；经常听信一人之言，容易使大权旁落。如自己是一把手，不可任用与自己有血缘关系的人为亲信，以免在危难之时或忧患之际，造成自己被其他人孤立的局面。因此，纳言与任人相似，也要讲究平衡的学问。

二、审慎管人的态度

中层管理者的行为特征可以说是一种管理模式的集中反映。优秀的中层管理者大多信念坚定、追求公平，既关心工作成果，更关心员工成长，他们用脑和心来领导下属，具体表现为：

1. 在对待员工的态度上，尊重下属，对下属员工宽容、仁慈，慎重对待下属的要求，乐于听取下属的意见，努力赢得员工的忠诚，与下属保持密切关系，成果与人情并重。

2. 在领导作风上，有明确的工作目标、持之以恒的工作作风和灵活的工作方式，处理问题时沉稳、客观、果断，情理并重，实事求是地面对错误，随时接受批评并予以纠正，及时寻求工作的时效。

3. 在领导品质上，有慷慨的气度和宽广的胸怀，与员工“分享信息”，并认为这是提高员工对部门忠诚度的最佳法宝，强调与下属分享权责，分享荣誉。他们自信、果断，努力营造信任型的组织文化，认为信任型的文化是培养成员自信和自尊的最佳方式，也是中层管理者创造业绩的动力源泉，他们总是保持积极的工作态度。

三、注意管人的规则

作为一名优秀的中层管理者，要想使你发出的指令得到最有效的贯彻，必须非常留意自己的一言一行，起码要做到以下几点。

1. 谨言慎行

政治地位和知名度很高的人，他们的一举一动，必有相当多的人注目而视。此谓船摇一尺，桅摆一丈。因此我们说，具有较高社会地位的人，应该对自己的言行抱着谨言慎行的态度，中层管理者也不例外。

中层管理者遵循尊重别人、谨言慎行的原则，赞誉之声定然伴随着你，会给下属一种稳重可靠的感觉，下属也就会更加信任你，你的指令也能得到下属最有效的执行。

2. 分清内外圈

每一个人都是可信的，每一个人又都是不可信的。一个单位或一个部门不论人多人少，必定有内圈、外圈之分。要正确使用内圈的人，应该不断地扩充或巩固内圈，然后再拓展外圈，有外圈才能巩固内圈。

内圈的形成，还必须配有一种定势。群体定势形成后，反对派不会轻易拉出你圈内的人，而外圈又会向内圈靠拢。

命令制造者是自己，发布者应该是别人，这样可避免矛盾焦点集中到自己身上。要避开矛盾焦点，不管面对内圈还是外圈，在一些事情上应一视同仁，以免造成内部员工心态的不平衡。

3. 说一不二

不轻易下达命令，命令下达了就不可轻易变更。君子一言，驷马难追。说到做到，是树立权威的妙法，所谓信义，不过如此。

如果想收回成命，那也好办，就是你吃不准的命令要像上面一条说的那样，最初以别人的名义或通过别人发布出去。

如果需要修正自己的号令，你应该寻找几个说得出去的借口，提早制造一个舆论环境，让人觉得不是你要修改，而是为了大众的利益才不得已而为之。如果一个中层管理者朝令夕改，或说话不算数，在员工心目中就会失去威信。

| 第五节 |
中层管理者要熟谙管人的基本方法

作为中层管理者，面对各种各样的下属以及周围所处的环境，如何摆正自己的位置，如何管理他们，让他们毫无怨言地听命于你，服从你的指挥，做到因人而异，因事而变，刚柔相济，轻重适宜，张弛有序，使团体的每一个程序都能得到正常和稳定的运转，这是中层管理者必须掌握的管人艺术。

一、以德管人

中层管理者若要做到以德服人、以德管人，就必须遵循以下几点要求。

1. 宽厚仁德的个人品质，让下属真诚地佩服

中层管理者主要应从以下几方面完善自己的领导品质。

（1）表现出你对下属的关心

你应该使你的下属相信你是关心他们的。这就要求你必须采取具体行动，而不能仅凭几句空话。你应该以朋友的方式对待你的员工，而不应该只是把他们当作创造利润的机器。

几年前，一个公司的总经理正面临一场小规模的危机。那些年轻领导者坚决要求他解雇几个跟随他二十多年的老下属。这些年轻而又蛮横的家伙争辩说，那些老家伙的大好时光已经过去了，如果把他们解雇了，给他们发薪水的那些钱就可以转而投入更赚钱的领域。那位总经理知道这些年轻人的话可能是正确的，但是，他确实下不了决心把这些忠心耿耿地跟随了他这么多年的老下属们一脚踹掉。于是，他一直坚持留用他们，并且最终带领大家一起走出了低谷。

通过这件事，他在那些年轻人心目中的领导威信反而提高了。因为他在面临压力的情况下，并没有抛弃老下属。每个人都会老的，这些年轻人不可能不想到他们的将来，所以，他们认为跟着这样一位老板，并为他献出忠诚是值得的。

（2）让下属感到公平

你必须使下属确信，如果他们努力工作，他们将会受到表彰；如果他们不努力工作，他们将会受到处罚。如果是在军营中，这就意味着荣誉和奖章。而在公司里，这就意味着各种头衔和酬劳，当然，这也意味着要给下属一种始终被公平对待的感觉。

最有能力的中层管理者很少会出人意料地对他们的下属进行提拔或贬职。他们会不断地提醒自己：什么是他们所期望得到的？他们应该怎样做才能够得到这些东西？

（3）你必须懂得何时发动进攻

在管理中，这就意味着要掌握时机，比如说在什么时候，你应该采取温和一点的路线，而在什么时候，你应该采取强硬一点的路线；在什么时候，你应该表现得积极进取、勇敢自信一些，而在什么时候，你又应该表现得消极被动一些，不过分地参与某项活动；在什么时候，你应该绝对地做到全神贯注和全力以赴，而在什么时候，你又应该主动放松自己，因为这样可能会更好一些。

作为一个中层管理者，最明确的标志就是应该具备这样的能力：当你说过“现在就做这项工作”之后，这项工作很快就被完成了。

（4）和下属一起承担风险

必须使你的下属知道，你在和他们一起承担风险。如果是在战场上，这就意味着，你应该亲临战场，而不是躲在大后方。你应该在下属面前起模范带头作用。不知道你是否注意过那些最受人尊敬的领导是怎样赢得下属的尊敬的？他们可以在公司做任何工作，从仓库管理员到一般管理人员的随从或助手，他们不怕把手弄脏的行为常常能赢得大家的尊敬，因为他们不仅把风险分给大家，他们自己也在承担风险，大家彼此是一视同仁、甘苦与共的。

2. 以身作则，将使下属自然服从

身先士卒，率先垂范，永远会唤起下属的崇敬感。

有些中层管理者要求下属同心协力渡过难关，但自身却依然浪费无度，公物私用。有些中层管理者虽然感到不好意思而有所节制，然而却没有太大的改变。这种公私混淆的现象，一般人看得十分清楚，从而引起下属对上级产生不信任。如果领导者的行为引起下面人的疑虑和反感，迟早会引起他们的背叛。因此，中层管理者不可不谨慎地预防，必须具有真正的革新意识才能让下属信服。

光做到不贪赃枉法还远远不够，更重要的是在面临困境之时身先士卒。

人类的本性在危急时刻所采取的行动中表露无遗。平常说话大声、表现豪爽的人，一旦面临危急存亡，刻意掩饰的缺点就完全暴露出来。部下若是看见自己的领导在紧要关头却不知所措，一定会非常失望，以致不理会他所说的话。

群众期待的领导者，是在非常时期能够表现得与众不同，且能够断然地做出决定，迅速敏捷地采取行动。只有这样的领导者，才能强有力地支配部下。

动物学家曾经在动物园进行过一项测验，让饲养员披着狮子皮装成狮子进攻黑猩猩群。黑猩猩群刚开始觉得害怕而哀号，不久猩猩的首领就拾起身边的树枝，向狮子做出勇敢挑战的样子。其实它也很怕狮子，但却没有逃跑，勇敢地率先向狮子挑战。如果猩猩老大在这个时候临阵脱逃，就一定会被同伴鄙视，再也不能做首领了。

中层管理者也是如此。在竞争越来越激烈的今天，无论是团体或个人，随时随地都会面临各种困难。当面临困境时，中层管理者若能够身先士卒面对难关，其坚定沉着的精神就会传达给下属，使大家都能够勇敢地面对挑战。

3. 尽可能满足下属的需要

中层管理者与下属之间是一种相互依赖、相互制约的关系。这种关系处于良好的状态中，上下级各自的需要就能得到满足。

一般来说，上级需要下级对本职工作尽职尽责、勤奋努力，圆满地、创造性地完成任务。而下级则希望上级对自己在工作上加以重用，在成就上给予认可，在待遇上合理分配，在生活上给予关心。

对下级伤害最大的，往往是当下级工作取得成绩时受表扬的是上级，而当上级工作发生失误时，挨批的是下级，造成下级心理失衡。

因此，中层管理者要善于发现和研究哪些是下属关注的中心问题，并抓住这些中心问题，最大限度地满足下属最迫切的需要，从而调动下属的积极性。

4. 不要对某些下属另眼相看

中层管理者对下属不应存有偏见，对不同的人区别对待。

对于干得出色的下属当然是该表扬的时候就表扬，该评功的时候就评功，但是，平时还是应该与其他下属一视同仁。这就是说，他靠工作出色赢得了他应该得到的东西，其他方面还是同别人一样。别人若像他一样工作，也能赢得所应该得到的东西。这里强调的是工作，突出的是公平。

如果你把特权授予了他，对他做错的事也睁一只眼、闭一只眼，另眼相待，使他和其他人员有了差距和隔膜，别人不但不向他学习，反而会因为嫉妒、仇恨而消极怠工。

中层管理者一定要给下属一个公平合理的印象，对待每一个下属客观公正，让下属觉得人人机会均等，人格平等，这样他们才会积极主动地做事。成功者戒骄戒躁，精益求精，后进者不断上进，积极追赶，在组织工作中只有形成这样一种氛围，才能进行有效的管理。

二、以威管人

所谓威，是指用法律、法规、规章制度和严厉态度去框定、限制下属行为的做法，并以此来显示权威。

1. 努力营造遵守组织制度的环境

军有军法，山有山规。组织制定出来的各种规章制度不能成为摆设。

作为中层管理者，你应当以有效的手段保证其得以贯彻落实，一旦发现有人违规，便加以惩治，绝不手软。

为了营造遵守规章制度的好环境，你应该采取以下几个明确的措施。

（1）广泛宣传

许多中层管理者都想当然地认为，“这些规定谁都知道”。但是，新来的下属，甚至有时是一些老下属，直到违反了某条规定时才听说有这么一条规定。

国外一些公司的领导者按惯例给每个下属发一份公司规定，并让他们签署一份声明，表示已经收到、阅读并理解了公司的规章制度。这种做法很值得效仿。

（2）调查了解

你不应无视违反组织规定的行为。如果你这样做，那就是在向其他下属表明你不打算执行组织的规章制度。你也不应该走向另一个极端，草率地惩罚或处分下属。在你行动之前，在你做任何事情之前，你必须搞清楚发生了什么问题以及下属为什么这样做。

（3）私下处分

如果公开进行惩治，那么受处分的下属会因当众受批评而产生怨恨，形势就可能恶化。

关于私下处理的规则仅有一个例外，那就是下属在其他人面前公开与你作对。在这种情况下，你必须当众迅速果断地采取行动，否则就有失去控制的风险。如果你不能果断地行动，你会失去下属对你的尊重，失去控制，大伤士气。

（4）坚决公正

坚决不是粗暴或仗势欺人，也不是用滥施压力来保住自己的地位。公正指的是对下属和组织都要公正。对下属要公正是指有充分的根据。它包括解释清楚组织为什么要制定这条规章制度，为什么要采取这样一个纪律处分以及你希望这个处分产生什么效果。在执行规章制度的过程中一定要做到一视同仁，不偏不倚。

（5）消除怨恨

处分的目的在于教育，而不是惩罚。你应该向你的下属表示你相信他或她会改正错误。在执行纪律处分后以这样积极的态度跟下属谈话，将有助于消除下属苦恼和怨恨的情绪。

2. 有技巧地使用批评和惩罚手段

管理者或领导者运用批评、惩罚手段应富有技巧性。“打一巴掌”很重要，但一定要打得响，打得绝。具体说，打这一巴掌要做到“稳、准、狠”。

要稳。采用强硬手段惩罚一个人，也是要冒风险的。这主要在于，被惩罚者有时有良好的人际关系，有时掌握着关键技术信息，有时有着很硬的后台。拿这样的人开刀，就要对其背景多加考虑，慎重行事。惩罚不当终会带来抵制和报复，因此在动手之前首先应想到后果。

要准。批评、惩罚都要直接干脆，直指其弱点，直刺痛处，争取一针见血。

有人总是犯同样的或者具有代表性的错误，这时的惩罚一定要选准时机，待其犯错最典型、最明白、最有危害性时下手。但切忌无事生非，不明事实，也切忌小题大做。这才会让受罚人口服心服，有苦说不出，也才会真正让众人引以为戒。

要狠。一旦认准时机，下定决心，便要出手利落，坚决果断，毫不容情。切忌犹疑不定，反复无常，拖沓累赘。

要加强对下属的约束，强化纪律的书面规范，保证下属受到公平的对待，避免一时冲动给他们严厉的惩罚。强化纪律有以下四个阶段：

第一次犯错，口头警告。必须让下属知道他们哪里错了。你要记下给他们警告的时间、地点和周围环境。

第二次犯错，书面通知他们，并警告说下次犯错误受罚，扣工资或者换工作。这封警告信一式三份，一份给犯错误的下属本人，一份给领导者，一份存档。

第三次犯错，临时停止工作。根据你们达成的协议和所犯错误的性质及程度，给予长短不同的停工时间，停发一切报酬。

第四次犯错，降职、降级，调换工作或者开除。可根据各种因素做出上述惩罚。其中调换工作是最常见的，这样既可减少解雇给下属造成的打击，又可以使自己减少一个问题户。但整个组织并没有因你的这一行为获得任何好处，除非你确认他的表现不佳，换一个工作会使他干得更好，否则不要轻易这样做。

3. 对事不对人

下属犯下了不可原谅的错误，理应受到应有的处罚。下属对自己所受到的处罚，思想难免会一时转不过弯来，这就需要你私下里与他谈一谈，交换一下意见。

所谓交换意见，切勿唠唠叨叨一大堆，一个劲儿地进行教育和说服，而是让对方参与到谈话之中，进行交流。你要让下属逐渐认识到自己受处罚的合理性，并非是领导有意为难他。如果对方确有委屈或难言之隐，你应该表示体谅，说一些劝慰的话。

还要让下属明白，处罚决定的做出，绝不是专门对人的，而是对事而言的，请他不要过于激动，引起误会。你需要通过交换思想让他们明白，所有的处罚都是为了部门的利益和发展，不是故意去损害某人的感情。

在谈话结束时，你可以为受处罚对象寻找一个合适的客观原因和理由，让对方明白这次受处罚是因为他自己工作失误，希望他下次能够避免这种失误，这样容易让对方下台阶。你还要告诉对方，他的工作态度一直都是很好的，希望他以后在工作中，为了部门的发展而继续努力。

在行使了处罚手段之后，通过和风细雨的一次谈话，有劝说、有疏导、有安慰、有勉励，才能让下属心服口服。

4. 与下属保持距离

中层管理者与下属保持距离，具有许多独到的驾驭功能：可以避免下属之间的嫉妒和紧张，减少下属对自己的恭维、奉承、送礼、行贿等行为，可避免对下属的认识偏颇。

“近则庸，疏则威。”作为一名领导者，要善于把握与下属之间的远近亲疏，使自己的领导职能得以充分发挥作用。

有些中层管理者想把所有的下属团结成一家人似的，这是不可能的，如果你现在正在做这方面的努力，劝你还是赶快放弃。事实上，与下属建立过于亲近的关系，并不利于你的工作，反而会带来许多不易解决的难题。如在你做出某项决定要通过下属贯彻执行时，恰巧这个下属与你平常交情甚笃，为了支持你的工作，他积极执行你的决定，这自然是最好不过的。但是，如果他是一个不晓事理的人，就会找上门来，依靠他与你之间的关系，请求你收回成命，这无疑是给你出了一个大难题。收回成命必然会受到他人非议，不收回成命就会使你与这位下属的关系恶化。所以，中层管理者应与下属保持一定的距离，这样才有利于树立威信，便于开展工作。请你记住这句忠告："城隍爷不跟小鬼称兄弟。"

5. 符合身份的言行可以增加你的威严

中层管理者保持自己的威严能为工作的开展创造有利条件。

因此，中层管理者跟下属在一起时，要适当表现自己的"身份"。在办公室里与下属相处，别人应该一眼就能瞧出，谁是下属，谁是领导。如果你不能表现出这一点，甚至给人的印象正好相反，那么，你这个领导就是失败的。

你虽然不必过于矜持，但要让你的下属意识到你是领导。这样，即便是活泼、轻佻的职员也不至于去拍你的肩膀，或拿你的缺点肆意开玩笑。他在你面前会小心谨慎，看你的脸色行事。

中层管理者要注意自己的讲话方式。在办公室里跟下属讲话，一般要亲切自然，不能让下属过于紧张，以便更好地让对方领会自己的意思。如果对方的意见与自己的意见相左，可以明确给予否定，如果下属的意见对组织有利，也不要急于表态，而是事后再与他沟通。在公开场合讲话，如面对许多下属演讲，做报告，要威严有节，有震慑力。不管在哪种情况下，领导者讲话都要坚决果断，切忌含糊不清。

多思考少说话，也可以"让我仔细考虑一下"或"容我们研究、商量一下"来结束与下属的谈话。这样，在回去之后，下属不会沾沾自喜，而会更加谨慎，无形中增加了你的权威。

行为有时比语言更重要，中层管理者的身份权威，很多时候往往不是由语言，而是由行为表现出来的，聪明的中层管理者都善于利用自己的行为有意无意地树立自己的权威。

6. 喜怒不形于色

不轻易表露自己的观点、见解和喜怒哀乐，被称为“深藏不露”，这是古今中外成功的当权者用以控制下属的一种重要方法。聪明的领导者一般都喜欢把自己的思想感情隐藏起来，不让别人窥出自己的底细和实力，这样部下就难以钻空子了，就会对领导者感到神秘莫测，就会产生畏惧感，也容易暴露自己的真实面目。领导者如同在暗处，下属如同在明处，控制起来比较容易。特别是领导须驾驭一些复杂的局面，更需要这种“静若止水”的功夫。

“喜怒不形于色”，亦即尽量压抑个人的感情，以冷静客观的态度来应对事情，这种性格的人才配做一位优秀的中层管理者。

7. 带头做出业绩，比发号施令更有威力

中层管理者表现自己的权威的一个重要方面就是做出更大的业绩，用业绩说话，以业绩来为自己树立权威。我们平常所说的“是骡子是马牵出来遛遛”就是这个道理，只要有真才实学，只要有能力做出真成绩，何愁没有权威呢？

在管理整个单位或一个部门时，可以先制定一个总体规则，然后明确任务，自己带头执行，并在一些具体工作中做出榜样，让自己做出的业绩说话，也让下属们明白，在组织里，上下级关系并不是完全靠职务或权力，更要靠自己的能力，靠自己为组织所做的贡献大小来评价。

中层管理者也可以多严格要求自己，可以多吃一点苦，为下属多负担一点工作，做出一些举措给大家看看。只要用自己的行动干出实绩，下属自然会心服口服。下属最讨厌的就是光说不练，只要中层管理者注意从实际业绩方面多做一些，给下属做个榜样，权威自然会树立起来。

三、以信管人

“取信于民”是每个中层管理者开展工作的基石，下属不信赖你，对你的话心存疑窦，你的要求和你的许诺渐渐就会失去应有的效用。时间久了，你的威信会一落千丈，你的领导地位会失去基础。

1. 不轻易许诺

有些中层管理者错把轻易许诺作为激励下属的手段，也许在短期内起到作用，但从长远看，效果并不好，一旦许诺不能及时兑现，下属伤心失望，还不如事前不做任何许诺，还不如默默地为下属做一些实事，让下属落个实惠。

有些许诺关系着下属的前途与未来，下属们对此极为敏感，在工作中牢牢记住中层管理者说过的每一句话。因此，中层管理者不可把话说得太早、太满，让人空欢喜一场。不能一高兴，忘乎所以，信口开河。更不可随意封官许愿，而一旦下属达到要求时却又绝口不提，这只能削弱下属的战斗力。由此可见，中层管理者在日常管理中千万不可随意许诺，若有许诺，应尽力兑现。

2. 慎重表态

中层管理者在进行总体规划和指导具体工作的时候，常常需要表态。由于其身份的因素，这种表态起着很大的作用，或是发出指导，提出要求，或是对某种事情做出定论。因此，中层管理者对自己所要表的态一定要心中有数，不能随心所欲。需要表态则毫不含糊，不需要表态则不可乱说。表态要有根有据，既不怕得罪人，也不能模棱两可，和稀泥。应该稳重大方，持重练达，不论讲什么话、表什么态，都要坚持原则。

在实际工作中，有的中层管理者遇到冲突和矛盾，能推则推，一推了之。在此思想指导下，常常三缄其口，一言不发，即使是在合适的情况下也是该表态的不表态。有时为了取悦下属，或谋取私利，无原则地信口开河，抬高自己，贬低别人。这些做法都是不合适的，会极大地影响领导者的权威。

一般来说，领导者在表态之前，应该知道事情的前因后果与下属的真实意图，要充分地思考并根据实际情况，因人因事而异，采取直接或间接的表态方式。如果上级有明文规定的，可以依据文件做出正面解释；如果没有文件规定，可以在坚持原则的前提下，把握灵活性。

把握灵活性、慎重表态，就是要求领导者能把握时机，注意场合，讲究火候和分寸，即在表态时能有尺度感和分寸感。

表态能有尺度和分寸，达到适时适度，语言准确，态度诚恳，正是体现了领导者的领导艺术和水平。如果达到最佳的适度就一定能获得最佳的效果，不但能够很好地解决问题，也使上下级之间的关系融洽，沟通顺畅，组织内部也更有凝聚力。

3. 说到做到

一些不受欢迎的中层管理者，都有一个小毛病：言行不一致，说的是一套，做的又是一套。在这里，很有必要与这些领导者谈谈“说到做到，为官之道”的道理，帮助他们改进自己的工作。

这里所说的“说到做到，为官之道”，就是要求中层管理者要言行一致。无论什么原因的言行不一致，下属都会对其失去信心，以为努力工作也未必会得到预期的回报，因而工作情绪大受影响。

只要能够说到做到，哪怕这位中层管理者的能力差一些，下属们也会信任他，主动维护他的形象。他的话语与行动即使不符合下属的要求，下属也会感到他做事有原则性，对他的工作要求较有信心，认为他不会朝令夕改，工作起来也较为投入。

中层管理者要做到慎重允诺，就必须坚持“说到做到，为官之道”的原则。言必行，行必果，谨慎言行，自然就会在下属中产生威信，部门内外秩序井然。

四、以权管人

权力是领导者的特有属性。权力的实施是领导者推进工作的基本手段，是下属实现领导目标的必要保证。没有权力，就很难树立威信；但有了权力，却不一定获得威信。关键在于你如何使用权力和驾驭权力。

1. 果断地做决策

坚决果断，这是中层管理者最为重要的素质之一。无论是说话、办事，都要做到干脆利落，不能犹豫不决，拖泥带水。这样才能维护自己的威信，展示中层管理者内在的才能、魄力，对维护中层管理者形象具有尤为重要的作用。不果断坚决，往往会给下属造成懦弱无能的感觉，也不会得到下属的信任，这样的中层管理者在下属中就没有什么威信可言了。

中层管理者在关键时刻能挺身而出，做出英明的决断，这对自己日后的感召力、影响力，有着不可低估的作用。倘若平时派头十足，但一到紧要关头却惊惶失措，这样强烈的反差只会让周围人耻笑。

坚决果断要勇气在先。平常应勇敢地面对问题，显示出自己的勇气。对于重大的决定，必须站在原则立场上，果断予以处理。当断不断，必受其乱。失职的领导倾向于逃避困难，他们对问题视而不见，似乎什么也没有发生，尽力回避那些难以相处的人和难以解决的事，这样的领导不能够真正地面对自我，一碰到问题时就会不知所措。

果断坚决是当好中层管理者的一个必备基本素质，每一个中层管理者都应该反思一下自己，争取使自己成为有才能、有魄力的人。

2. 下达合理的命令

下达命令是领导工作的一部分。作为中层管理者，如何下达命令，能反映出你激励下属的技巧的高低。你选择的用词，表达的方式和音调……这些因素都有助于促进完成工作。一般而言，下达命令应遵循下列五项简单原则。

（1）创造良好的气氛

应该在互助协作的气氛中下达命令。粗暴的命令是不成熟的表现，除了下属不情愿的屈从外，再也得不到什么。中层管理者需要的是下属竭尽全力的帮助与协作，而不是违心的服从。因此，你应该努力在你的下属之间创造自愿合作、尊重和理解的气氛。如果你的下属能心情愉快地接受命令，就能断定你与他们之间存在着良好的互相合作的气氛。如果你的下属只做你吩咐他们做的事情，那就说明你与他们的合作气氛并不是很融洽、和谐的，他们的工作也是毫无热情可言的。而最坏的当是公开敌对。下属们怀着敌意接受命令，因慑于你的权力，他们只完成他们必须做的那部分工作。他们总是寻找机会搞乱进程，给你出难题。

（2）下达合理的命令

一个正确的命令应该是合情合理的。它应使你的下属们有能力完成任务。对某个人来说是合理的命令对另一个人来说也许未必合理。例如，命令一位只会驾驶小型运货卡车的司机去驾驶大拖车送货，这就不合理，但对一位有经验而又有驾驶执照的大卡车司机来说又很合理。所以合理性是一个相对的问题。

有时，下达的命令会提高下属们的能力，使他们学到一些新东西，但是总的来说，向下属下达任何命令都应该考虑下属是否有完成任务的能力。

（3）下达便于理解的命令

任何不能理解的命令都无法执行。一些下属只需几个关键的字眼便能理解你想让他们做什么，而对另一些下属，为了保证让他们听懂，你则要“掰手指头讲清楚”并不厌其烦地重复你说过的内容。为了确保下属正确理解你的意思，无论对哪一种下属，最好的办法就是让他们理解你想要他们做什么。

（4）选择准确的词句

当你下达命令时，要选择准确的词句，以下属们乐于接受命令的方式对他们讲述，比如采用建议、询问或指导的方式。你可以这样说：“小王，这个任务由你来完成怎样？”这不但不会减轻你的指示的分量，还会使你的命令更合下属的心意。

当然，有时直接地指示或命令也是必要的。例如，在危难关头，你会对小王大喊道：“快逃命！”对那些只懂得接受强迫命令的下属，你也可以说：“小李，你的生产落后了。我希望5点之前你能完成2 0个合格产品。”但是，多数下属希望赢得尊敬。因此，一般不需要强迫命令。你可以这样说：“小李，你比小组其他人落后了一些。今天下班前你能赶上来吗？”如果小李是个敏感的人，你只需提醒一句，他就明白了。

多数情况下，如果你请求下属们做什么，那么你的下属多半会更乐于接受。指令和命令是扼杀合作愿望的魔棒。因此，选择动听的命令词句，你的下属们将更乐于合作，你会更受欢迎。

（5）解释命令中的“为什么”

下达命令之后，要耐心地解释为什么，哪怕是下属最细微的不理解，也一定要告诉他们为什么。不明白为什么要做某事的下属以及没有认识到这将有助于实现本部门目标的下属，可能不愿意执行你的命令。他们可能三心二意，毫无热情，慢慢腾腾。如果他们理解了你为什么向他们下达命令时，他们会比较自愿地投身进去，迅速完成任务。

3. 用建议的方式命令

在工作过程中，身为中层管理者，对部属下达任务，发号施令，这是很自然的事情。

可是，怎样下达命令才能使你的计划得到彻底的实施呢？才能使你的部下乐于积极、主动、出色、创造性地去完成工作呢？

如果你这样说：“欧文，把这份材料赶出来，你必须尽你最快的速度，如果明天早上我在我的办公桌上没有看到它，我将……”

或者说：“你怎么可以这样做？我说过多少次了，可你总是记不住！现在把你手中的活停下来，马上给我重做！”

……

够了！

你的部下一定会面色冰冷、极不情愿地接过你派给他的任务，去完成它，而不是做好它。

可是等工作交上来后，你大为失望，不禁有些生气：“好了！看来你只是个平平庸庸、毫无创新的人而已！我对你期望很高，可你总是表现得令人失望！就凭你这个样子，永远也别想升职……”

这样，你与下属的关系就完完全全地进入了一种“恶性循环”。毛病出在哪儿？就出在你下达命令的方式上！

你以为你是领导，所以就有权在别人面前指手画脚，发号施令；就可以对别人颐指气使，唤来喝去；就可以靠在软绵绵的椅子里，指挥别人干这个，干那个？

没有人会喜欢你这种命令的口气和高高在上的架势！

要知道，尽管你是部门领导，但是和下属在人格上是平等的，所不同的只是分工不同，职务不同，而并不存在着什么高低贵贱的区别。就算是“领导”比“下属”具有更多的权力或是其他什么，那也是由“领导”这个职务带来的，而不是你自身与生俱来的！

所以，你想让别人用什么样的态度去完成工作，就用什么样的口气和方式去下达任务。

多用“建议”，少用“命令”，不但能使对方维持自己的人格尊严，而且能使人积极主动、创造性地完成工作。即便是你指出了别人工作中的不足，对方也会乐于接受和改正，从而使下属主动地接受命令，并把你“要他做的事情”，变成“他要做的事情”。

4. 不妨让下属站着听命令

一般人在听人说话或接受指导时，往往会将心情表现于态度上。例如，当不想听对方的谈话时，多半会将视线转移到其他地方，或将双手交握胸前，希望对方赶快结束谈话；如果很想聆听对方的谈话，则通常将身体向前倾斜，或眼睛盯着对方的脸不放，以便一字不漏地听完。

基于此种现象，我们大可将此种情形反过来加以利用，以达到向对方灌输谈话内容的目的。也就是说，在指挥下属时，不妨要求他们采取某种形式，使他们不得不专心听取领导者的话。

我们不难发现，无论任何性质的会议，绝大多数领导者除了要求与会者正襟危坐外，发言者也往往必须站立讲话，这些正是形式的利用。它能使工作场合产生紧张气氛，并可借以增强效果。

其实，凡是采取超乎平常习惯或方式来从事某种活动的，都可视为一种特殊的形式，都会在参与者的心理上产生作用。

例如，一般公司职员大多坐着工作，如果在领导者训话时，刻意让他们站着听，他们不仅能认真听，也极易激发起想听的心理，而且对听到的事情也能留下深刻的印象。

由此可见，领导者在教导部下工作时，如果让他们站着听，至少在形式上可以使下属处于被教导的地位，教导的效果将更为显著。

五、以情管人

在人际交往中，感情是必不可少的因素。人情是相互间建立良好关系的润滑剂。聪明的领导者，都十分注重人情投资。

对于人情投资，必须有一个正确的认识。应该是自觉的、一贯的，不能只做表面文章，只保持三分钟热度，以情动人贵在真诚持久。“路遥知马力，日久见人心。”人情投资需要较长的时期才能结出果实，因为人与人之间的理解与信赖需要一个过程。如果中层管理者能长期注重人情投资，必然会收到相应的善果。

1. 以心换心，以情动情

感情作为联系人际关系不可缺少的纽带，存在于领导者与被领导者之间，这种感情是互相影响的。想让下属理解、尊重、信任、支持你，首先你应懂得怎样理解、信任、关心和爱护下属。有投入才会有产出，有耕耘才会有收获，不行春风，哪得春雨？所以，作为一名中层管理者，一定要高度重视对自己的下属以心换心，以情动情。

与下属以心换心、以情动情之所以必要，是因为人人都有这种情感需要。

马斯洛的“需求层次理论”认为，凡是人，都希望别人能尊敬和重视自己，关心体贴自己，理解信任自己。这种需要，是属于心理上和精神上的，是比生理和物质上的需要更高级的需要。物质只能给人以饱暖，精神才能给人以力量。如果当领导的对自己的下属能够平等相待，以诚相见，感情相通，心心相印，从思想上理解他们，从生活上关心和爱护他们，在工作上信任支持他们，使他们的精神得到满足，下属就会焕发出高昂的热情，奉献出无私的力量，就会把工作做得更好。

中层管理者对待下属要以心换心、以情动情这个道理，许多古代政治家都深谙其妙。刘邦的“信而爱人”，唐太宗的“以诚信天下”，都是颇为动人的领导之道。每个人都需要别人特别是领导者的同情、尊重、理解和信任。如果中层管理者能够注意这一点，并身体力行，那么单位或部门里就会出现亲切、和谐、融洽的气氛，内耗就会减少，凝聚力和向心力就会大大增强。

2. 树立“以人为本”的理念

中层管理者要做好工作，必须深刻领会“下属是你的衣食父母”的道理，与下属建立起和谐融洽的合作关系。如果把自己放在高不可攀的位置上，制造一种神秘感，让下属仰目而视，敬而远之，上级与下级“油水分离”，这样是绝对干不好工作的。

有的中层管理者指挥生产挺有办法，办事公道正派，作风也雷厉风行，但就是处理不好同下属的关系。对下属疾言厉色，开口就训人，不关心体贴下属，结果搞得下属怨声载道，纷纷跳槽，只剩下一个“光杆司令”，孤独无助。

既然下属是自己的衣食父母，就应该与他们平等相处，保持一种亲密平等的关系。如果能采取办法把下属团结在自己周围，形成和谐融洽的关系，凝聚他们的智慧，让他们不折不扣地贯彻自己的意图，必能助自己的事业发达，真正体现了下属之“衣食父母”的作用。

孟子说：“人之相识，贵在相知；人之相知，贵在知心。”中层管理者向下属敞开心扉，把心交给下属，同他们心心相印，才能得到下属的信任。中层管理者可以把本单位或本部门面临的形势、工作上的打算、遇到的困难，诚恳坦率地告诉他们，并让大家帮助出主意，想办法，这样就可以收拢人心，真正体现了下属的价值，把工作做得更好。

每一个人都希望有人关心，尤其希望得到领导者的关心。当下属思想上出现问题或工作上遇到挫折时，领导者能给予及时有力的帮助和体贴，这种知遇之恩、雪中送炭之情，怎么能不让下属感激涕零，乃至奉献出自己最大的能量呢？

中层管理者还要广开言路，善于采纳下属的意见；要多创造条件，给下属发表意见的机会。中层管理者要从制度上和措施上鼓励大家献计献策，对正确的及时采纳，表现突出的给予奖励。下属煞费苦心提出的宝贵建议，中层管理者若不认真对待，就会严重挫伤大家的积极性，使他们对工作丧失能动性。

每一个中层管理者都要充分理解“下属是自己的衣食父母”的深刻内涵，在管理中牢固树立“以人为本”的理念，尽招天下英才为我所用。

3. 适当满足下属的需求

一个团体中汇集了来自五湖四海的人，作为中层管理者，你若想把这些性情各异的人聚集在你的周围，听你指挥，为你效劳，就必须摸清下属的内心愿望和需求，并予以适当的满足，才能让众人追随你。

俗话说：“浇树要浇根，带人要带心。”中层管理者要熟谙以下几个方面。

（1）干同样的活儿，拿同样的钱

大多数下属都希望他们的工作能得到公平的报偿，即同样的工作得到同样的报酬。下属不满的是别人干同样的工作，却拿更多的钱。他们希望自己的收入符合正常的水平。

（2）步步高升的机会

多数下属都希望有晋升的机会。向前发展是至关重要的，没有前途的工作会使下属产生不满，最终可能导致辞职。

此外，下属还希望工作有保障，对于身为一家之主并要抚养几口人的下属来说，情况更是这样。

（3）在舒适的地方从事有趣的工作

许多下属把这一点排在许多要素的前列。下属大都希望有一个安全、清洁和舒适的工作环境。

不同的工作对各个不同的下属有不同的吸引力。一样东西对这个人来说是馅饼，对另一个人来说可能是毒药。因此，你应该认真负责地为你的下属选择和安排工作。

（4）被你的“大家庭”所接受

下属谋求社会的承认和同事的认可。如果得不到这些，他们的士气就可能低落，使工作效率受到损害。要让你的下属被你的“大家庭”所接受，给他们一种归属感。

4. 尊重下属

中层管理者与下属有级别之分，没有贵贱之分，中层管理者切忌说出伤害下属自尊的话。例如“你怎么这么无能”，“再犯这样的错误我开除你”等。话一出口，犹如覆水难收，再想恢复到原有的相互对等的关系便十分困难，甚至会引起下属强烈的反感或辞职。

同下属谈话，口气非常重要。同一种意思，同一个出发点，表达得过于激烈，就会伤害对方的自尊。领导者如果经常有意无意地伤害下属的自尊心，就会产生沟通的障碍，影响部门的工作进展。

对待下属，不如直接告诉他：“我尊重你。”当然，出现了问题还是需要解决的，只是要注意方法，不可忽视他们的自尊。

伤害下属的自尊之后，他们一定会良久不忘，如果不作妥善处理，下属心里的疙瘩便会越结越硬。中层管理者对此不要不好意思说“对不起”，把尊重的本意一定要表达出来。或者还有比较好的处理方法，比如找同这位下属关系比较好的同事，从中斡旋。千万不可听之任之。尊重下属，维护他们的自尊，是中层管理者必须做的事。

尊重下属，就要给他们“留有余地”，一边赞扬其长处，一边提出具体的建议，不下过于绝对的结论或断言，给自己和对方都留有余地，从而达到相互尊重的目的。

尊重下属，不要轻易触及其弱点。中层管理者要在维护下属面子的基础上，帮助他提高自己，这是最大的尊重。

身为中层管理者，尊重了下属，也为自己赢得了尊重。如果忘记了尊重下属，他们可能会“以牙还牙，以眼还眼”。

5. 恰当的赞美

年利润 10 亿美元的美国玫琳凯化妆品公司的经理玫琳·凯说过：“有两件东西比金钱更为人们所需要——认可和赞美。”金钱可能是调动下属积极性的有力工具，但赞美可能更有力，因为它唤起了下属的荣誉感、责任感和自尊心。下属的价值得到了认可和重视，会产生“士为知己者死”的神圣感情，他们会更加努力地工作。所以说赞美不但是一种最好的，而且是花费最少、收益最大的管理方法。

实际上，每个人都渴望得到别人的认可和赞美，无论是身居高位的人，还是地位卑微的人；无论是刚进公司的年轻人，还是即将退休的老下属，概莫能外。人们普遍地容易接受那些赞美他们优点的人。

知道了赞美的巨大力量，中层管理者就不必吝惜赞美，不妨自然大方地赞美下属。只要发现工作突出的，立刻不失时机地给予赞美，不见得非要干出惊天动地的大事才给予赞美。

中层管理者在赞美时，要以非常公开的方式来进行。一位外国企业家说："如果我看到一位下属杰出的工作，就会冲进大厅，让所有其他下属都看到这个人的成果，并且告诉他们这种工作的杰出之处，这样也可以当作激励机会。"这是一个很好的导向，每个下属要想获得赞美，就必须好好地工作。

另外，赞美下属要注意真诚和客观。要发自内心地赞美下属，语言、表情是很严肃认真的，不能给下属以造作之感。不着边际、不关痛痒的赞美不会产生积极的效果。只有在下属应该得到赞美的时候去赞美，下属心中才会感到无限喜悦。

第六章

中层管理者打造高效能团队的方法

一个单位或一个部门是由许多大小“因素”构成的，如果中层管理者不把这些“因素”有效地组织成一个整体，单位就会变成一盘散沙，导致效率低下。领导者还必须多动脑筋，多想计策，多用方法，让这个团体成为一个人气旺、效能高的团队。牛津大学领导学专家盖尔特说：“要了解一个单位，必须知道它的工作效率。”事实上，中层管理者都必须培养这样的能力，因为考察一个领导者的能力最重要的方面，就是看他在建设高效团队和效率上的绩能。

第一节

高绩效优秀团队的基本特征

斯蒂芬·罗宾斯认为，团队是指一种为了实现某一目标而由相互协作的个体所组成的正式群体。这一定义突出了团队与群体的不同，所有的团队都是群体，但只有正式群体才能是团队。正式群体分为命令群体、交叉功能团队、自我管理团队和任务小组。后来，他又对团队与普通群体的区别作了深入研究，得出四个结论：一是群体强调信息共享，团队则强调集体绩效；二是群体的作用是中性的（有时消极），而团队的作用往往是积极的；三是群体责任个体化，而团队的责任既可能是个体的，也可能是共同的；四是群体的技能是随机的或不同的，而团队的技能是相互补充的。

中层管理者是上下级联系的纽带，进行管理的中坚力量，肩负着团队建设的重任。要建设成一个什么样的团队，取决于中层管理者对团队建设的认识及其自身的领导艺术和管理技能。为此，在团队建设中，每一位中层管理者都必须明确：我们到底要建设一个怎样的团队？

就像一支军队要想着打胜仗而不能以打败仗为目标一样，毫无疑问，我们是要建设一个成功的团队，并使团队中的每一个成员都获得成功。

很多人在谈到企业的未来发展时，都提到过领导者的个人能力和远见卓识。确实，一个团队的领导者必须具备这些条件。但就像一个军队仅靠指挥官冲锋陷阵并不能打胜仗一样，一个团队仅靠领导者个人的能力也无法获得成功。这正是每一家现代企业都强调“团队精神”而不提倡“单兵作战”的原因。团队是大家的，而不是领导者个人的。大家在其中付出时间、精力，大家的成功必然和集体的发展联系在一起，必须聚合这个团队里每一个成员的力量来实现整个集体的发展目标。

所以，建设一个好的团队、一个能够推动组织和个人获得成功的团队，远比某些个人的力量重要得多。

一、成功团队的职责

一个团队有效运作所担负的职责范围存在于三个级别上。第一级是懂得什么责任和知识是全体团队成员都应具备的。这些基本要素应包括诸如专门经营知识、主要人际交往的技能、团队工作基本技能。第二级是团队中一小部分人现有的团队专门技能和知识，其中包括那些不适用于交叉训练，但对团队完成工作目标又是必需的技能。第三级是发展。发展范畴中确定的任务，是团队应该精通的但目前又无能力掌握的领域。

明确划分职责，有助于通过说明最小期望值，为团队成员提供工作重点，但无论如何也不应限制团队成员们在将来扩展其职责范围。

当工作项目确定后，谁应该做什么，什么时候去做，都要规定得清清楚楚。要分清哪些决定需要得到全团队成员的支持，什么决定必须由个人或小组立即做出。

一个成功的团队必须是紧密配合的团队。关于这一点，有一个很形象的比喻，一只手叉开五指伸出去，不会有什么力量，而五指攥成拳头，则会变得很强大。霍普金斯的《我的广告生涯》和奥格威的自传中提到，20世纪初霍普金斯做广告时，是一个个人成功的时代，霍普金斯很多巨大的成功，就是靠他一个人的奋斗获得的。而奥格威创办奥美的时代则已经是团队成功的时代。奥美在今天之所以还能够保持成功，不是因为有了奥格威，而是因为有一个能够紧密配合的奥美团队。

二、成功团队的特点

团队成员间的交流与合作是在一定的气氛中进行的，成功的团队必然是一个气氛融洽的团队。一般说来，良好的团队气氛往往具有以下特点：

1. 整个团队具有很强的成就取向，整个群体都具有做好工作的良好愿望，同时团队中每个成员都愿意为团队的发展做出贡献。

2. 团队的工作追求卓越，整个群体都希望能以最卓越的工作方式来完成团队的使命，团队内部充满活力，团队成员表现出很强的灵活性、创新精神和竞争精神，团队具有很强的竞争能力。

3. 整个团队都强调解决实际问题，整个群体都能从全局的利益出发来分析和解决问题。

4. 整个集体都关心团队的名誉，团队内部的每个成员也都珍惜团队的名誉及所在单位的名誉，并经常自觉地与其他团队及单位进行比较。

5. 团队内部有一种追求现代化的动力，整个群体都关心团队能否为个人提供各种培训的机会。

6. 团队的领导人注重对人的管理，注重发挥人的潜能，并创造出一种相互理解、相互尊重、相互支持的友好气氛。

7. 每当有新的成员加入到该团队中来，团队都给予必要的帮助，告诉他应该如何更好地工作。

一个团队的成功必然通过其成员的紧密合作来实现，而合作必须基于充分的沟通。我们应该提倡无论是上下级之间还是同事之间都应该以开诚布公的心态做充分、有效的沟通，无论是对工作的意见、建议，还是个人的想法、看法。只有充分沟通，才能心往一处想，劲往一处使。在上下级之间，如果只有命令，没有交流，必然导致领导者的独裁和团队成员积极性的丧失；在同事之间，如果彼此孤立、隔阂，也只能导致人际关系的僵硬、冷漠。

斯蒂芬·罗宾斯认为，成功高效的团队具有以下八个基本特征：

1. 明确的目标。团队成员清楚地了解所要达到的目标以及目标所包含的重大现实意义。

2. 相关的技能。团队成员具备实现目标所需要的基本技能，并能够很好合作。

3. 相互间信任。每个人对团队内其他人的品行和能力都确信不疑。

4. 共同的诺言。这是团队成员对达到目标的奉献精神。

5. 良好的沟通。团队成员间拥有畅通的信息交流。

6. 谈判的技能。在高效的团队内部，成员间的角色是经常发生变化的，这就要求团队成员具有充分的谈判技能。

7. 合适的领导。高效团队的领导者往往担任的是教练或后盾的作用，他们对团队提供指导和支持，而不是试图去控制下属。

8. 内部与外部的支持。既包括内部合理的基础结构，也包括外部给予必要的资源条件。

在一个团队中，中层管理者起着至关重要的作用，中层管理者除达到以上几条要求之外，还应该具备两个非常重要的自觉意识：

1. 以身作则。要求每一个工作伙伴做到的，中层管理者必须首先要做到。每一个工作伙伴能做到的，中层管理者必须要做得更好。

2. 勇于负责。正如一个军队打了败仗，责任在指挥官而不在士兵一样，每一位中层管理者都负有比他们的工作伙伴更重的责任。中层管理者的责任在于共同带领团队走向成功，因此，每一个中层管理者都应该勇于对本部门的工作负起责任，不要把自己的责任推给上级，也不要把自己的责任推给伙伴。

三、成功团队的标准

什么样的团队才算是成功的团队呢？归纳起来，有以下一些标准：

1. 目标一致

团队的核心力量来自于共同的目标，这一共同的目标是一种意境，这个目标可能是理念性目标、事业目标和利益目标。正是认识到这一点，团队成员应花费充分的时间、精力来讨论、制定他们共同的目标，并使每个团队成员都能够深刻地理解团队的目标。以后不论遇到任何困难，这一共同目标都会为团队成员指明方向。

2. 目标具体

将团队共同的目标分解为具体的、可衡量的行动目标。这一行动目标既能使个人不断开拓自己，又能促进整个团队的发展。具体的目标使得彼此间的沟通更畅通，并能督促团队始终为实现最终目标而努力。

3. 承担责任

团队所依赖的不仅是集体讨论和决策以及信息共享和标准强化，它还强调通过成员的共同贡献，能够得到实实在在的集体成果，这个集体成果超过成员个人业绩的总和，即团队大于各部分之和。建立一种环境，使每位团队成员在这个环境中都感到自己应对团队的绩效负责，为团队的共同目标、具体目标和团队行为勇于承担各自的责任。团队成员应为实现团队目标做出共同的承诺，为着共同的目标努力工作，并在工作中相互协调与配合。

4. 关系融洽和谐

团队成员之间应该互相支持，善于沟通，彼此之间坦诚相待，相互信任，并勇于表达自我。

中层管理者要促使团队的每一个成员对任务的需求和个人需求达到平衡与和谐。

5. 组织精悍，技能互补

团队的规模不宜过大，应短小精悍，一般以不超过 10 人为好。出色的团队还应拥有各种技能的人员：技术专家型人员；善于解决问题和果断决策的人员；善于人际交往的人员，等等。各项技能人员的正确组合是团队成功的关键。

6. 行动统一，反应迅速

团队成员必须平等地分担工作任务，并就各自的工作内容取得一致。团队还需要在如何制定工作进度、如何开发工作技能、如何解决矛盾冲突以及如何做出或修改决策等方面达成共识。团队应该着眼于未来，把握机遇，相机而动。

| 第二节 |

善于激发团队的热情与活力

大凡领导者，都具有较高的理论水平和领导能力。而作为一名合格的领导者，则是通过实践，将自己的领导能力上升为一门艺术。当生生不息的团队活动与多姿多彩的领导艺术相结合的时候，领导过程就成为生活。生活需要激情演绎，需要活力焕发光彩，同样领导过程也需要激情与活力，因为激情和活力可以将人们藏于内心的热望转化为动力，不断激励人们前进。所以，我们又将它们称为“点燃理想的火种”，其推动作用巨大，让领导者不得不另眼相看。可以说，激情与活力是一个团队的灵魂。

如何让团队在激烈的竞争中生存下来，则需要众人的共同努力，它的成功取决于团队中的每一个员工。“众人拾柴火焰高”正是这个道理，而激情与活力则是点燃这团“火焰”的火种。可见，让团队充满激情与活力，能使团队上上下下的所有员工最大限度地释放其创造力，以形成强大的团队合力，从而推动团队不断向前发展。

要想把团体建成一支具有激情与活力的团队，必须重视以下几个方面。

一、提高中层管理者的领导艺术

中层管理者个人的力量是渺小的，关键靠团队的广大员工。领导的根本职责就是要用其精湛的领导艺术为大家创造一个良好的工作环境，发挥团队中每一个成员的聪明才智和冲天干劲。只有这样，团队才会成为一支具有激情与活力的团队，团队的力量才是无穷无尽的。无论何种类型的团队，都对中层管理者提出了很高的要求。

中层管理者的能力，按照玛西雅的理论，应该具备商业实务和管理能力，既要有高瞻远瞩的战略头脑，又要有随机应变的博弈智慧；既要有身先士卒的挑战精神，又要有善解人意的赤子情怀。在工作方法上善于灵活变通，既要头脑创新，又要勇于负责；既要追求效率，又要看重结果。这样的团队领导才能凝聚人心，创造活力，从而推动事业的迅猛发展。

二、培养团队成员热爱团队的理念

员工的态度和团队的活力决定着企业的命运。只有让员工端正工作态度，整个团队才会有活力。其实，对任何一个人来说，每天都做重复的工作，总有一天会变得对这份工作十分厌烦。因此，作为团队的领导，你要做的第一件事就是，让员工对他所做的工作充满热情，让他喜欢上这份工作，这比任何激励方式都更为有效。要使全体员工认识到：

1. 好工作和坏工作并没有绝对的标准，就看你如何看待它，尤其在这个工作机会越来越少的时代里，珍惜每一次工作机会，把工作完成好是最重要的。

2. 工作必有其不变性及重复性，如果能乐在其中，则能给予自己及同仁无限的活力。

3. 对待工作要全身心地投入，以一种专注的工作态度达到对内对外的要求，使团队成员或用户感到这是对他的尊重。

三、为团队成员创造良好的环境

为了给予员工一个能够发挥潜能、焕发热情的环境，必须从员工身边的工作环境、学习环境、成长环境的塑造开始，并让员工主动参与到部门的管理目标中，产生与部门和组织融为一体的感觉。

1. 工作环境的塑造。在工作过程中营造出员工间彼此尊重、相互融洽的氛围，让员工在彼此的沟通和交流中建立起相互的信任，让员工彼此知道对方的长处和短处，并在实际工作中能够互补，同时在工作环境中要不断地将企业所追求的目标和对员工的看法深入到员工的脑海中。

2. 在员工的学习环境上，要让员工能够很方便、快捷地获取他们工作中需要的信息，同时满足员工在成长过程中其他方面的学习需求，如图书室的建立、资料库的管理等。

同时还要设立相应的员工培训机制，并根据组织的发展制定出相应的员工培训课程，有针对性地对部分员工进行培训，使之更容易地应对工作中的难点。

3. 成长环境的塑造。要从员工的成长环境入手，为每一个员工的工作生涯做出规划，让每一个员工都看到自己的成长方向和成长的空间，从而调动员工的积极性。

| 第三节 |
不断探讨促进团队建设与发展的方法

中层管理者的成功不仅仅靠个人的智慧和才华，百分之九十还依靠一支强有力的团队。所以注重团队的发展建设十分重要。

一、了解团队成长规律

要实现团队的健康发展，首要的是了解团队的成长规律，找准团队发展的突破口。团队的成长一般需要经过五个阶段。

1. 形成阶段

形成阶段是促使个体成员转变为团队成员的阶段。每个人在这一阶段都有许多疑问：我们的目的是什么？其他成员的技术、人品怎么样？每个人都急于知道他们能否与其他成员合得来，自己能否被接受。为使团队明确方向，中层管理者一定要向团队成员说明项目目标，并设想出项目成功的美好前景以及成功所产生的益处；公布中层管理者的工作范围、质量标准、预算及进度计划的标准和限制。中层管理者在这一阶段还要进行组织构建工作，包括确立团队工作的初始操作规程，规范沟通渠道、审批及文件记录工作。在这一阶段，对于项目成员采取的激励方式主要为预期激励、信息激励和参与激励。

2. 震荡阶段

在这一阶段，成员们开始着手执行分配到的任务，逐渐地推进工作。震荡阶段的特点是人们有挫折、怨愤或者对立的情绪。有的士气很低，有的会抵制形成团队，并表达与团队联合相对立的个性。因此，在这一阶段，中层管理者要做导向工作，致力于解决矛盾，绝不能希望通过压制来使其自行消失。这时，对于所有成员采取的激励方式主要是参与激励、责任激励和信息激励。

3. 稳定阶段

通过第二个阶段的磨合，团队进入稳定期，人们的工作技能开始慢慢提升，新的技术慢慢被掌握。工作规范和流程也已经建立起来，这种规范和流程代表的是团队的特色。团队逐渐接受了现有的工作环境，团队的凝聚力开始形成。在这一阶段，随着成员之间开始相互信任，团队成员之间大量地交流信息、观点和感情，合作意识增强，并感觉到他们可以自由地、建设性地表达他们的情绪及意见。在稳定阶段，中层管理者除参与激励外，还要做好以下两个方面的工作：一是发掘每个成员的自我成就感和责任意识，引导员工进行自我激励；二是尽可能地多创造团队成员之间互相沟通、相互学习的环境以及从项目外部聘请专家讲解与项目有关的新知识、新技术，给员工充分的知识激励。

4. 高产阶段

一旦渡过第三个阶段，稳定阶段的团队就可以进入到高产阶段，形成高绩效的团队。高产阶段的团队情况会继续有所好转。团队成员信心大增，具备多种技巧，协力解决各种问题，用标准流程和方式进行沟通、化解冲突、分配资源；团队成员自由而建设性地分享观点与信息，分享领导权，有一种完成任务的使命感和荣誉感。

5. 调整阶段

高产阶段的团队在完成了自身的目标后，就进入了团队发展的第五个阶段——调整阶段。调整阶段的团队可能有三种结果：第一种——团队的任务完成了，需解散。伴随着团队任务的完成，团队的使命要结束了，这个时候团队成员的反应差异很大，有的人很悲观，好不容易大家组合在一起，彼此间都形成了很好的印象，团结很好的时候又面临解散；也有一些人持乐观的精神，他们觉得没有白来一趟，完成了既定的目标，新的目标还在等待着他们。由于人们的反应差异很大，团队的士气可能提高，也可能下降。第二种——团队第一个任务完成了，第二个任务又来了，所以进入了休整时期。经过短暂的总结、休整等，又要进入到下一个工作周期，这个时候新的团队又宣告成立，可能原来一部分成员要离开，新成员要加入，因为人员的选择跟团队的目标是有关联的。第三种——对于表现不太好的团队，将勒令整顿，整顿的一个重要内容就是优化团队。

二、学习先进管理方法

团队发展到一定阶段就进入团队老化阶段，表现为团队持续增长能力下降、团队凝聚力弱化等。团队老化的原因是多种多样的，其中一个原因是对组织的管理能力和管理方法不能满足员工的心理期望，打击员工的积极性，造成团队的老化。为了避免团队老化，中层管理者应该不断学习先进的管理方法，借鉴别人的先进管理经验，并结合实际，探索和创立自己的管理模式，从而提高自己的管理水平，以满足团队不断发展的需要。对于团队的不同发展阶段，中层管理者所需要的管理手段和方法是不同的。在团队形成阶段和调整阶段比较容易出问题，下面具体就这两个阶段谈谈中层管理者应注意的事情。

1. 团队形成阶段中层管理者所需要做的工作

（1）宣布你对团队的期望是什么。也就是希望通过团队建设，在若干时间后，取得什么样的成就，达到什么样的规模。

（2）明确愿景。告诉团队成员，团队的愿景目标是什么，向何处去。

（3）为团队提供明确的方向和目标。在跟下属分享这个目标的时候，要展现出自信心。如果自己都觉得这个目标高不可攀，那么下属会有信心吗？

（4）提供团队所需要的一些资讯、信息。比如要一个小组的成员到某地成立一个分公司，就必须给他足够的资讯，包括竞争对手在这个商圈中的分布，市场占有率分别是多少，计划在这个区域投入多少资本。

（5）帮助团队成员彼此认识。第一阶段是初识阶段，大家还彼此不认识、不熟悉，自己有一些特长，还不好意思介绍出来，所以这个时候有必要让团队的成员彼此认识。中层管理者要告诉他们，哪位成员有什么样的技能，这样容易形成相互的尊重，为以后的团队合作奠定良好的基础。

2. 团队调整阶段中层管理者所需要做的工作

（1）要认识并处理各种矛盾和冲突。比方说某一派或某一个人的力量绝对强大，那么中层管理者就要适时地化解这些权威和权利，绝对不允许以一个人的权利打压其他人的贡献。

（2）建立工作规范。没有工作规范和工作标准约束，就会造成不均衡，这种不均衡也是冲突源，中层管理者在规范管理的过程中，自己要以身作则。

（3）调整领导角色，鼓励团队成员参与决策。为了适应团队发展的需要，中层管理者应该不断学习先进的管理方法和管理经验。

三、创造良好的团队文化

在当今的企业优化与团队建设过程中，人们不能不关注团队文化这个重大课题，因为它是企业进行员工合理组合和企业优化与重构取得成功的关键。

团队的组建以及企业优化与重构既要符合企业的利益，又要符合企业人的利益。利益的共同性和方向的一致性，使企业人能顾全大局，根据自己的能力和特长自愿组合团队，以实现自己的人生价值；也能在企业出现危机时，挺身而出，捍卫企业人的荣誉和尊严，从而维护企业的生存与发展。

可以看出，团队文化的实质是：在社会经济发展到一定水平时，作为一定组织体系中的人们，根据自己的能力或技能，有限度地实现人生价值的合伙组织，是企业发展到较高阶段的产物。这里的“一定组织体系”，既指的是一定的企业制度、工作环境及人际关系，又指的是企业所在区域的社会环境和文化氛围。这里的“有限度”是指在社会、区域文化以及企业制度诸因素耦合的空间中，企业人自由权利和工作的范围。这里要着重说明的是，凡是能真正体现“社会人”人性本体论的组织，其团队的作用和功能始终是存在的；凡是有团队作用的地方，企业人始终是有自由权利和工作自主性的；而且企业人的利益和自我价值的实现，始终与企业的整体利益以及企业整体价值的实现是一致的。企业人在组织中不是被动地听命于上级领导者，而是服从于企业生存与发展的整体需要；不是向某个人、某些人负责，而是向企业负责。

中层管理者要创造团队的成长环境，要把团队变成一个以学习企业文化为主要特征的学习型组织。只有不断学习，才能跟上潮流。

中层管理者要率先垂范，给下属树立一个好的样板，通常，团队成员会有不同的需求，中层管理者要根据他们的需求确定培训方案。在自己的“球员”而不是“外援”身上下功夫。从别的企业文化环境中走到自己团队中的人，不一定能适应这里的文化、做事方法和流程。

松下公司认为，他们除了制造商品之外，更重要的是制造人。这样的企业文化，就真正做到了以人为本。

| 第四节 |
善于妥善处理团队冲突

再好的团队也不可避免地存在这样那样的矛盾和冲突。团队冲突是客观存在的，是不以人的意志为转移的。由于不同的价值观念、习惯认同、文化习俗等同时并存于一个团队中，或者由于团队内部缺乏顺畅的沟通机制、组织结构上存在功能缺陷等，冲突以各种各样的形式存在于团队之中。虽然冲突对团队发展的影响具有二重性，即破坏性和建设性，但团队如果缺乏有效管理冲突的能力和机制，那么，不但建设性的冲突可能会向破坏性的冲突转化，而且原本属于破坏性的冲突可能会对团队产生致命性的打击，直接威胁团队的生存。

一、了解引起冲突的原因

破坏团队的人并非个个都是害群之马。他们往往是些不错的员工，只是没有适得其位，或未尽其才。我们并不能就此将他们当作团队的敌人，采取敌视的态度，这样做只会使团队失去许多人才，破坏团队的和谐气氛。团队最大的敌人其实不是某一个或几个不服从指挥的员工，而是团队对“问题员工”的忽视。因此必须了解员工中都存在哪些问题，每种情况都必须区别对待，并处之以公正。此处列出以下几种问题员工及中层管理者的应对策略：

1.“天才型”员工胸藏机杼，工作游刃有余，但他们常常会对工作感到失望，因为工作中缺乏新的挑战。建议：让他们参加特殊项目或做团队领导；不断加快他们职位的轮换。

2.“沉默寡言型”员工干工作没问题，但他们在团体会议上总是保持沉默，不愿参与讨论、与他人交换意见，也不会加入团体项目。建议：让他们与更自信积极的同事合作，或不断给予他们要求更高的工作，改变他们的行为。

3.“工会代表型”员工觉得，坚持原则、与管理层抗争是其职责之一，因为劳资关系是一场永久的斗争。建议：当场处理团队成员现实中或想象的抱怨，与他们直接商谈业绩等问题。

4.“大材小用型”员工未能人尽其才，或相对来说培训过多。建议：给予他们更多的工作自主权，适当根据他们的意愿增加职责。

5.“不堪重任型”员工技能差或缺少培训，不怎么胜任工作。进一步培训要么不可行，要么于事无补。建议：将他们与大材小用型团队成员搭配；安排他们做能做的工作，调整在团队中的位置，或者干脆考虑辞退他们。

尽管团队中有一定余地可以兼容不同工作风格的员工，但也要制定起码的要求，以避免冲突。虽然人们对不同工作的偏好可以通过岗位轮换得到满足，但工作的速度和质量是所有团队成员都必须遵守的标准。

二、化解冲突遵从“人本位”理念

事实证明，团队中的冲突往往是由于缺乏理解产生的。因此，冲突的化解应基于相互理解，而理解要从尊重每一位员工开始。每个员工首先是一个追求自我发展和自我实现的个体人，然后才是一个从事工作、有着职业分工的职业人。

如何尊重员工呢？先来看看一位中层管理者在团队建设中失败的例子：

张先生是某企业的一位中层管理者，在工作上颇有成就，深得上级的赏识。他对下属要求很高，管理严格，因为他自己便是通过起早贪黑的勤奋工作才由一名小职员提升到今天的位置的。因此，他便期望他的员工也能像他一样，一心扑在公司的事务上，为公司鞠躬尽瘁。

他要求他的下属在上班时间不得擅自离岗，不得做与工作无关的事情，不得闲聊，不得接打私人电话，所有的时间都得用在工作上。他强调只有员工多做工作才能多出成绩，任何私事都会严重影响工作效率。在他的管理下，员工总有做不完的工作，即便有些工作没有任何意义。

他还要求自己的员工养成“早到晚走”的习惯，让员工每天陪自己加班一个小时，即使员工无事可做，也要待在单位。假如员工没有养成这种习惯，那么加薪晋职的机会就比较少，而且可能被冷藏，再无出头之日，要么就是被莫名调职或解雇。另外，他还将员工的节假日进行了重新规划，以适合他工作的需要。有时员工将午休的时间全部用来休息，也会引起他的不满。

他认为管理就是要严格，唯有严格才可以体现自己的威严，才算是尽职尽责，才能出成绩，也才能形成严格高效的团队风气。在这种紧张的气氛中，工作缺乏活力，员工之间的关系很好，“难兄难弟”同病相怜的“阶级感情”把他们团结在一起，而团队领导张先生却成了他们的共同“敌人”。这样一个领导和成员对立的团队是形同虚设的。

在这个案例中，张先生显然犯了几个严重的错误。姑且不论他强制员工加班是不是违法行为，单是这些要求就足以使人忍无可忍了。他的初衷也许是好的，但是他忘了：并不是所有员工都像他一样把工作作为生活的重心，并不是所有人对工作都有如此严格甚至苛刻的自我要求。一个良好团队的形成并不是以所有成员的“受苦受难”和“服从”为代价的。

因此，给中层管理者的第一条建议是：严于律己，宽以待人。

团队领导固然要以身作则，也应该严格要求自己团队的其他成员，但是这种严格应该是有限度的。在这里，所谓“限度”，我们可以简单地理解为能使员工的工作达到预期目标，而不一定要超过。只要完成了工作任务，员工的行为就不应该受到过多的限制和责备。作为领导，只要愿意，你可以“早出晚归”，可以无条件地加班，并且以一套极为严格的行为规范约束自己。但是你不能把它强加于别人。将自己的喜好凌驾于别人的自由之上，团队冲突就不可避免了。

真正有胸怀的领导是那种能够接受别人缺点的人。缺点与错误不是一个概念。缺点是一种缺陷，它也许一生都改不掉。接受别人的缺点，意味着你可能时时都要被对方的缺点干扰，却还要心平气和，这不是一件很容易做到的事情；而错误则可能是一时疏忽造成的。企业其实就是一群有各种各样优点和各种各样缺点的人聚合在一起的组织，这就要求人们都必须互相包容。我们习惯说，领导者要能容人，其实所谓容人就是接受别人的缺点存在。否则，宰相肚里就撑不了船。

给中层管理者的第二条建议是：尊重员工的私人空间。

只有当员工作为个体得到了领导的尊重，自我发展和自我实现的欲求得到了重视和满足时，他们才更愿意用心工作，更加有效率地完成领导安排的任务。所以，尊重员工是人性化管理的必然要求，也是化解团队冲突的必由之路。只有员工的私人身份得到了尊重，他们才会真正感到被重视、被激励，做事情才会真正发自内心，才愿意和领导打成一片，主动与领导沟通想法、探讨工作，完成领导交办的任务，心甘情愿为团队的荣誉付出。

大部分人都喜欢有领导魅力的领导，愿意为自己喜欢的工作付出，愿意为尊重自己的领导分忧解难。如果持续受到尊重，持续得到认可，员工们愿意和领导成为朋友，成为互相促进的工作伙伴。

尊重员工就是要给予员工一个私人的空间，即使是在上班时间。作为中层管理者，你不可以也不可能每时每刻都监督在员工的身边，你所能做的就是指导帮助员工学会时间管理，利用好自己的时间，做好自己职责范围内的工作规划和计划，做好自己的发展计划，用计划和目标管理员工。

尊重员工就是让员工学会对工作负责，自己主动承担工作，提高自我管理水平。在尊重的基础上，员工将沿着依赖——独立——互赖的过程有序地发展提高，最终满足员工自我实现的需求，达到团队合作，同舟共济，互利双赢。

第三条建议：了解并尽量满足团队成员的合理需求。

这一点不仅是激励团队成员的主要方式，而且是化解冲突的有效手段。有很多团队冲突都是由于其成员的需要受到忽视而引发的。当员工的需求是增加报酬、提高收入时，哪怕为他们提供再好的工作环境也无法减少他们的不满；当他们的偏好是减轻工作压力和创造和谐的工作氛围时，仅仅增加他们的工资待遇也是无法化解矛盾的。当他们感到自己被“大材小用”时，不妨直接根据他们的职业发展需求适当增加他们的职责，这才是解决冲突的最好办法。总之，在冲突初露端倪时，团队领导就应该及时与成员沟通，了解他们的需要，满足他们的合理要求，这才是化解冲突的良方。

第四条建议：提高团队情商。

高情商的团队能够用成员间的和谐关系将冲突最小化。团队情商对团队发展起着关键性的作用。具备高情商的团队，有利于团队时刻对自身和外界保持理性的认识，有利于团队形成核心竞争优势，更有利于团队形成一种健康的、积极向上的团队文化。提高团队情商，不仅有赖于提高团队成员的个人情商，而且还需要中层管理者营造出一种创新型的团队学习氛围。

提高个人情商。团队情商实际上是团队成员个人情商相互磨合后的一种综合体现，要提高团队情商，应从提高团队成员的个人情商开始。对于个人而言，虽然先天性格或多或少会影响到情商的高低，但这种影响并不是绝对的，通过后天有意识的努力，可以从根本上提高对个人情绪进行成熟调节的能力。团队成员要提高个人情商，首先，应建立乐观的生活态度，遇事坦然，自信自强。其次，中层管理者应及时解除他们的心理枷锁，如自卑、压抑等。一旦发现他们被心理枷锁套住时，应及时寻找解锁的方法，比如以聊天的方式跟他们沟通，听取他们的意见或建议等。再次，应开导他们在为人处世上宽以待人，严于律己。

建立学习型团队。团队情商也是团队对外界环境的一种适应能力。如果团队已意识到外界发生了变化，却无法采取行动进行调适，其主要原因在于团队缺乏调适的能力。要提高团队的调适能力，关键在于增强其接受新知识、新观念和新事物的能力，一个有效的途径就是建立学习型团队，这也是提高团队情商的根本途径之一。不会学习的团队，在竞争激烈的环境中将面临致命的危险。学习型团队是通过在团队内部建立起完善的学习机制和知识共享机制，从而使团队具备持续的发展动力和创新能力。

学习型团队不仅有利于团队成员提升个人的知识资本，而且有利于团队形成整体的竞争优势，从而达到双赢的最佳境界。

第五条建议：中层管理者在工作中应更多地采用柔性管理。

在知识经济时代，劳资双方的关系将发生革命性变化。这乃是人力资源管理从刚性转向柔性的物质原因。原来的强制与命令越来越难以奏效，权威越来越难以凭借权力维系，劳资双方的“契约关系”越来越变得像“盟约关系”。柔性管理本质上是一种“以人为中心”的管理，要求用“柔性”的方式去管理和开发人力资源。

在现代市场经济中，企业要使顾客（外部上帝）满意，首先要以员工（内部上帝）满意作为基础和条件。人力资源的柔性管理是在尊重人的人格独立与个人尊严的前提下，在提高广大员工对团队的向心力、凝聚力与归属感的基础上所实行的分权化的管理。柔性管理的最大特点在于它主要不是依靠外力（如上级的发号施令），而是依靠人性解放、权力平等、民主管理，从内心深处来激发每个员工的内在潜力、主动性和创造精神，使他们能真正做到心情舒畅、不遗余力地为企业不断开拓新的优良业绩，成为企业在剧烈的市场竞争中取得竞争优势的力量源泉。柔性管理研究专家概括柔性管理的特征为：内在重于外在，心理重于物理，身教重于言教，肯定重于否定，激励重于控制，务实重于务虚。显然，在人力资源管理柔性化之后，中层管理者更加看重的是职工的积极性和创造性，更加看重的是职工的主动精神和自我约束。

第六项建议：建立起有效的冲突管理机制。

团队中有效的冲突管理机制有四个方面特征：其一，它管理团队内部或团队之间冲突的成本较低；其二，它具备顺畅的信息传递通道，使冲突各方能迅速掌握真实的第一手资料，从而有针对性地提出冲突管理方案；其三，它有清晰的冲突管理流程，当发生冲突时，有关部门或人员都清楚应遵循怎样的程序去管理冲突，享有什么权利或应承担什么责任；其四，它还具备预见性，对潜在的冲突具有先见之明，能尽早采取措施防患于未然。

第七章

中层管理者如何处理管理中出现的各种矛盾

每个人都时常被各种各样的问题所困扰和纠缠，这是人生的无奈，也是逃避不掉的现实。中层管理者置身于职场，这些困扰与烦恼也会出现在他们的身上，很显然，如何摆脱困扰，如何解决处理好各类问题，已成为中层管理者必须面对的重要课题。

| 第一节 |
理智地对待“夹板气”

办公室里的中层管理者像“汉堡心”一样被老板和下属夹在中间，看起来挺安全挺舒服的，可是“汉堡心”们却抱怨透不过气来。很多人以为中层管理者是个风光的职位：拿着不菲的薪水，过着优裕的生活，出了大事有上司顶着，出了小事有下属担着，既不用像下属那样辛苦耕耘，也不用像上司那样承担风险。其实，在很多中层的心里，“优裕”却转化成另一种“忧郁”——夹板气，好像“汉堡心”一样被夹在中间，工作中遇到问题，常常是两边不讨好。

作为组织的中间领导阶层，中层管理者既是上级的下属，又是下属的上级，对上、对下都要承担一定的责任。由于对上、对下的工作关系不同，中层管理者所受的“夹板气”可分为两类：一类是上级领导之间的“夹板气”；另一类是上级领导与下属之间的“夹板气。”

一、中层管理者易遇“夹板气”

受领导之间的“夹板气”，大体上有三种类型：一是受同级领导的气。领导级别相同，彼此难违，中层管理者处在夹缝中，进退维谷，弄得不好就双双冒犯。比如单位的党政领导是同级，业务主管领导与非主管领导也是同级，同他们的关系处理不好，就容易受他们的夹板气。二是受上级领导的领导与直接上级领导间的气。要听直接上级领导的话，但上级领导的领导的话也不能不听。这个关系处不好，也要两头受气。三是受上级领导和下属的气。对上得罪领导，对下也受到误解。在单位做事，谁不想有个良好的领导环境？一来对工作有利，能心情舒畅地干好事业；二来对个人发展有利，能使自己的才能得到承认。一旦受了这种气，这些愿望有时难免会落空。

要防止受领导的“夹板气”，就要弄清受“夹板气”的原因。要对组织内外的各种主、客观情况及自己在组织结构中的地位加以分析，可以有以下三种原因。

1. 不能正确领会领导意图

通常，中层管理者往往由于领会领导意图不够，自己把自己“夹”住了。主要表现在，不同领导的指示在大的方面是一致的，由于执行者理解有误，人为造成矛盾。理解不正确，简单的事情弄复杂了，使领导的指示变成互相对立的，就会导致不仅事难办，与领导的关系也难处。

2. 领导之间有矛盾

领导之间有矛盾也是很正常的，这种矛盾主要有两种：一种是分工不同造成的。分工不同，考虑问题的出发点就不同，即使都是为了搞好工作，意见也不一定全都一致，或总体一致而局部有差异。另一种是因不团结造成的。比如领导之间互相有意见，互相有意识地出难题，这种情况也难免。

3. 缺乏变通、协调的经验

这种情况是指当事人由于缺少经验，可变通的没有变通、能协调的没有协调，结果处在“夹”缝中。只有想办法发挥自身的主观能动性，通过创造条件改善被动局面，才是解决问题的着眼点。

二、怎样免受“夹板气”

预防工作做得好，就会把“夹板气”消灭于萌芽状态，对那些“漏网之鱼”或预防工作做得不到家而产生的“夹板气”，还可以采取以下办法。

1. 变通执行

俗话说，天无绝人之路，被“夹”住也是如此。一是理解和执行领导指示不能教条和死板。下级执行指示有从实际出发的权利，上级对下级执行指示也有这个要求，事实上，在不违背原则的情况下，能变通的都可变通执行。即使因执行不力而使领导产生不满，变通好了也能挽回损失。二是区别不同情况。同级之间要左右互补，上下级之间要上下互补。三是掌握好大的原则。变通不是只变不通，不是随意改变领导指示。因此，采取变通方法一定要掌握好“度”，既要确保工作落实，又要确保不违背领导的指示。

2. 注意协调

一般讲，领导层是团结的，但也不排除因工作或其他原因存在矛盾。首先要看到，领导层的矛盾是下级不愿看到的，这种矛盾于工作、于下级、于自身都不利，它给下级带来的直接危害，就是把下级“夹”在中间，令人左右为难，给事业带来损害。那么，当自己被“夹”住后，是不是就可以忽视这些矛盾呢？回答是否定的。越是被“夹”住，越要讲团结，讲协调，只有通过协调，才能从“夹”中解脱出来。讲协调，一是不能讲添“火”的话。二是多讲互补的话。也就是在领导间多做斡旋工作，这是协调的主要手段。三是自己主动承担责任。这也是协调工作不可缺少的。有些责任很难推出去，或推出去不利于问题的解决，在这种情况下，自己多承担一些责任是值得的，这不会影响自己在领导心目中的印象。

| 第二节 |

灵活运用处理各类矛盾的方法

矛盾无处不在，凡是有人群的地方便会有矛盾。在一个团体或部门中，由于某种原因而出现各种矛盾是难免的，中层管理者如果能够正确地面对、解决和驾驭身边的各种矛盾，使矛盾双方化干戈为玉帛，并能从中吸取教训，那么就会使你领导的团队或部门的工作质量和效率大增，而且你个人的威望也会与日俱增。

一、对下属间矛盾的处理方法

对于下属之间的矛盾，不能堵，不能压，要坚持疏导，在疏通中引导，在引导中疏通。既要广开言路、畅所欲言，又要循循善诱、说服教育，提高员工的觉悟，让其实事求是地分析和认识问题，把思想引导到正确的方向上来。

1. 双方回避法

在领导活动中，无论是个体还是群体之间，矛盾冲突是屡见不鲜的。在下属之间发生矛盾后，中层管理者可以选择一种消极的处理办法，如无视矛盾的存在，希望双方通过减少群体间的相互接触的次数来消除分歧。

回避是处理矛盾冲突的常见对策，只要这种冲突没有严重到损害组织的效能，中层管理者是可以采取这一办法的。领导者通过回避对策，可让冲突双方有和平共处的机会。

如果中层管理者真想解决矛盾，那么应将两者的注意力引向他们之间的共同点，尽量掩饰他们的分歧。

回避是不去追究双方矛盾的原因，因此矛盾可能依然存在，只不过被双方的相互交往掩盖起来了。但是，双方矛盾的严重程度可能在一个非常不适时的场合大大加剧，从而极大地损害组织的创造成果。采取回避这样的消极办法，其结果可能会使组织以后花费大量的人力、物力来解决双方的矛盾，而这种耗费是组织难以承受的。

采取这种策略时，要密切注视双方冲突的程度和严重性，研究这种关系对组织经历的事件可能产生的影响。

对于双方的一些不太严重的矛盾，回避方法是合适的，但在处理双方的矛盾时，往往还得采取较为主动的态度。

2. 双方分离法

唯物辩证法认为，凡是矛盾都有既对立又统一的两个方面，如果将矛盾的双方分离，那么这个矛盾就会消失或改变其形式，这种特定的矛盾就会得以解决。在中层管理者工作中，善于运用“分离法”往往可以起到“无为而无不为”的效果。

“分离法”在单位内部是调节人际关系、提高工作效率的重要方法。工作中，下属之间难免产生这样或那样的矛盾，严重时还会影响工作的正常进行。其中很多因素在原有格局下一时很难解决，对此若及时进行人事调整，使矛盾双方避开直接接触，就可防止矛盾激化。例如你的两个员工在一个部门，日久生怨，闹起了矛盾，怎样处理？最好的方法当然是将两个人“分离”开，使其不再经常见面，“马勺”再也碰不到“锅沿”，这样，矛盾自然也就化解了。

“分离法”还是修身养性的一种方法。“退一步天宽地阔，让三分心平气和”是修身养性者倡导的处世准则。这里的“退”与“让”就是“分离”。

3. 折中处理法

中层管理者在处理下属之间的矛盾过程中，常常有这样的情况，矛盾的双方均各有道理，但又失之偏颇，很难明确地判明谁是谁非。在这时，采用“折中法”进行调和、息事宁人是最好的解决办法。

何为折中？《现代汉语词典》中解释为“对几种不同的意见进行调和”。也有人认为，折中如中庸。刘邵在《人物志》中说，中庸像含盐之水，虽咸不苦；如素色丝制品，虽无文而斐然。中庸之人，貌似严肃，其质温和。可见折中是一项重要的领导艺术，可有效防止和纠正“过”与“不及”这两种领导行为产生的不良后果，其中奥妙值得玩味。

清末，张之洞、谭继洵分任湖北总督、巡抚，两人因意见不合，经常发生争执。一日，两人在黄鹤楼举行公宴，席间一客问汉江江宽几何，谭说五里三分，张说七里三分，各执一词，争得面红耳赤。于是张传令江夏县令陈树屏前来咨询。陈是当时有名的进士，一进门，张、谭二人就问他江宽是五里三分还是七里三分。陈应声答道：“江面水涨就宽到七里三分，水落就狭到五里三分。总督大人是就水涨而言，巡抚大人说的是水落的情况。小县以为二位大人都没有说错。”张、谭听后大笑不止。陈县令一席话顿使争端冰消雪融，两位封疆大吏如坐春风，复归于好。

显然，用这种“折中法”解决矛盾可谓一石三鸟：

首先，既揭示出了双方观点的偏颇之处，又没有打击双方。

其次，使双方都看到了对方观点的合理之处和存在的合理性，形成一种百家争鸣的局面。

再者，中层管理者保持了自己的超然态度，同时也就保持了自己仲裁者的地位，并且可以从各种观点中取其精华，去其糟粕，汲取各家之长。矛盾调解的结果是既无全是，也无全非，“各得其所”，而不是非此即彼。

4. 杀鸡儆猴法

由于下属之间的矛盾爆发而导致组织处于无序状态，怎么劝解双方都无法产生效果时，该怎么办？

方法之一便是大胆处理一个“闹事”人员，此即“牺牲个别人，拯救组织”的抓典型的做法，或者叫杀鸡给猴看。这是因为，假如责备整个部门，将会使大家产生每个人都有错误之感而分散责任；同样地，大家也许可能认为每个人都没有错。所以，只惩戒严重过失者，可使其他人员心想“幸亏我没有做错”，进而约束自己不犯错误。如果受指责的对象是个有实绩的资深者，其效果必然倍增。部门内紧张感提高后，每个人都会心怀愧疚地自责：“他被责骂是因为我们的缘故！”如此一来，下属们各自庆幸不已，并且一定会尽弃前嫌，加倍努力工作，组织则自动回到有序的状态。

二、与上级之间矛盾的处理方法

中层管理者在与上层领导共事时，出现分歧或产生磕磕碰碰是难免的。矛盾并不可怕，最重要的是如何勇敢地正视矛盾，并且用自己的智慧和技巧化解矛盾。

1. 面对上级领导发火的应对方法

上级领导面对种种不如意、不合预期的事情，容易发火也是正常的。作为他的直接下属，如果处理不当，便会影响工作的心境、上下级关系的和谐，当慎之又慎。

上级领导发火时，中层管理者通常只要把握住下面几点，就会顺利地渡过危机，使问题得到妥善的解决。

（1）甘当上级领导的“出气筒”

对待上级领导发脾气，最好的办法是以静制动、以柔制刚。硬着头皮洗耳恭听，正确则心里接受，不对则事后再找机会说明，这比马上辩解、风助火势、火上浇油要高明得多。

甘当上级领导的“出气筒”，不但可以显示你容人的胸怀和气度，也会给上级领导留下“听话”的好印象，你会因此得到上级领导更多的善待和信赖。

就如何对待上级领导发火的问题，王根宝先生曾在他的《与领导相处的艺术》一书中提出了10条建议，现录于下，谨供参考。

①不马上反驳，愤愤离开。

②不中途打断领导者的话为自己辩解。

③不要表现出漫不经心或不屑一顾。

④不文过饰非，嫁祸于人。

⑤不故意嘲笑对方。

⑥不用刻薄的含沙射影的语言给领导者某种暗示。

⑦不对领导者进行反批评。

⑧不转移话题，假装没听懂对方的话。

⑨不故作姿态，虚情假意。

⑩不灰心丧气，影响工作。

（2）“事”过境迁再解释

当受到上级领导的责备和训斥时，解释的话是多余的。但是，这并不等于说你不能找机会在其他时间把问题解释清楚。

最好的方法是在上级领导发完脾气、安静下来后，再找个时间做解释。而且最好能经过时间的间隔，使上级领导有机会平息心境，反省自己的态度、措辞和方式方法等问题。

一般来说，人们发完脾气后，都会有些懊悔，这种心理正好可被中层管理者利用，从而使谈话能够趋于平和，并能创造出一种有利于自己的心理氛围。

如果上级领导对你的责难是错误的，你就更应该在事后澄清，洗去不白之冤。但是，虽然真理在手，你仍是要讲究策略的。具体的技巧是，先承认自己的一点错误，然后再话锋一转，向上级领导解释事情的真相和原委。

（3）行动可做“清凉剂”

有时候，上级领导发脾气，你一言不发也绝非万全之策。当需要解决问题时，面对上级领导怒气冲冲的质问，你最好的办法是拿出事实和行动来。事实胜于雄辩，行动胜于表白。如果你在工作中的确出现了失误，在上级领导发火之余，你一定要积极地展开行动，使错误得到补救和改正。因为这说明上级领导的话已起了作用，拿出实际行动是最好的“败火剂”和“清凉剂”。

如果你受了委屈，并且有确凿事实或材料加以证明，不妨坚持一下自己的看法，用事实而不是用解释来证明自己。但要注意，你一定不要暴跳如雷、针锋相对，而是要镇静自信，并且言简意赅。

2. 被上级领导轻视时怎么办

受到上级领导的轻视，甚至是一种忽略，的确令你难堪，叫你鼓不起劲头。

本来上级领导对你和其他人不一样，没有特别厚此薄彼。可由于你要求太高、太急，过于敏感，产生一种“上级领导唯独看不起我”的感觉。

在这种情况下，重要的是调整自我心理。心理上的自卑、多疑、敏感等不健康状况，将影响你的行为；你的行为将影响到上级领导对你的看法，或许虚假的“受冷遇”也许就会变成真正的受冷遇了。

若你没有良好的心态对待来自上级的任何评价，不能完成心理梦幻的自我解析，那么你就不可能在职业生涯中取得成功。

诚然，不能排除真正不受重视。此时，你要自我找原因。你是否有能力担当重任？你的精神面貌是不是表现出坚强自信？你的作风是否表现出精明、干练？

这时的自我审视主要是：日常生活中你所塑造的形象怎样？关键时刻你是否能做出成绩，显露才华？努力表现自己，在工作中做出令人刮目的成绩，使上级领导改变对你的看法。

3. 受到上级冷落时怎么办

人生不可能永远处于巅峰，有得意就有失意，有得宠就可能会有失宠。

被上级领导冷落不论对谁来说都不是一件幸事，其滋味肯定是不好受的。但是，消沉是没有用的，处于这一被动的境地更应调整好心态，积极、有策略地工作，从而变被动为主动，重新跻身领导的视野。

（1）保持心态的平衡

大凡事业有成者都是善于调整自我的高手，即使是在逆境中也能把握自我，保持心态的平衡。

中层管理者受到冷遇时，最高明的办法莫过于坦然地接受它，并努力使自己的心态做到平和，不为逆境所困扰、所挫伤，使自己在精神上永远不能被打败。

调整心态，不是一时的权宜之策，是今后做好工作所不可或缺的修为。失意会给你一个使自己更加坚强的机会，而这种坚强又是事业有成的重要因素之一。

（2）韬光养晦

受上级领导的冷落，并不意味着一生就失去了发展的机会。要为以后的机会做好充分的准备。其中最好的准备莫过于武装自己，充实自己，增长自己的才干。

有时候你不能得宠，可能确实是因为工作能力不佳，不能够胜任上级领导分派的工作，或不能与上级领导形成心有灵犀的合作关系。这时，你更应该为自己补课了。

在受上级领导冷落的日子里，你可以从繁忙沉重的工作负担中解脱出来，拥有一片闲适的自由空间。在此期间，可以用各种方式提升自己的各种能力，不断充实自己，不颓废，不绝望，用心去做，就会有收获。

（3）找机会与上级领导沟通

有许多时候，上级领导冷落某一个中层管理者，是因为他不大了解他，没有深入地了解他的才干，或者对他的忠诚没有把握。因此，在中层管理者尚未被上级领导了解之前，是很难得到上级领导重用的。

属于这种情况的中层管理者就应该采用主动措施加强与上级领导的沟通与接触，注意提高自己的知名度。

①有意识地寻找与上级领导交流的机会。如请教一个问题、提出一个建议、与领导聊天等。

②不妨在某一领域一显身手。如通过跳舞、书法、写作，引起上级领导的注意。

③通过增加在上级领导面前出现的频率，加深上级领导对自己的印象，为交流奠定某种心理基础。

（4）运用关系为自己造势

当自己确实有能力，却又得不到重视时，怎么办呢？此时，你就不妨开动一下脑筋，展示一下自己的智慧与技巧，借以提高自己的重要性，使上级领导不至或不能忽视自己。采取何种技巧要因时因势而定，还要取决于你的人际关系力量、能力与特长及自己所处的环境状况，这里并不存在一成不变的模式。

（5）及早抽身，另辟蹊径

有些中层管理者被上级领导冷落，可能是因为选错了职业或位置，因而使自己的才干不能发挥出来，自身的价值得不到上级领导的认可。有时，是因为单位里人才济济，存在着太强的竞争对手，使自己的才干无法显现。当然，在某些不正常情况下，可能是因为领导不重视人才等原因。

遇到这些难以改变的情况，与其在这里空耗时间和精力，倒不如抽身而去，到那些更能发挥自己的才能、更需要自己的部门或单位去。

4. 与上级领导发生意见分歧时的解决办法

对于同一件事，由于人们的世界观、立场、经历、利益等不同，就会出现各不相同的看法，因此，中层管理者与上级领导在工作中发生意见分歧也是很平常的事情。然而，如何处理上下级之间的意见分歧却是一门艺术，需要具备一定的心机和技巧。

（1）把提意见变成私下进言

中层管理者与上级领导有分歧时，最不该的就是把意见掩藏起来，在背后发牢骚、表示不满。

背后谈论自己与上级领导的分歧，无助于问题的解决，因为这是通过非正式途径来表达和传播自己的意见，它不能完整、准确地将自己的意思输送到上级领导那里，也不能与上级领导进行互动式的交流。因此，你也很难通过各种说服手段来打动上级领导，促成问题的解决。

背后非议上级领导的做法，容易让上级领导反感。中层管理者作为上级领导的助手，对某些方案有不同意见或对上级领导做出的某些决定、结论持有异议，都应该当面提出来。其作用为：一方面，帮助上级领导掌握真实情况，权衡利弊，从而维护上级领导的切身利益和工作大局；另一方面，也有利于与上级领导交流信息和思想，从而找到一种更为周全的方案。

中层管理者当面向上级领导提出意见，需要技巧，最重要的是要防止上级领导的猜疑，使他感到自己的忠心以及对上级领导、对工作负责的态度。具体方法有：

①私下进言。中层管理者在公开场合与上级领导表示分歧，这无疑会被上级领导认为这是对他的不尊重，甚至是对他的权威和领导地位的挑战，因而效果不好。而且有些话是不宜在公共场合敞开谈的，私下的交流更容

易有实质性的沟通和深入的进展。

②找准时机。中层管理者选择的进言时机，应该是对论证自己的意见最为有利的时候。只有这样，才更能说服上级领导，影响到他的决策考虑。

当一项决策已正式公布并准备付诸实施时，该如何选择时机去表达异议呢？正确的方法是，先等待、观察一阵子，然后再根据实践中的问题选择典型事例，以促使领导修正原有决策或做出新的决策。

③注意分寸和方法。中层管理者进言的基本原则是，只针对工作，不针对人。要达到的客观效果是，让领导觉得自己是诚恳的、善意的，而绝非反对他、拆他的台或居心叵测。采用的基本方法是，以事实为依据，辩解从次。

（2）不理解也要积极执行

一旦上级领导决心已下，并做出了明确的指示和部署，中层管理者在提意见的同时，则必须以积极的态度去贯彻执行。道理很简单：因为上级领导掌握着决策权，并且由他来承担相应的责任，而服从上级领导是每个中层管理者应尽的职责和义务。

当中层管理者提出异议时，上级领导会对他的立场、动机和态度产生怀疑。所以，有头脑的中层管理者都懂得，即便是自己持有意见，对于已做出的决定还是要坚决服从，并积极执行。

在提出意见和坚决执行之间把握一种平衡，是中层管理者处理领导与被领导关系的高超的艺术。

三、与同级之间矛盾的处理方法

同级领导者之间由于存在着竞争与合作的关系，有时发生这样那样的矛盾或分歧也是很正常的现象。中层管理者处理这些矛盾和分歧时，一般应遵循以下原则。

1. 以君子之心去化解矛盾

可以这样说，以德报怨是征服人心的上策。在同一单位工作日久，难免出现些恩恩怨怨的事情。是以德报怨还是以怨报德，这直接影响同级关系的发展趋势和结果。作为一个中层管理者，应该胸怀坦荡，有“君子之心”。即使某人做了对不起你的事，也不能“以其人之道，还治其人之身”，而应该以德怀之，以情感之。

在一个班子中，同级领导之间在思想上如果能坚持以短比长，那么在工作上就自然会以长补短，形成一个团结互助的领导集体。实践表明，大凡善于以己之长补他人之短的领导成员，其同级关系都很好。

在同级之间，尽管总体工作能力和水平不相上下，但在某一方面却会有长短、优劣之别。有些人常喜欢以己之长比他人之短，难免造成某种心理冲突，使同级关系紧张。现实生活中某些部门领导成员互不服气，其中一个重要原因就是以己之长比他人之短。如果善于以己之短比他人之长，则会明显增强同级之间的吸引力，有效防止这类矛盾的发生。

同级领导之间发生矛盾，原因是多方面的。其中既有自身的原因，也有对方的原因，还可能有“第三者”的原因。要解决这种矛盾，作为矛盾的双方，都应首先从“治己”开始，调节自己的情绪，控制自己的感情，寻找自身的原因，确定解决矛盾的最佳姿态。即使造成矛盾的主要原因在对方也应如此。在这里，“治己”既是“治人”的前提，又是“治人”的策略。在多数情况下，通过“治己”都能产生强烈的“治人”效应，使矛盾化解。

2. 以主动之态去避免矛盾

实践证明，大凡善于主动沟通的领导，都容易让对方理解和信任，彼此之间的原有的心理防线都容易迅速消除。而中层管理者之间缺乏主动沟通精神，彼此“各揣心腹事”，最容易发生冲突，造成僵局。同级之间良好感情的增进，同样也是首先在于主动沟通。

如果主动沟通是一个姿态问题，那么善于主动沟通则是一个艺术问题。这里有以下几点需要特别注意：

（1）要善于选择最适合交谈的时机和场合以及最容易引起对方兴趣的话题。

（2）交谈时，不论对方态度如何，都要谦虚、诚恳，并贯穿交谈的始终。

（3）要讲究语言艺术。尽量选择“商量式”“调节式”“安慰式”“互酬式”等语言，并注意分寸。

（4）交谈中，要善于体察对方的心理变化。当对方对某一话题或某一句话产生共鸣时，应因势利导，迅速向广度和深度扩展；当对方对某一问题表现冷淡或反感时，应机智地改变话题，可转谈对方最关心或最感兴趣的问题。

（5）即使谈话不成功，也不要丧失信心，要善于总结经验，寻找机会再谈。因为“成功常常存在于再坚持一下的努力之中”。

3. 以王者之度去控制矛盾

《孙子兵法·火攻篇》中指出：“主不可以怒而兴师，将不可以愠而致战。”这虽然强调的是临敌制怒，但对处理好同级关系同样富有启发。

喜怒哀乐，人之常情。同级领导之间由于性格、修养、思维方式、生活方式等不尽相同，生出某些摩擦或冲突是难免的，愤怒情绪的出现也是可以理解的。然而愤怒有时是误事的。如《三国演义》中的张飞为造白袍责部下，结果被范疆、张达切了脑袋。刘备怒气难抑，率兵亲征，又被东吴火烧连营。这方面的事例举不胜举。制怒并不是一件容易的事，它需要一个人有宽广胸怀和以大局为重的精神境界，而且还需要有强烈的自我控制意识。特别是当有人别有用心地搞自己的“小动作”时更是如此。善于制怒并不意味着凡怒都制。它与“适时愤怒”并不矛盾。

4. 用真诚的笑去调和矛盾

笑是表达和增进感情的重要方式。当然，就其动机和原因而言，笑也有各种各样的类型。我们这里说的“相逢开口笑”是强调同级领导之间要善于以笑的力量感染对方，创造一种美好和谐的气氛。这种笑是满含深情的笑，是健康美好的笑，是“诚于中而形于外”的笑。

在同级之间，相逢开口笑有助于解决某些分歧和矛盾。鲁迅说得好：“相逢一笑泯恩仇。”现实生活中，同级之间的某些分歧或纠葛，常常在一笑中了之。这说明，笑是一种奇妙的语言，它既能表达敬意，也能表达歉意，还能表达谅解、宽恕等心意。同级领导之间善于“相逢开口笑”，对缩小彼此心理距离，消除各种疑虑，增强团结与合作，具有不可取代的作用。

四、怎样对待单位里的“政敌”

俗话说，一山难容二虎。“既生瑜，何生亮”的慨叹虽出自周瑜之口，但又何尝不是政坛上竞争对手间挥之不去的心理情结。“政敌”现象耐人寻味，“政敌”相处确实是一件棘手的事情。作为中层管理者，如果能独步一方无人匹敌，或者一呼百应、左右逢源，可谓幸莫大焉。遗憾的是，现实总难尽如人意。遍观工作之中、单位之内、同级之间，两虎相争、三足鼎立乃至群雄并起的局面并不鲜见。

所谓“政敌”，大体可分为以下四种类型：

1. 观点相左型。平常在一些小事上看法各异而又不注意沟通，终致在重大问题上产生原则分歧和剧烈摩擦。

2. 利害冲突型。面对唯一的晋升机会和有限的奖励名额，由于无法做到两全其美、皆大欢喜，于是一场你死我活的拼抢在所难免，向来相安无事者转瞬反目成仇。

3. 性格差异型。一方含蓄内敛，而另一方锋芒毕露；一方大刀阔斧，而另一方稳健从容；一方开朗大气、谈笑风生，而另一方谨小慎微、沉默寡言。诸如此类性格和作风上的不同，都能导致互相敌视、互不买账。

4. 因妒生恨型。资历相仿、能力相近，但因机遇所限，一个春风得意，一个则受冷落。这种落差极易让受冷落者妒火中烧，白眼相对，势同水火。

“政敌”产生的原因，主要是当事各方不能调适自己的心态，不能正确把握形势，不能客观公正地评价自己和他人。“政敌”关系一旦形成，往往会应验“仇人相见，分外眼红”的老话，心理上争风吃醋，表情上傲慢冷漠，工作上互相拆台，言辞上彼此攻击。“政敌”现象的存在，是对领导群体的一种腐蚀、对班子合力的一种消解，也是对工作进程的一种阻滞、对社会风气的一种败坏。可以说，无论一个单位还是一个部门，不幸树有“政敌”的中层管理者能否善待“政敌”、化解矛盾，在很大程度决定着事业的兴衰成败。

如何善待“政敌”，应从以下四个方面努力。

1. 了解你的对手

“政敌”的出现常常不由人的意志主宰。此时，首要的是摸清对方的来头，并通过换位思考去理解对方的动机，然后掂出自己的分量和对方的斤两。如果己方占优势，不妨付诸宽容的一笑；如果势均力敌，可以冷静观察后再作打算；万一己方处于明显劣势，则应该尽快调整价值取向，修正坐标方位，不挤独木桥，不钻牛角尖，另外开辟一方天地，避免正面交锋。这不是怯懦的躲闪，而是明智的战略转移。要坚信：鹰有时比鸡飞得还要低，但鸡却永远飞不到鹰那么高。总而言之，要进退自如，不乱方寸；举止得体，不失风度。

2. 当众拥抱你的对手

虽是“政敌”，但除极少数人品质恶劣、天性好斗以外，大多数人是在纷繁复杂的事务中、千丝万缕的纠葛下不知不觉地进入敌对状态的。矛盾虽已生成，但内心实有悔意，觉得大可不必。此时，只要有一方采取高姿态，主动示以惺惺相惜之意，握手言和，裂痕当不难弥合，起码不会愈演愈烈，以至于不共戴天。要知道，阳光可以融冰霜，真情可以感动铁石心肠，与其针锋相对，不如携手并进、共谋发展！

“当众拥抱你的对手”，这是一件很难做到的事，因为绝大部分人看到“敌人”都会有灭之而后快的冲动，若没有能力打击对方，至少也会保持一种冷淡的态度，或说说让对方不舒服的嘲讽话。

当众拥抱对手是一种主动的方法，是“制人而不受制于人”。你的主动已使对方处于“接招”“应战”的被动态势，如果对方不“拥抱”你，他将得到一个“气量太小”之类的评语。所以，当众拥抱对手的人，除了可在某种程度上降低对方对你的敌意之外，也可避免加深对方对你的敌意。若与对手之间留下一条灰色地带，反而会阻挡自己的去路与退路。

当众拥抱对手应该成为习惯，与人相处时，能容天下人、天下物，出入无碍，进退自如，这正是成就大事业的根本。

事实上，当众拥抱你的对手并没有想象的那样难，只要你能克服心理障碍，你可以这么做：

——在肢体上拥抱你的对手，例如拥抱、握手，尤其是握手，这是较普遍的社交动作，你伸出手来，对方好意思缩手吗?

——在言语上拥抱你的对手，例如称赞对方、关心对方，表示你的诚恳。

3. 坦然接触你的对手

“政敌”相处，常如芒刺在背，浑身难受；又如骨鲠在喉，不吐不快，而一开口就是恶语伤人。“政敌”相争，每每搅得天翻地覆，一个好端端的摊子变得稀里哗啦无法收拾。出于对大局的维护，当事人理应克制冲动、强压怒火，伤人的话万万不可脱口而出、恣意而为，即使爆发纷争，也要光明磊落，绝不能使阴招、设圈套、下毒手。同时应注意维持基本礼仪，最好不要把矛盾暴露在大庭广众之下，以免影响整个人际环境和工作氛围。只要不是根本性问题，尽量不要斤斤计较，而应让时间冲淡敌意，让事实匡正偏见，把矛盾暂时束之高阁，彼此存一份珍重，留待双方心平气和之际再来明辨是非。

4. 奋力超越你的对手

“政敌”的存在是一场挑战，令人深感压抑和沉闷。但如果能够正确看待“政敌”，又可以变压力为动力，促使你始终保持高昂的斗志，张扬人生的风帆，不断充实提高，不断开拓进取，以确保自己在竞争中立于不败之地。“政敌”一般产生于同一工作领域，近距离的观察容易使双方对彼此的长短优劣看得更清，因而对自身的不足之处和努力方向更加心中有数，通过有针对性的赶超，可以把自己的素质和能力提升到一个新的境界，这对于完善自我和促进事业发展无疑大有裨益。

| 第三节 |
在管理中不断强化自己的威信

中层管理者虽然处在夹层中，但其地位优势还是显而易见的。对这一特定的职位不要瞧不起，也许身边有些人正在觊觎着这一职位呢！所以，作为中层管理者本人，在寻求发展和晋升的同时，也始终面对一个“巩固已有地位”的问题。要取得周围客观环境的认同有很多方法，但下面所列的方法效果尤为卓著。

一、显示个人工作能力

中层管理者个人所具备的工作能力往往比其他方面更能赢得尊重。你的工作是领导和管理，因此应该让他人看到，你能像一只钟表那样准确地经营自己的业务，无论大小范围内的问题从来没有出自于你所统辖的范围，而且你的员工都得到良好的激励并处于控制之下。

二、成为信息网络的一个组成部分

几乎所有的组织都从他们所建立的信息网络中获取大量的财富。只有成为组织信息网络的组成部分，你才能成为组织的一个有机组成部分。因此，要及早动手了解组织所独有的信息范围，并研究如何接近它、丰富它，在个人管理活动中运用它。

以上这些并不意味着你应该企图获取机密，但是，这的确意味着你应该了解如何取得和交换你需要的资料，把自己变成组织信息网络的一个组成部分，以提高劳动生产率，并且使本部门的经营活动运行无阻。

三、建立个人支持网络

如果在一个组织内没有朋友，尤其是没有那些有影响力的朋友，你将会感到尴尬或孤独。因此，在组织内部适当地与一些人建立特殊的关系是一种明智的做法。要与那些在组织中有影响力或其职位使其具备影响力的人交朋友。

首先，与本部门所在产品或劳务流程中先于你或后于你的环节中的关键人物建立良好关系。如果你所做的事对他们来说是合理而舒心的，那么在你需要帮助时，他们会像你所期望的那样帮助你。

其次，在重要的辅助部门建立关系。如果你是生产部门的领导，你就要和诸如会计核算、销售订货、后勤服务、存货以及生产控制等部门搞好关系，获得值得信赖的建议以及良好的合作。

在很多时候，只有你在某种意义上履行了自己的义务，你才能够建立这样的关系网。施惠与人才能获惠于己。你讲别人的好话，别人也会说你好，这当然是一种策略，你也必须面对这样的现实：个人支持网络的建立是依赖于这种互利互惠的。

第八章

中层管理者的职场戒则

作为中层管理者，当你进入一个组织后，表明你已经具备了一定的职位，并被赋予了相应的职权，必须遵守一定的职场规则。你的能力、品德、素质等直接关系到你在这个组织中的地位和组织活动的开展。

第一节

与上级领导相处的戒则

上级永远是上级，一般而言，中层管理者与自己的顶头上级是两个不同的阶层，任何一个中层管理者都不要忘记了这点。也就是说，永远不要期待自己的上级领导和自己是一类人。中层管理者与上级领导相处，一定要规避以下行为。

一、与上级领导唱对台戏

作为中层管理者，如果你处处和上级唱对台戏，肯定不会得到上级的欣赏，也必然不会得到重用。所以，要想发展，要想做好工作，就必须顺从你的上级。

1. 在乎上级端官架子

许多上级在下级面前总喜欢端"官架子"。表面看来，是脱离群众，有自高自大、装腔作势的嫌疑。但从另一个角度讲，官架子并不仅仅是一个消极、负面的东西，它的存在也有积极的作用，体现在以下几个方面：

（1）"官架子"是权力的显示。"官架子"是领导管理下级的一种十分有效的方法，是一种"距离感"。上级有意识地和下属保持距离，使下属感受到上级的权力等级和支配力。这种支配力便于上级巩固自己的地位，推行自己的政策和主张。威严感会使上级形成一种威慑力，使下属感到"服从也许是最好的选择"，而"不服从则会对自己不利"。所以，中层管理者要理解上级的"官架子"，不能一味反感或抱怨。

（2）"官架子"会使上级产生满足感。无论何人都有实现自己人生价值的愿望。不同的人价值观不同，其实现价值程度也不同。毫无疑问，上级也需要人生价值得以实现的满足感，有些时候，他还会因此而显得洋洋得意，不自觉地表现出某种“官架子”。上级会为了维护自身的权威而与下属保持距离，保持神秘感，这样他就要用“官架子”来体现和下属的不同之处。“官架子”不是一个简单的道德问题，它还包含相当多的领导艺术，更有着心理学上的微妙含义。

（3）“官架子”有助于上级有效处理事务。“官架子”形成的距离感不仅会给上级带来心理上的安全感，还有助于他有效地处理人际关系以及工作事务。上级最头疼的事就是应付各种各样的细小琐事，他们都希望能有精力和时间来处理大事。所以他们在不同时间、不同场合对不同的人摆出不同的“官架子”，利用这种人际距离来避开小事的烦扰，以便专心致志处理大事。上级摆摆谱、端端架子也无可厚非，你要想晋升，就不要在乎他的“架子”，顺从他好了。

2. 对上级的怒火耿耿于怀

上级不仅爱端“官架子”，而且会有官脾气。中层管理者不仅要能够容忍上级的怒火，还要理解上级的脾气。

（1）上级发脾气有时是为了推进工作。上级是掌权者，他可以利用权力管理下属，调度工作，实施惩罚和奖励。而对下属发脾气，可以看作是上级对未能按照要求准确、及时地完成任务的下属的一种惩戒，它要比温和的批评和规劝强烈得多，在很多时候也会有效得多。有时利用发脾气来推进工作是有效也比较简单的一种管理技巧，可以达到文武之道及一张一弛的效果。发脾气可以在工作紧要关头再加一鞭，也可使下属对自己的错误有一个深刻而清醒的认识，所以成为许多人的领导技巧之一。

（2）发脾气可以使上级释放过大的心理压力。上级不只是享有权力，还必须承担相应的责任。在这种巨大责任的压力下，上级的心情难免紧张，很容易被下属行为激怒。可以说，发脾气是人类的一种很普遍、很正常的心理现象的外化，是心理压力过重的结果。所以上级的脾气看似无常，实则是心理活动的一种表现。我们应该理解上级的这些情绪变化，就像理解自己偶发的一些小脾气一样。

二、知晓领导过多的秘密

一个人掌握另一个人的秘密越多，就越容易成为敌人。

你可以知道一点上级领导的秘密，但是，千万不要企图知道得太多，过多地知道上级的秘密，是极其危险的。亲密的关系有一种平等化的效应，这可能扭曲上级与你之间正常的上下级关系。应明白，你越是亲近上级，上级的要求便越多，总有一天，你会难以满足上级的胃口，你从此便失信了。过多地与上级周旋可能得到上级密友或宠儿的名声，这样一个名声会使同事们讨厌或不信任，甚至有些人会想尽一切办法拆你的台。谁知道你与上级神秘兮兮的是不是意味着一些阴谋或小算盘呢——人们总会本能地反感。所以，智慧的中层管理者总是远离这些涉及是是非非的秘密，同时也就避免了许多不必要的麻烦。

三、与领导争功

华君武有幅漫画《武大郎开店》，讽刺了那些嫉贤妒能的领导。武大郎的店里是不允许有高大身材的伙计的，他不能容忍下属超过自己，要保持自己在集体中的权威。在这样的领导面前，要藏锋露拙。你一露出头来，他就觉得你出风头，他就会把你压下去，因为他手中有权。那你不妨向他求教，满足他的权力欲，将武大郎抬上"高跷"，"店小二"就可以伸腰了。对于平庸的领导，不要怨天尤人，表示不满，而应该发现他的一些优点和长处，肯定他，让他不干涉你做事，这样才能创造和谐的关系。一定不要和领导争功，切记：枪打出头鸟！

四、恣意越位

足球场上的越位有明确规定，但在千变万化的社会生活里，对越位就很难有一个公认的说法。一般说，中层管理者在和上级领导相处过程中，如果超越了自己的位置，违背了社会角色的原则，就算越位。常见的越位情况大致可以分为如下几种。

1. 决策越位

不同层次的人员，决策权限是不一样的，有些决策是中层管理者可以做出的，有些必须由上级领导做出。如果中层管理者按自己的意愿去做必须由上级领导决策的工作就是决策越位。

2. 角色越位

有些场合，如宴会、应酬或接待，中层管理者和上级领导在一起时，应该适当突出上级领导，不能喧宾夺主。如果中层管理者显示自己过多，就是角色越位。

3. 程序越位

有些既定的方针，在上级领导尚未授意发布消息之前，中层管理者不能犯自由主义。如果抢先透露消息，就是程序越位。

4. 工作越位

有些工作必须由上级领导干，有些工作必须由中层管理者干，这是由上级领导与中层管理者的角色决定的。如果中层管理者为了显示自己的能力，或出于对上级领导的关心，做了一些本应由上级领导干的工作，就是工作越位。

5. 表态越位

表态是人们对某件事情或问题的回答，它是与人的身份相关联的。如果超越自己的身份乱表态，不仅表态无效，而且会喧宾夺主，使上级领导和中层管理者都陷于被动。

6. 场合越位

有些场合，上级领导不希望下级在场。中层管理者一定要了解上级领导有关这方面的暗示，否则就会造成场合越位。

7. 语气越位

在和上级领导相处的过程中，中层管理者如果不重视上级领导的社会角色，在对外交往时，说话过分随便，往往容易造成语气越位。

五、只注意与一个顶头上级处关系

领导和领导之间，顶头上级和间接领导之间，上级领导和中层管理者之间，在工作上存在矛盾是正常现象，如果你在这些矛盾冲突中只对一方负责，就未免患了“近视眼”，这是典型的“短期行为”。如果你不是妥善地、兼顾地去处理各种关系，而是“剃头的挑子一头热”，那么一旦情况发生变化，你就会失去自己的优势。

第二节 开展管理工作的戒则

每位中层管理者在管理下属、处理事务的过程中，都会根据不同的情况和条件采取不同的方式和方法，以使工作圆满、人心顺畅。而有些行为是必须规避的。

一、事必躬亲

有的中层管理者对下属的工作不放心，在开展工作时，不注意调动下属的积极性，事无巨细，都是一竿子插到底。久而久之，下属就会产生被冷落的感觉，就会产生怨气。下属最希望得到的是上级领导的重视、重用，并从领导对自己完成任务的肯定和表扬中得到满足和欣慰。因此，中层管理者必须注意工作方法，充分调动下属的积极性，给下属更大的发挥作用的空间，使下属尽快成长起来。你替下属干的工作越多，下属越不会说你好。中层管理者要避免出力不讨好，就要注意把握以下几个要点：

1. 领导事必躬亲占用了自己大量时间与精力，不利于集中力量对组织的全局性工作深思熟虑，结果却捡了芝麻，丢了西瓜。领导发挥的应该是“脑”的作用，而不是“手”的作用。

2. 事必躬亲让下属产生一种不良的依赖习惯，什么事都想等着领导亲自解决，你想不管都不行了。

3. 事必躬亲使下属的智慧得不到充分发挥。因为本属自己分内的事，领导代劳了，就算自己的想法再高明也没有用武之地。久而久之，下属不再提出任何创意，才华自然被埋没。

4. 领导事必躬亲会使一些下属产生厌恶情绪。例如，下属之间发生矛盾，本来可以自己解决，领导却出面进行干涉，因不了解情况，可能会做出不公正的判断，使下属产生怨恨情绪，工作积极性大减。

二、易被蒙骗

几乎人人都喜欢被恭维、被奉承，喜欢听好话，中层管理者也不例外。但好话能给自己带来好感，也能成为“温柔的陷阱”，陷自己于被动。

1. 被“马屁精”牵着鼻子走

“拍马屁”也讲究技巧，并不是见到领导就说些赞美或套近乎的话，而是要对场合、时间以及上司的性格等具体情况采取相应的策略。有些人拍起“马屁”来不显山不露水，使上司在浑然不觉中给他们增加了升迁的机会。作为中层管理者，应慎重对待下属的“拍马屁”行为，以免自己中圈套。

的确有不少被拍昏了头脑的领导，把升迁的制度变成了宗派之争，谁对他毕恭毕敬、阿谀奉承，他就对谁恩宠有加。这无疑更助长了阿谀之风的盛行。

一个明智的领导绝对不会这样做，也不会中这个圈套，反而会鄙视和厌恶那些喜欢“拍马屁”奉承的下属。

而你自己则应当保持清醒的头脑，分清哪些是实事求是的评价之辞，哪些又是阿谀奉承之辞；在阿谀奉承之中，哪些人是出于真心而稍稍过分的赞美的话，哪些人又是企图通过奉承领导而达到自己的某种企图；哪些奉承之辞中含有可吸取的内容，哪些奉承话是凭空捏造、子虚乌有，等等。

中层管理者如何对付阿谀奉承者，以下三方面可做参考：

（1）对待专门溜须拍马奉承领导而毫无能力的人，方法最简单，请君走人就是了。

（2）对于能力一般而有些奉承癖好的员工，不宜简单辞掉，因为他还有一定能力。最好给他找个合适的位子，让他做一般性的工作，不可以委以重任。对于这类人应采用不同的方式、方法批评教育。要耐心，不能急于求成，因为他们的毛病不是一朝一夕养成的，改正起来也一定不容易。在这个时候，你要格外注重策略，注意态度，争取从根本上扭转他们的认识。

（3）对于那些确有较强能力却也喜好溜须拍马的人，你一定要小心对待，因为这些人可是些巨型“炸弹”，弄不好会造成很大的麻烦。对待这种人，你要依据他们的实际能力而委以相应的职务。起码在他们的眼中，你不能成为不识才的领导者。这影响着他们干工作的热情，而且也带动着一批人。

此外，有些较有能力的人也在盯着领导者的行动，如果你给溜须拍马的人重用并给以相应职务，这些人就会因组织风气不正离你而去。

2. 听信“小报告”

中层管理者必须严防“小报告”，在用人时保持清醒的头脑。“小报告”有以下几个特点：

（1）打“小报告”的人在领导面前大多有利益要求。

（2）“小报告”依据的事实大多站不住脚。

（3）“小报告”的目的明确，都打击异己，讨好上司。

打“小报告”，或曰进谗言，并不是中国的特产，外国也有。15 ~ 16世纪，意大利佛罗伦萨的政治家、思想家马基雅维里写了一部《君主论》，其中就专有一章讲君主“应该怎样避开谄媚者”。可见，对于这样一个人类集数千年之智慧未能解决的问题，要想出几手万应万灵的绝招，无疑是极困难的。我们不妨通过对一些例证的分析，揭示出打小报告者常用的伎俩，揭露它们造成的危害，也提示一些成功地遏制进谗的经验，中层管理者们自然可以领悟出识别小报告的办法来。

比如你的一位下属不经意地向你提起另一位下属时说道：“他这个人工作挺认真，能力也很不错，就是有一点……”后半句咽回去了，你接着会问：“有一点什么？”他可能会故作善意地说：“哦，他呀，有时喜欢说点闲话，传递个小道消息什么的……如果改掉了这个毛病，他这个人就一定前途无量了！”听听，这样的话不是分明让他前途“无亮”吗？这样的小报告表面上是裹着糖衣的，作为中层管理者，要认真分辨，并且不可不察。否则，被进谗者就很可能无辜失信于人，毁了前途。遇到这种情况，要对进谗者敲敲警钟，要追问并设法印证对方是否真的说了闲话或传了小道消息，因为这是任何组织或团体都非常忌讳的问题，就可能会犯“头脑简单”的错误。

三、滥用权力

权力是领导者驾驭组织或团体的一种工具。无数事实证明，过分保护和夸大权力的作用就会存有私人目的，就会滥用无度。滥用权力是对权力价值的破坏。任何权力都得有一定的限制和范围，如果硬要突破这种限制和范围，就会超出度外，形成“权力扩张”的现象，最终会危及组织利益。所以，中层管理者应该通晓用权的忌讳。

1. 忌包办一切

命令是让下属执行的环节和措施，而中层管理者不能代办命令。

“这是业务命令，你就照这方法做，不然，我就把你开除。”

像这种不顾下属立场，强制的命令方式，是中层管理者绝对要避免的。这样只会陡然增加下属的反抗心理，而收到相反的效果。

真正优秀的中层管理者绝不会依靠权力来行事，更何况下属本身也知道要敬重领导，领导又何必处处表现出在位置上的权力呢?

有些中层管理者，当下属不按己意而行时，往往不愿花点儿时间与下属商谈一下，而是马上搬出权力借以操纵下属，表明他不相信下属的能力。

期待下属有所表现时，相信下属是最重要的，切忌包办一切。

2. 忌漠视下属

每位下属都有自尊，都有个性。中层管理者千万不能盛气凌人，目空一切，应该尊重下属，合理地发布命令。无论多不可靠、多无能的下属，一旦赋予他工作，就不可漠视他的能力。对其行动应尽量给予援助，即使自己有好的构想也要放在心里，在下属未提出比自己更好的提案前，要耐心帮助他们，给予他们意见和忠告。

四、朝令夕改

如果将领导行为的整个过程称为下棋，那么各人有各人的下法。但在下棋中最令人讨厌的就是“悔棋”行为：走棋之前不仔细想一想，走错了棋，又要改过去。这种行为用朝令夕改来比喻是再恰当不过了。朝令夕改其实是领导不讲信用的表现，它不但削弱了“令”的力量，而且削弱了领导的权威，老是“悔棋”，也就没人跟你对弈了。而号令改多了，领导的威信也就没有了。有谁会信服这种处事如此轻率、决策如此不顾后果的领导呢！

所以，中层管理者一定要在平时就注意培养自己的坚定性，培养自己确定了发“令”便不轻易更改的习惯，也就是要三思而后行。而在日常的工作中，一旦决定了的事就不要轻易地改变，即使这个决定有点小毛病，如果不会对全局造成严重的影响，不妨就“将错就错”一下。当然，领导要切忌“执迷不悟，一意孤行”，如果犯了大错，还以错就错，这个领导就无可救药了。

五、不善倾听

《圣经》里说，上帝赐给我们两只耳朵，一个嘴巴，就是要我们少说多听。而世界上充满了善谈者，但却没有太多的善于倾听的人。原因在于很多人认为听是一种被动的行为，他们对听会感到烦闷，而对不参与谈话会感到无精打采。事实上，善于倾听并不是消极的行为，它是积极的行为。在说与听的过程中，听者对于交谈的投入往往并不少于说话者。作为中层管理者，不仅需要成为一名健谈者，还更应成为一名善于倾听的人。在实际工作中，倾听这门艺术在员工与领导者之间起着不可忽视的作用。可以这样说，如果你不能成为善于倾听的领导者，你将不能成为员工心目中的优秀领导者。

那么，善于倾听对中层管理者而言有哪些作用呢？

倾听可以使员工感觉到被尊重和被欣赏。根据人性的知识，人们往往对自己的事更感兴趣，对自己的问题更关注，更注重自我表现。领导者如此，员工也如此，且员工更希望获得领导者的赞赏。一旦领导者能专心听取他谈自己的事时，就会觉得备受重视而产生精神动力，精神动力又会转为工作热情，从而使员工更加勤奋工作，领导者和员工的关系变得更和谐。

倾听能更真实地了解员工，增加沟通的效力。如果中层管理者只顾自己一个劲儿地说这计划如何如何好，而不学会倾听的话，就不能了解员工对这一计划的真实想法。因此，你应尽可能听取员工的建议，说不定员工的方法更为切实可行。

倾听是解决冲突、矛盾和抱怨的最好方法。一个牢骚满腹的员工如果情绪总是不佳，就会给中层管理者的工作造成一定麻烦。此时不必动怒，只需耐心地听听他抱怨的原因，他会把心中的烦闷说出来，一旦解决问题后，就相安无事了。

倾听可以使自己聪明并摆脱自我，成为一个谦虚的、受欢迎的人。每个人都有自己的长处和短处，倾听别人使我们能取人之长，补己之短，同时防范别人的错误在自己身上出现，这样就能完善自己。作为中层管理者，当你已将注意力全部集中在倾听员工的谈话上时，你就已经摆脱了自我，并成为一位受员工欢迎的、谦虚的领导者。

倾听的优点很多，可是怎样才能让自己成为善于倾听的中层管理者呢？在这里需要注意几点：

1. 不要胡乱假设任何事情，不要猜测别人要对你说些什么，并且不要让员工认为你了解他要说的事情，即使你真的知道。

2. 不要随意打断员工的谈话，随意打断别人的谈话是一种不礼貌且不尊重别人的行为。与员工交谈时，应尽量让员工把想说的话说完，如果中途你有急事，可限定大致时间或另约时间再谈。

3. 应对员工的谈话有所反应。如果员工想要与你交谈，必定是有好的建议或不便的事情提出，当你听了以后，如对其所提建议有所赞赏，应适时地表示一下你的看法。

善于倾听在所有方式的沟通中都是很重要的，要想成为员工欢迎的、优秀的中层管理者，就更应该去接触每一位员工，并且认真、积极地听取不同的声音。